本研究得到如下课题(基金)的资助和支持：
国家自然科学基金重点课题(No:71333010)
上海市政府咨询课题(No:2016-GR-08)
上海市科委重点课题(No:066921082)
国家统计局上海调查总队重点课题(No:21Z970202940)
上海交通大学行业研究院出版基金
上海交通大学安泰经济与管理学院出版基金

科技创新与现代产业体系发展

范纯增　著

上海财经大学出版社

图书在版编目(CIP)数据

科技创新与现代产业体系发展/范纯增著. —上海:上海财经大学出版社,2023.5.
 ISBN 978-7-5642-3302-0/F·3302

Ⅰ.①科… Ⅱ.①范… Ⅲ.①产业体系-产业发展-研究-中国 Ⅳ.①F124

中国版本图书馆 CIP 数据核字(2019)第 142828 号

□ 责任编辑　刘光本
□ 责编电话　021－65904890
□ 责编电邮　lgb55@126.com
□ 封面设计　贺加贝

科技创新与现代产业体系发展

范纯增　著

上海财经大学出版社出版发行
(上海市中山北一路 369 号　邮编 200083)
　　网　　址:http://www.sufep.com
　　电子邮箱:webmaster@sufep.com
全国新华书店经销
上海新文印刷厂有限公司印刷装订
2023 年 5 月第 1 版　2023 年 5 月第 1 次印刷

710mm×1000mm　1/16　12.5 印张(插页:2)　203 千字
定价:69.00 元

内容提要

依靠科技创新引领,促进现代产业体系形成和发展,是"新时代"的重大课题,对未来产业经济的国际竞争力和社会经济可持续发展具有深远的影响。本书基于科技创新对产业体系的支持,科技创新与产业体系的互动发展及其演化机理,分析了中国现代产业体系建设的现状问题,评价了产业体系的效率,并结合典型国家科技创新与现代产业体系互动发展的经验与规律,提出了以科技创新促进现代产业体系发展的对策建议。本书可以作为区域经济、产业经济、技术经济、生态经济等领域的高校师生、科技工作者及相关领域的实践与管理人员的参考用书。

前　言

产业体系是一个国家产业经济发展水平、活力、能力和国际竞争力的基本表征。产业体系的合理性、现代性与先进性决定了产业体系的效率。良好的产业体系必然表现为很高的产业创新效率、产业技术经济效率和环境治理效率。

中华人民共和国成立后,我国在苏联的帮助下初步建立起以重工业为主导的产业体系。20世纪六七十年代,我国倡导各省区构建独立完整的产业体系,但依然是在以重工业为中心的思路下逐步推进的。1978年后,随着改革开放的推进,我国以往重视物质生产的MPS[①]产业体系结构逐步与国际对接,形成了以GDP为中心的SNA[②]核算体系,并以GDP增长推动脱贫致富,形成了40余年的以GDP为引领的经济高速发展阶段。但是,GDP是流量指标,易引起短期行为,不利于长期引导国民经济发展,它不能把市场失灵的经济活动计入,不能很好地反映环境生态成本,也不能有效地反映经济结构和经济质量[③]。

进入21世纪的第二个十年,我国经济发展受到了系统性因素的制约。例如,就经济发展的成本来看,我国人口老龄化速度快、老龄人口比例高,致使劳动力成本迅速上升;由于经济的长期发展和经济规模的逐步扩大,工业及生活排放的污染物不断增加,部分地区已达到环境承载力的极限,必须首先大量投入资金、人力、物力来治理环境,以实现经济的再发展;既往的以技术模仿来支持产业经济发展的模式走到了尽头,先进技术与核心技术必须通过大量投入,依靠原发创新来

---

① MPS,System of Material Products Balance,即物质产品平衡表体系。
② SNA,The System of National Accounts,即国民账户体系。
③ 曼昆.经济学原理[M].北京:北京大学出版社,2015.

供给;土地和自然资源的成本大幅度上升。这些经济发展成本的上升使利润回报空间大大缩小,经济通胀压力剧增。

就市场的供给和需求来看,当前经济发展中的问题(如实体经济之间的供需矛盾与失衡,实体经济发展与金融经济不匹配,国民经济中房地产泡沫明显,绿色生态产品与服务生产不足等)都是供给侧问题。2018年4月以来中美贸易摩擦加剧,美国逐步对部分我国出口到美国的产品加征不同比例的关税,这虽然有深层次的政治经济文化原因,但其直观的表现是中国生产侧与美国市场需求侧之间存在不断加深的矛盾。另外,中国与相关国家不断推进的"一带一路"倡议,中国国内的乡村振兴战略、城市化及区域战略等,一方面不断产生出新的需求,另一方面也对供给侧提出了新的要求。所有这些都需要供给侧改革,通过改善产品、产业结构和质量,通过改善货币供给中收入分配的不合理性,来解决中国经济面临的严峻问题。

就社会矛盾来看,当前我国社会的主要矛盾已经从人们日益增长的物质文化需要同落后的生产力之间的矛盾,转变为人们日益增长的美好生活需要和不平衡、不充分发展之间的矛盾。而这一矛盾在现实社会经济中的基本表现是需求疲软、产能过剩、企业发展动力不足、高通胀压力加大。几者相互叠加,以致我国经济发展呈现一定的滞胀风险。

为了解决当前矛盾,推动经济发展,我国提出了在新时代、新常态背景下以创新、协调、绿色、开放、共享新理念引导经济发展,实现经济建设、政治建设、文化建设、社会建设、生态文明建设"五位一体"的战略布局目标,推动中国经济在2020年实现全面小康,到2035年基本实现现代化,到21世纪中叶建成美丽的现代化强国,经济水平达到中等发达国家水平。

要实现这一系列的战略目标,创新发展理念,构建现代经济体系是必由之路。而构建现代经济体系的重中之重,是构建现代产业体系。为此,国家提出现代经济体系建设要以构建现代产业体系、现代化充分竞争体系、现代化国民收入分配体系、现代化城乡区域布局体系、现代绿色发展体系、全面开放体系和现代市场经济体制体系为重点[①],并注重壮大实体经济,实现创新战略引领,加强区域协调,进

[①] 中共中央宣传部.习近平新时代中国特色社会主义思想三十讲[M].北京:学习出版社,2018:142—148.

一步扩大开放水平,形成强力发展现代经济体系的体制机制。其中,核心和关键是"建设创新引领、协同发展的产业体系"。在党的十九大报告中,党中央进一步提出要建设现代产业体系,并强调要用技术创新引领现代产业体系发展。

目前我国经济发展已进入新常态,经济增长速度已从高速增长转向中高速增长,经济发展已无法完全以 GDP 增加为导向,必须寻求新的支点。在此背景下,以供给侧结构性改革为主线,通过稳中求进,落实供给侧结构性改革,构建现代产业体系,重建现代经济体系,解决供给结构、供给与需求结构、收入与支出结构等不同侧面的失衡,努力消除需求不足、经济下行、通胀压力和风险加剧等问题,成为当前我国国家治理的重要任务。而如何依靠科技创新推动现代产业体系建设,是需要深入研究并进一步付诸实践的新时代课题,具有很高的研究价值。

目 录

第1章 现代产业体系与科技创新/1
  1.1 现代产业体系的基本原理/1
  1.2 技术与现代产业体系/9
  1.3 科技创新与现代产业体系发展的互动/13

第2章 产业体系效率分析/17
  2.1 产业体系效率评价/17
  2.2 现代产业体系的绿化和环境治理效率/17
  2.3 产业体系的创新效率/48
  2.4 产业体系的经济效率/59

第3章 中国现代产业体系构建中的问题/70
  3.1 产业体系不同维度发展及问题分析/70
  3.2 技术约束下的产业体系成长/83
  3.3 贸易摩擦对产业体系发展的影响/88

第4章 科技创新促进现代产业体系发展的国际经验/92
  4.1 美国科技创新与现代产业体系发展/92
  4.2 日本科技创新与现代产业体系发展/119
  4.3 德国科技创新与现代产业体系发展/125
  4.4 英国科技创新与现代产业体系发展/132
  4.5 韩国科技创新与现代产业体系发展/139

4.6 新加坡科技创新与现代产业体系发展/144
4.7 现代产业体系发展的启示/149

第 5 章 中国现代产业体系发展的目标与对策/153
5.1 日益优化的中国现代产业体系发展环境/153
5.2 中国现代产业体系的发展目标与战略/154
5.3 中国构建现代产业体系的总体思路/160
5.4 中国现代产业体系构建对策/166

参考文献/178

后记/189

第1章 现代产业体系与科技创新

1.1 现代产业体系的基本原理

1.1.1 现代产业体系的基本内涵

随着社会经济的发展,世界产业技术研发创新模式、产业结构与布局、产业链组织与管控、产业发展环境保障与规制都在不断发生变化。以此为背景,中国经济进入了产业结构和空间组织的深度转换期,需要构建新的产业体系来推动当今及未来产业的发展。

2007年,党的十七大报告首次提出构建"发展结构优化、技术先进、清洁安全、附加值高、吸纳就业能力强的现代产业体系"。2008年,广东省委、省政府提出要"以高科技含量、高附加值、低能耗、低污染、自主创新能力强的有机产业群为核心,以技术、人才、资本、信息等高效运转的产业辅助系统为支撑,以环境优美、基础设施完备、社会保障有力、市场秩序良好的产业发展环境为依托,构建富有创新性、开放性、融合性、集聚性与可持续性的新型产业体系"。国家"十二五"规划明确提出,在未来五年应该注重"发展现代产业体系,提高产业核心竞争力"。

就在国家着眼于现代产业体系构建的同时,我国一些学者也根据自己的理解阐释现代产业体系的内涵。例如,周致纳等(2008)认为,现代产业体系具有鲜明的时代性、区域性和先进性,是一个不断调整和动态发展的高效产业系统[①];陈建军(2008)认为,现代产业体系的核心是一个新型工业、现代服务业和现代农业互相融合、与环境协调发展的系统,直观上表现为产业发展与产业结构优化升级[②][③];向晓梅(2008)认为,"现代产业体系可以看作是产业在横向联系上具有均衡性和协调性,在纵向发展上形成完整的产业链,产业具备良好的制度素质、技术素质和劳动力素质,产业结构与消费结构之间形成良好互动,产业发展与资源、环境相协调,与国际产业发展相适应、相衔接的产业链完整、优势集聚、竞争力强的产业系统"[④];刘明宇等(2009)认为,现代产业体系是一国产业结构及其运行状态的总和,既有竞争优势又有面向未来发展的趋势,既有本国先天的要素禀赋带来的路径依赖,也受后天要素禀赋升级和专业化分工产生的动态比较优势,中国现代产业体系发展需要消除市场分割壁垒促进市场一体化,以市场为基础,通过禀赋升级、价值链升级和空间结构优化三个维度实现协同[⑤];张明哲(2009)认为,现代产业体系本质上是产业结构优化升级的系统,具有创新性、开放性、融合性、集聚性、可持续性和市场适应性等特征[⑥];金碚等(2006,2010,2018)则将现代产业体系看做产业不断适应资源开发利用、经济结构演变、产业技术进步以及与之相关的社会经济关系一系列新变化所形成的产业演化的整体性结构[⑦][⑧][⑨]。党的二十大报告提出"建设现代化产业体系。"

综合国家对现代产业体系的描述和学者对现代产业体系内涵的理解,现代产业体系应是基于良好的产业创新和产业技术支持,由若干相互联系、相互制约的产业组成的有机整体。现代产业体系能够促使产业类别具有一定的完备性,产业间的比例关系协调,产业内部及产业间的组织要素、合作、空间布局高效,产业创

---

① 周致纳,邓宇鹏.加快建设东莞现代产业体系研究[J].东莞理工学院学报,2008,15(6):1—6.
② 陈建军,葛宝琴.区域协调发展内生机制的理论研究——以要素流动和产业转移为基点[J].中国矿业大学学报(社会科学版),2008(4):59—66.
③ 陈建军.关于打造现代产业体系的思考——以杭州为例[J].浙江经济,2008(17):43—45.
④ 向晓梅.着力构建现代产业体系[J].港口经济,2008(9):42.
⑤ 刘明宇,芮明杰.全球化背景下中国现代产业体系的构建模式研究[J].中国工业经济,2009(5):57—66.
⑥ 张明哲.现代产业体系的特征与发展趋势研究[J].当代经济管理,2010,32(1):42—46.
⑦ 金碚.科学发展观与经济可持续增长方式转变[J].中国工业经济,2006(5):28—34.
⑧ 金碚,吕铁,李晓华.关于产业结构调整几个问题的探讨[J].经济学动态,2010(8):14—20.
⑨ 金碚.准确把握现代产业体系的开放性[N].经济日报,2018-07-19.

新活跃并富有效率,产业的微观环境和规制环境适宜,产业活动的环境污染治理与可持续发展的自然基础不断优化。

1.1.2 产业体系的类型与运作机理

(1)产业体系的类型

按照不同的分类标准,产业体系可分为多种类型,其中单一产业体系和复杂产业体系、地域性产业体系和国际性产业体系是较为重要的产业体系类型。

①单一产业体系和复杂产业体系

按照复杂程度,产业体系可以分为单一(简单)产业体系和复杂产业体系。单一产业体系主要存在于经济发展的低级阶段,分布于一些因客观条件影响而产业结构简单、地域分布有限、科技创新弱小、环境政策缺位或没有引起重视的区域或国家。如殖民统治时期,中美洲的许多国家主要经营一种或几种热带作物的种植,其他工业品和农产品深加工难以发展,以致形成单一的以少量种植业为主导的产业体系;改革开放前和改革开放初期,中国的许多城市由于历史及其他条件限制,曾经仅仅依靠矿采业(如玉门)、伐木业(如伊春)等产业发展经济,形成单一的产业体系;芬兰、挪威等国家因人口规模较小,主要经营少数产业类别,产业体系也较为简单。产业体系单一不利于国家的综合发展,即使这些产业通过深度专业化可以形成很强的竞争力,也难以改变其承受经济冲击能力较弱的弊端。

复杂产业体系主要是指经济发展水平较高及人口规模、经济规模较大等原因引致的产业门类较为齐全的多元产业体系。中国、美国、德国、印度等国家的产业体系即是如此。中国是联合国产业分类法中涉及全部产业部门的国家,美国产业部门的数量仅次于中国。繁多的产业部门促使这些国家形成产业组织复杂、产业创新系统庞大、产业发展环境管理多样、产业全球布局日趋深化的体系构成。

从产业体系的演变来看,单一产业体系可以向着复杂产业体系演变。产业体系中的结构系统、创新系统、布局系统、环境管理系统、市场规制系统之间可以相互影响,进而形成复杂体系。一些小的国家或地区因地形、人口、自然资源禀赋、市场等限制,发展的主要是少数精益制造,产业结构较为简单;但通过全球布局的销售系统,可以将其单一的系统变得复杂,形成较强的竞争力和抗风险的能力。另外,单一产业体系还可借助自身所具有的柔变性来推动其复杂化。如近年来瑞士在钟表业等精益制造的基础上逐渐发展起生物制药等产业,推动产业体系的进化。

②地域性产业体系和国际性产业体系。

按照作用区域,产业体系可分为地域性产业体系和国际性产业体系。地域性产业体系是指产业的分布、组织、结构、创新和环境管理等主要局限在一个国家,与外界尤其是国际经贸的关联较小,对外围的影响较弱。对一些非开放的国家和地区来说,因为长期处于区域性产业政策的管理和引导的状态,常常具有区域型产业体系特征。

国际性产业体系是指在开放的条件下,在国际贸易、投资及国际人才流动的作用下,一个国家或地区的产业组织、产业结构、产业布局、产业研发、产业规制和产业环境管理呈现跨国性或全球性的特征。国际性产业体系需要建立在经济发展水平较高,经济社会对外开放,具有较强的创新能力和管理能力、较强的国际投资贸易活动、充分发育的跨国公司等基础之上。随着信息技术、交通运输技术、国际贸易和国际投资的不断强化,国家或地区产业也逐步国际化,形成不同特征的国际性产业群,进而构建起跨国性或全球性的国际性产业体系。

(2)现代产业体系的结构及运作原理

如前所述,现代产业体系是大学研发机构—企业—政府共同合作打造的先进现代产业研发系统、高科技产业支撑下的现代化产业结构、市场化集群支持下的全球化产业布局、研发和销售管控为链接的产业链组织、不断绿化的产业资本保障系统和科学的国内国际产业规制6位一体的相互关联与协调支撑的、高效的综合系统。它具有以下基本特征:

①以研发为核心动力

现代产业的发展是建立在可靠的产业技术基础之上的,缺乏技术基础或技术落后都将使其难以在国际竞争场上立足和持续发展。按照一般规律,研发过程包括基础理论研发、产业共性技术研发和应用技术研发三个阶段。基础理论研发风险大,收益低,企业投入研发的积极性低,而产业共性技术研发因其巨大的外部性也难以刺激企业大量投入。然而,基础理论研发和产业共性技术研发是研发链条上不可缺少的内容,是技术的源泉。在此背景下,政府在研发领域的作用脱颖而出。

国际经验表明,基础理论研发和产业共性技术研发主要由政府投资进行,而应用技术研发主要由企业投资。政府依靠财政预算安排足够的资金组织大学、研究所、重点实验室等进行基础理论和产业共性技术研发,为企业的应用技术研发提供基础和准备。这些产业基础理论和共性技术一旦成熟,就会为企业的技术研发提供足够的刺激,从而促进企业和产业的生发。这样就催生了依附大学、研究所、重点实验室等研发机构的技术产业群。在市场规律的作用下,通过分工和低成本的驱动,集群的企业主体会进一步根据细致的产业细分和前景,确定发展的部门方向,形成部门结构体系,并根据劳动力资源、自然资源、区位、文化等要素特征寻求在最合理的地区进行布局发展,形成空间体系。

②部门结构协调

产业体系的直观表现之一是部门比例。现代产业体系各部门间应当具备协调的比例关系,且体系本身具有保持这种协调比例的动态优化功能。现代产业体系内的部门发展应呈现良好的态势,即新兴的产业部门不断出现,增值能力强的部门发展迅速,优势部门得到机会充分发挥所长,弱势部门得到改善或有序退出,均势部门能够有序分异,趋向优势产业或逐步进入淘汰系列,落后的产业部门不断外化和缩减。如此,产业资源的投入效率得以不断提高。

③产业空间布局合理

产业的发展需要地理空间的支持,这种空间是市场区位、交通条件、文化氛围、土地等综合要素决定的。合理的产业空间布局是节省成本、扩展营销、增强产品或服务提供能力以及强化研发能力的关键。在经济全球化的今天,现代产业体系必须通过投资贸易、品牌和技术管理,形成国际化或全球化的空间布局结构。

④具有以产业链为中心的产业组织与全球管控力

当今世界,国际分工日益细密,全球市场发展不断加快。企业将非核心部门和产业活动进行外包和远距离布局的关键是能够形成对产业价值链和产业链的管控。要使产业分工和地域分工所带来的分散利益流能够回归,进一步促进企业技术扩散和经营收益增加,就必须化解时空扩张和部门分散产生的控制力的递减和利益流失的风险。现代产业体系内部的企业和集群往往通过研发控制、核心技术控制、设计与品牌控制、专利控制、产量与价格控制,形成对产业链和价值链的全球管控力。

⑤绿化保障

从当前产业发展的环境资源约束来看,面对全球气候变暖和环境污染带来的福利损失,要想实现产业持续发展就必须加强环境管理和污染控制。这需要研发系统提供治污控污技术,淘汰污染重的产业部门;需要控制空间布局,减少资源错配;需要产业链和价值链的再组织,提高产业体系的绿化水平。现代产业体系拥有强大的研发能力、协调的部门结构、合理的空间布局和强大的产业链和价值链组织和管控能力,可以保障绿化生产的顺利进行。

⑥规制约束

产业活动和利益关系、合作竞争关系、污染与收益关系的错位等需要严格、完善的规制系统加以约束,从而保证产业体系有序、高效运行。但是,在全球化日益深化的今天,产业活动日益国际化,产业需要进行跨越主权的竞合博弈。在此背景下,产业体系运作在国际层面会遇到关税、技术、标准、专利、商标、市场准入、区域性组织准入、反倾销等多重阻力,需要借助参与国际标准的制定,参与国际区域组织的缔造、成员申请与认证来加以克服。也就是说,产业体系需要具有应对非合理性准入限制、不合理关税壁垒和反倾销规制的能力。这是全球化时代产业体系必须发育的功能子系统。产业的规制体系超越了一般意义上的效率、成本、质量、品牌等诸多决定产业发展的因素。

产业体系的国际规则首先表现为市场导向。企业研发机构-大学-政府一体化的产业研发体系决定了新产业的产生、旧部门的更新和劣汰,进而推动了产业部门体系的变化;促使经济区位不断变化,致使产业空间布局系统发生变更;促使产业价值链分工的细化和增值方式的变化,促进产业体系组织方式的革新和产业链组织体系的升级;直接以技术标准和产业标准的方式,改变产业的部分规制,促使产业业态变化、部门结构和空间结构变化,促进规制系统的变化。

同时,某一子系统的变化也将影响其他子系统的变化,进而影响产业体系的综合平衡与功能最大化。某一子系统发育不足或不合理,也会对另一个或多个子系统形成一定的不利影响,进而使产业体系发生倾斜,阻碍产业系统正常功能的发挥。因此,现代产业体系必须具有能够融入国际生产和市场的规则体系,从而保障产业体系内部的平衡与功能的正常发挥。

总体而言,现代产业体系构建的关键在于科技研发的激发和长期支持,在于良好的制度促进研发的积极性和技术的产业化。有效的产业体系表现为良好的产业研发创新效率、产业经济效率、产业环境污染治理效率。产业组织效率、产业布局效率和产业规制效率。

(3)从传统产业体系到现代产业体系的演进

产业体系发展至少包含六个表征维度(见图 1-1),它们的发展水平及其综合效果决定着产业体系的发展水平、活力和效能。在产业体系的演进过程中,这六个表征维度的不断发展引领产业体系由传统走向现代。

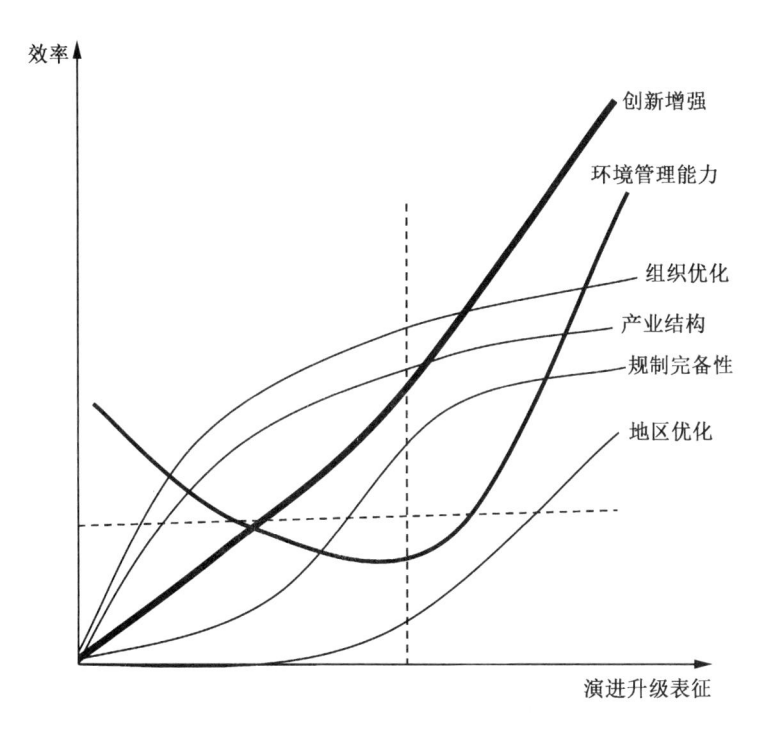

图 1-1 产业体系的演进方向

产业结构的发展与演进表现为产业分工更加细化,新兴部门不断涌现,一些传统部门不断退出,现代生产性服务业及高端制造业比重不断增加,产业结构总体呈现不断高级化的趋势。

产业地区布局的发展与演进表现为产业更加集群化、根植化与全球化。

产业规制的发展与演进表现为更加系统,更加与国际接轨。

环境管理的发展与演进表现为环境污染管理在产业体系中的作用日趋重要。环境产业成为产业体系中的细分部门,环境管理和环境污染治理促使各个产业部门在生产活动中节约环境资源、减少废弃物排放、增加废物治理能力,促使各个产业部门更加绿化、生态化和低碳化,从而保证产业部门和产业体系的持续化发展。

产业组织的发展与演进一方面表现为产业内各部门以研发-制造-营销为基本构成的产业链分工更加细密、投入产出效率不断提高,另一方面表现为产业间的组织更加合理、有序,分工更加合理、高效。

产业创新的发展与演进表现为产业体系对研发创新类产业资源的吸引与凝聚力不断加强,支持产业发展的科技发明和专利迅速增加,整个产业创新生态更加健康,功能更加完善,创新能力不断增强。

以上述发展演进为基础,产业体系的六个维度可凝结为一个综合的主导维度——效率,其最核心的内容包括产业经济效率、产业环境效率和产业创新效率。产业体系的发展至少体现为这三大产业效率的不断提高。

在产业体系的各个维度中,科技创新是最核心的发展维度,它决定着产业体系发展的动力。科技创新能力越强,产业体系发展越快,效率越高。科技创新结构决定了产业结构及其变化方向。科技创新的成果——新技术——也常常深刻改变产业链组织体系和空间布局体系,并对产业规制体系和市场体系提出新的要求,进而推动产业制度的变化。由于产业技术影响产业活动的工艺和管理,也将影响产业发展的经济、技术与环境效率。

产业规模水平是产业体系规模水平的直观表现:产业规模越大,产业体系产生的经济影响就越大。不同的技术及其对产业经济的作用面、作用深度和作用水平决定着不同产业的发展规模和效率,塑造出不同的产业体系,呈现不同的效率水平。

随着社会经济发展,居民对环境质量的要求不断提高,全球性污染加剧和气候变暖都对不同产业的发展提出不同的环境要求,形成了对环境友好型产业的支持和对环境污染型产业的抑制作用。可以将环境成本内部化于产业经济活动,进而影响产业经济效率。因此,环境成为塑造现代产业体系的又一关键因素,促使产业体系向着更加环保、更加生态和绿化的方向发展。

产业体系的发展在不同维度上表现为产业组织不断优化,产业空间上一轮接一轮的布局再布局,产业增长结构非均衡性升级,产业规制不断更新换代。产业体系在动态发育发展的过程中要求自身不断完善并与产业整体发展匹配。产业体系不同维度上的优化和演进,不同程度上影响现代产业体系的内在效率和外在结构的变化和发展。

1.2 技术与现代产业体系

1.2.1 技术——现代产业体系形成和发展的基石

技术与现代产业体系的形成和发展有着密切的关系,是现代产业体系形成和发展的重要基石。

科技研发服务部门本身是生产性服务业,是产业体系的重要组成部分,是决定产业体系现代化程度的重要标志。现代产业体系的一个基本特征是高端服务业引领产业发展和促进产业体系重塑。如美国依靠世界一流大学的云集、国家实验室的创新能力、全球科技精英人才的汇聚及强大的研发投入能力,形成了强大的研发与技术服务产业。这一产业不但为本国产业发展提供直接支持,还可以接受国外的技术服务(包括技术专利的交易),是美国增长最快的行业部门之一。该部门发展越快,规模越大,对相关产业的技术装备能力越强,整个产业体系的现代化水平越高。

技术是各个产业部门增长的动力。技术是科学在有用艺术中的应用(Bigelow,1831)[1],它具有广泛的含义,包含于生产、过程和组织中。技术可以用来拓展人们解决问题的能力。技术是解决问题的诀窍或方法,它可以表现为人们依靠既有事物构造新事物或者改变既有事物性能和功效的方法。技术需要合适的载体(如燃料、原料、产品、工艺流程、设施、设备等)来表达,并具有明确的规范、标准、计量方法、指标等有效的表达范围。埃吕尔(1964)认为,技术是"在一切人类活动领域中通过理性得到的就特定发展状况来说,具有绝对有效性的各种方法的整体"[2]。

如果产业系统由制造企业的生产函数和研究型大学的生产函数及资本积累

---

[1] J. Bigelow. Elements of Technology[M]. Boston: Hilliard, Gray, Little and Wilkins, 1831: 70—90.
[2] Jacques Ellul. The Technological Society[M]. NewYork: Alfred A. Knopf, 1964: 18—20.

等要素构成,假若 K 为资本,L 为劳动力,Y 为产出,s 为储蓄率,δ 为资本折旧率,u 为大学的劳动力比例,$1-u$ 为制造业劳动力比例,E 为决定劳动效率的知识存量水平,$g(u)$ 表示大学劳动力比例与知识增长的关系,则制造业的生产函数 Y、研究型大学的知识生产函数 ΔE 和资本积累函数 ΔK 分别为:

$$\begin{cases} Y=F[K,(1-u)E\times L] \\ \Delta E=g(u)E \\ \Delta K=sY-\delta K \end{cases}$$

在这个两部门模型中,由于大学的知识生产和创造是在不断加速进行的,因此经济增长可以不依赖于外部推力而是依赖于内部的技术进步。其基本机制在不同的经济学家那里有不同的解释,如卢卡斯的人力资本模型、巴罗知识外溢模型等[1]。

如果把两部门模型扩展到三部门模型,即将产出归结为劳动力增加、资本增长和技术进步,则生产函数:

$$Y=AF(K,L)$$

或 $Y=AK^{\alpha}L^{\beta}$

如果令 $\alpha+\beta=1$,则

$$Y=AK^{\alpha}L^{1-\alpha}$$

其中,A 为全要素生产率的现期技术水平。其增长公式可以写为[2]:

$$\frac{\Delta Y}{Y}=\alpha\frac{\Delta K}{K}+(1-\alpha)\frac{\Delta L}{L}+\frac{\Delta A}{A}$$

则技术进步率为:

$$\frac{\Delta A}{A}=\frac{\Delta Y}{Y}-\alpha\frac{\Delta K}{K}-(1-\alpha)\frac{\Delta L}{L}$$

全要素增长率的提高深受劳动、资本增长和制度因素影响,但最常见的影响因素是技术进步。资本、劳动力等对产业增长的作用遵循要素投入递减规律,也就是说随着这类要素投入的不断增加,其边际收益在开始阶段逐步加速增长,然后达到最大值,之后边际收益开始下降,甚至到零乃至负值。在古典经济增长理

---

[1] 曼昆.宏观经济学(第九版),北京:中国人民大学出版社,2016:187—203.
[2] 曼昆.宏观经济学(第九版),北京:中国人民大学出版社,2016:207—211.

论中,经济增长遵循稳态规律。劳动力和资本在生产过程中不可能无限增加,在一定时期具有一定数量的限制,其增加具有刚性。因此,资本和劳动力等对产业增长的推动深受产业特征和资本有机构成限制,难以形成长期的驱动。

而技术对产业增长的驱动作用具有长期性。不同行业部门全要素增长及其非均衡变化是行业部门规模比例变动、空间布局变动、组织形式变动、环境规制响应与实践、创新加强的核心动力。如图1-2所示,假设某产品或服务生产需要 x 和 y 两类资源支持,且这两类资源总量固定。若要节省资源 x 或资源 y,或节省资源 x 和 y 的产业技术进步同时发生,原有生产的可能性边缘分别从 a 变为 b、c 和 d。可见,技术研发创新和进步可以突破传统产业资源(如资本和劳动力等)的限制,促使该产业快速增长,在产业体系中的地位不断提升。技术进步还可以改变既有产业组织体系、空间布局体系、环境治理体系等,进而改变、优化整个产业体系。这充分说明了技术对产业体系发育的基础支持和关键性的推动作用,说明了它是塑造现代产业体系最核心的力量。

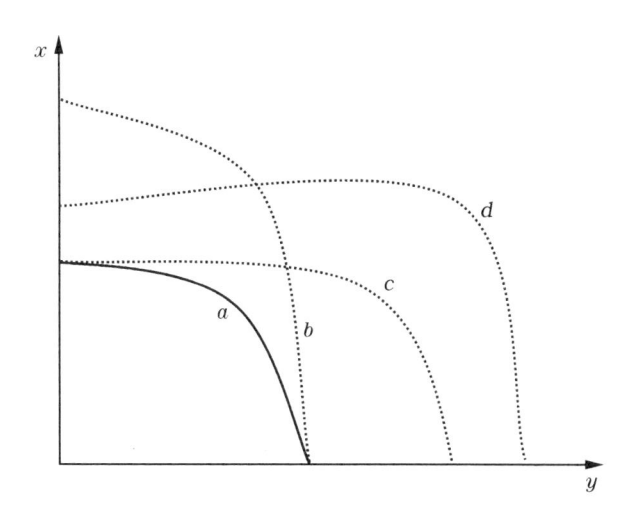

图1-2 技术与生产的最大可能性前沿曲线

技术支持是现代产业体系发展的第一要素。任何产业发展都需要技术支持,技术的先进度、成熟度及其产业化水平决定了其降低产品/劳务生产成本的幅度,决定了其促进产品生产能力和产业规模及扩张的潜力。技术研发创新能力越强,效率越高,该产业的竞争力就越强,在产业体系中的地位就越突出。技术对现代产业体系发展的驱动主要是通过不断突破资源约束、空间约束、市场约束、组织约束，促进生产过程和产品的不断升级换代，催生新兴业态，淘汰落后业态，以不同产业部门的非均衡、高技术化和现代化发展，形成对既有产业体系的冲击和现代产业体系的建构。

1.2.2　不同类型的技术对产业体系的作用不同

(1) 潜力型既有技术升级的作用

随着科学研究和技术创新环境的不断改善，随着周围企业的模仿和新技术的出现，既有技术的先进性逐步退化乃至濒临被淘汰或被替代的边缘，其支持的产品或服务性能与消费者需求日益脱节，使用该类技术的产业部门开始受到挤压，市场空间被不断压缩，产业组织效率日趋下降。如果通过输入研发资源，将其中具有潜力的既有技术进行技术升级，从而大大降低其支持产业/企业/产品的生产成本，明显改善产品/服务的性能，重新赢得消费者青睐，则该类技术支持的产业部门将重新成为产业体系的生长点，该类产业在产业体系中的地位将继续提升，空间布局将不断扩展和优化，环境和规制体系将得到良性重塑，产业的组织效率、经济效率和生态环境效率都将得到提升，进而推动整个产业体系的不断优化。

(2) 战略性新兴技术的作用

战略性新兴技术是着眼于未来且能代表科技研发方向、具有巨大产业化潜力的技术，其研发成功和产业化推进将创造巨大市场，催生规模强大的产业或产业集群。这类技术会强烈地改变产业的结构、空间布局及空间组织，提高产业研发创新效率及产业经济效率，倒逼产业规制的优化和生态环境效率的提高，从而成为现代产业体系不断升级和高级化演进的主导力量。目前，中国将生物医药技术、先进制造技术、环境治理技术、航空航天技术、人工智能技术、新材料新能源技术等列入国家战略性新兴技术，其支持产业列为战略性新兴产业。显然，随着这些技术研发的突破和推广，与之相关的若干产业将会崛起，中国现代产业体系将因此得到重塑。

(3) 颠覆性技术的作用

颠覆性技术是指超出既有技术及其产业化模式的新技术，是引发技术革命的新技术。历史上人类产业经济和产业体系发展过程中出现的蒸汽动力技术为代表的第一次技术革命、电力技术为代表的第二次技术革命、计算机及信息技术为代表的第三次技术革命,都发端于前所未有的、颠覆了传统技术的新技术。这些新技术促使一批新产业产生和迅速扩张,从而推动产业体系的跳跃式升级和发展。就目前的态势来看,正在孕育的颠覆性技术可能是人工智能技术、清洁能源技术、量子技术、虚拟现实及生物技术、机器人技术、深空探测技术、深海探测技术等。这些技术的突破可能再次颠覆既有技术,创造出大量新兴产业部门,具有飞跃式构建现代产业体系的可能性。

(4)平台技术或共性技术的作用

平台技术与共性技术是培育、孕育新兴产业的温床。互联网技术,云计算技术等就是平台技术和共性技术,它们可以充当新产业发展的激发器和孵化器,培育出新兴产业,改造传统产业,促进产业体系的升级和结构功能的优化。如互联网技术支持下的移动支付技术大大超越了以往的支付方式,洗礼着既有技术,极大地提高了现代产业体系的整体效率,促进了现代产业体系的成长和升级。

1.3 科技创新与现代产业体系发展的互动

1.3.1 科技创新与现代产业体系的发育发展

现代产业体系发育发展受制于科技创新的能力和水平。在蒸汽机时代,产业体系局限于区域分工和区域布局,产业环境污染的自然稀释能力很强,产业组织的地域性限制明显,规制不完善,产业结构分化较为粗糙。到以电力技术革命为标志的第二次科技革命时代,产业体系在产业门类上更加齐全,在空间地区上更加广泛,在产业规制体系和组织体系建设上日趋加强,整个产业体系的效率较第一次技术革命时大大提高,但环境管理仍未受到足够的重视。

进入计算机和信息技术为核心的第三次技术革命时代以来,技术飞速发展。芯片技术遵循摩尔定律,促使行业部门更加细化,新兴行业部门不断涌现,产业布局走向全球化,产业组织和规制开始作用于全球化视域,在产业经济活动加重污染的同时,相关治理技术和管理也日益受到重视,整体产业体系的科技创新效率、经济效率、生态环境效率成为支持现代产业体系发展的三大支柱。近年来,人工智能技术、清洁能源技术、机器人技术、量子信息技术、虚拟现实以及生物技术快速发展,以绿色技术为特色的新技术生态群落逐步形成,以其为支持的第四次技术革命正在酝酿之中,现代产业体系将向着以研发创新为核心并不断推进生产体系高效率、生态绿色化、深度全球化方向发展。

1.3.2　技术创新与产业体系演进的加强机制

技术创新与产业体系演进具有相互加强机制,具体表现为:大学、研发机构及产业的研发创新强化了研发类生产性服务业和新技术;新技术催生新业态;产业技术创新可以改造传统产业部门,维持传统产业规模甚至促使传统产业扩张;新兴技术会淘汰传统产业部门,也在促使产业体系的更新(见图1-3)。

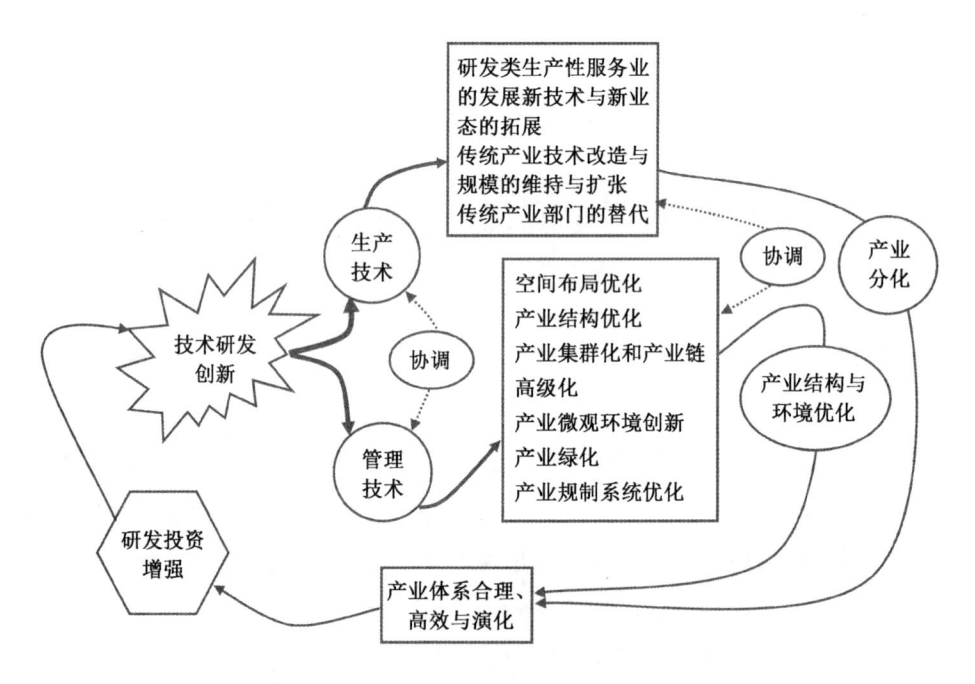

图1-3　技术创新与产业体系演进的加强机制

技术创新与产业体系演进的这种相互加强机制也是一个促使产业非均衡增长的机制,它促进产业的分化,改变产业部门间的比例关系和空间布局,也会引致新的产业规制体系建设。高技术和新兴技术、新型工艺会提高资源效率,优化产业组织体系和产业链的重建,减少环境污染物排放,从而促使产业体系向着更高级的产业结构、更优化的空间结构、更加科学的组织结构、更加有效的规制结构、更加绿色和更加先进的方向演进。从投入产出角度看,更加先进的产业体系必然带来更高的经济效率、创新效率和环境效率。

反过来,更加先进的产业体系会进一步加强研发创新投资,激发大学、研发机构、企业的创新活力,产出更多支持先进制造与智造的技术发明、专利和更多的管理技术创新,进一步提高产业体系发展和产业活动效率,进一步增强研发投资和研发组织的创新热情和创新动力,形成一个科技创新推动产业体系不断自我加强的正向的内在互动发展模式。只要没有外在负向力量的强力干预和支持制度的退化,这一模式会持续支持产业规模扩张和产业体系向高级化演进。但对某一国家或地区的产业体系而言,由于技术创新强度和产业化出现问题,其外在环境与制度退化,内部产业/企业受到外在竞争者的强烈竞争,既有产品/服务市场遭到挤压,研发资金遭到分流,专利技术被买走或其他渠道被夺走,核心人才、相关产业资本和劳动力等生产要素被吸走,这打破了既有产业体系和技术创新的良性互动,致使产业体系和整个经济衰退乃至崩溃。

在科技创新过程中,产业技术创新通常具有非均衡性,有些产业部门的支持技术更新快,有些产业部门的技术创新和更新慢,这导致产业发展的主导方向发生变更,体现为既有产业体系更加先进、更加现代化。

1.3.3 产业科技政策对产业体系发展的作用

政策是方向,制度是规则。政策是上级的指示,可能制度里还没有规定,制度的内容主要来自政策。一般而言,组织的运行通常是先制定政策并实施政策,当政策被证明具有良好的效果后,进一步"硬化"为制度。产业政策相比产业制度不仅具有更加丰富的内容和庞大的体系,而且具有灵活性、多变性和阶段性等特征。而制度通常具有稳定性、变更难度较大的特征,实施和废止需要复杂的程序。

良好的科技产业政策对产业体系发展具有激发、激励和约束作用。政府为了激发某类产业发展,通常对其科技创新给予税收优惠、贷款优惠、贷款担保、直接投资等资金支持,专业技能培训、人才资源培育、人才引进等人才支持,放松管制、降低进入门槛等管理支持,为产业资源汇聚提供保障,支持工程中心、大学研究机构、研发中心的发展,促进产学研融合和产业链的构建,提高组织能力。整体而言,产业政策会明显影响产业发展的规模、组织结构、发展前景。产业体系必然在复杂的产业政策体系的约束下形成、运行和发展。虽然产业政策的目标是发挥比较优势、引导新兴产业、培育竞争优势、促进现代产业体系的发展,但产业政策的制定必须以对应的产业发展水平为基础,超前的产业政策必须符合产业的发展潜力和基本取向。

任何产业必须依托直接或间接的产业科技政策而存在。要促进高科技产业和生产性服务业的发展,构建现代产业体系,需要更新和完善科技产业政策;而良好的产业体系的发展又会对科技政策体系提出新的要求,进而促进科技产业政策体系的变更和升级。

第 2 章　产业体系效率分析

2.1　产业体系效率评价

　　现代产业体系较为复杂，具有多个展现维度。其最重要的时代表征维度是生态环境效率、创新效率和经济效率。生态环境效率是产业体系可持续发展的未来支持，创新效率是现代产业体系发育、优化和长期发展的核心动力和关键支持，而经济效率是现实存在的基本理由。本书在探讨产业体系效率时，主要分析产业体系的绿化和环境治理、产业体系的创新支持和产业发展的经济效率。

　　就部门结构来看，产业体系包括第一产业、第二产业和第三产业，每一个产业都包含若干细分部门，但工业及其细分部门是现代产业体系中最能体现其效率及其变化的部分。因此，本书的产业体系效率衡量分析主要使用工业效率的多变特征及其变化来表达。

2.2　现代产业体系的绿化和环境治理效率

　　一般而言，产业经济活动的污染特征因污染类别不同而不同。当前产业经济活动的主要污染来源于工业部门，污染类型分为大气污染、水污染和固体废物污染等，相关污染治理也分为大气污染治理、水污染治理和固体废物治理等几个方面。在具体的污染治理活动中，既可以从产业角度，针对不同的产业部门采用不同的治理技术和战略，呈现污染治理效率的部门差异，也可以从不同区域角度，采取不同的污染治理技术和措施，呈现污染治理效率的空间差异。本书在分析现代产业体系的污染治理效率时,主要以大气污染和水污染为核心,从产业污染治理和区域污染治理两个维度进行分析。

2.2.1 现行产业体系下各部门的水污染治理效率

(1)工业水污染治理效率

2004年我国水污染的环境成本高达2 862.8亿元[①]。近年来我国水污染事件频频发生,水环境趋于恶化。2013年环境保护部发布的首个全国性的大规模研究结果显示,我国地表水总体轻度污染,部分城市河段污染较重;全国4 778个地下水监测点中水质较差和极差的比例约为60%,31个大型淡水湖泊中有17个为中度污染或轻度污染[②]。工业水污染不仅使水生态受损,而且影响和损害群众健康,不利于经济社会持续发展。杨功焕等人对淮河流域的研究表明,当地癌症的高发与水污染有着直接的关系。[③]

近年来国家不断加大水污染治理力度。国家"九五"计划开始实施主要水污染物排放总量控制,国家"十一五"规划提出并完成了减少COD(化学需氧量)10%的排放量,国家"十二五"规划将减排COD(化学需氧量)8%、氨氮10%作为刚性指标。2015年国务院出台的《水污染防治行动计划》提出,到2020年全国水环境质量得到阶段性改善,污染严重水体较大幅度减少;到2030年力争全国水环境质量得到总体改善,水生态系统功能初步恢复;到21世纪中叶,生态环境质量全面改善,生态系统实现良性循环[④]。

水污染治理的效率是一种投入产出效率,体现的是环境污染治理投入要素及其污染去除效果。迄今,大多数研究注重生态效率(Chen et al.,2015[⑤];Song et

---

① 国家环境保护总局,国家统计局.中国绿色国民经济核算研究报告2004[EB/OL](2006-09-07).http://www.gov.cn/gzdt/2006-09/07/content_381190.htm.

② 国家环境保护部.2014中国环境状况公报[EB/OL](201506-04).http://www.mep.gov.cn/gkml/hbb/qt/201506/t20150604_302855.htm.

③ 杨功焕,庄大方.淮河流域水环境与消化道肿瘤死亡图集[M].北京:中国地图出版社,2013:51—180.

④ 国务院.水污染防治行动计划(国发〔2015〕17号)[EB/OL](2015-04-02).http://zfs.mep.gov.cn/fg/gwyw/201504/t20150416_299146.htm.

⑤ J. D. Chen, M. L. Song, L. Xu. Evaluation of Environmental Efficiency in China Using Data Envelopment Analysis [J]. Ecological Indicators,2015,52:577—583.

al. ,2013①;Goto et al. ,2014②;胡伟等,2014③),对工业水污染治理效率研究较少。在这些有关工业水污染治理效率的研究成果中,具有代表性的主要有:褚俊英等(2004)以劳力、资本和电力为投入,以污水处理量为产出,对81个污水处理厂水污染治理效率的计算④;石风光(2014)以各地区废水治理投资、治理设施数、设施运行费为投入变量,以污染物去除量(包括氰化物、氨氮和COD)、废水排放达标量、废水排放达标率为产出变量,利用DEA方法对2012年中国地区工业水污染治理效率的计算⑤;陈旭升等(2009)以2007年工业废水治理投资、设施投入、运行经费和处理能力为投入,以废水达标排放率、达标量以及5种污染物去除量为产出,利用CCR-Malmquist模型对污染治理效率和4个地区2003—2006年的Malmquist及分解指数的计算⑥;李磊等(2011)选择地区相关就业人数、废水治理设施及运行费和工业废水污染治理投资为投入,工业废水排放达标量和达标率为产出,对中国2004—2009年工业废水治理效率的计算⑦;张家瑞等（2015)选用治理年投资额、监督管理投资和面源污染治理投资为投入,以城镇污水处理率、水域功能区水质达标率和综合营养状态指数(外海)为产出,利用DEA模型对滇池流域水污染防治财政投资政策绩效的计算⑧。

工业废水中核心污染物的浓度存在差异,不同污染物毒性与污染效应不同,因此工业水污染治理的关键在于去除核心污染物。既有研究采用废水达标总重

---

① M. L. Song,Y. Q. Song,H. Y. Yu,et al. . Calculation of China's Environmental Efficiency and Relevant Hierarchical Cluster Analysis from the Perspective of Regional Differences [J]. Mathematical and Computer Modelling,2013,58(5—6):1 084—1 094.

② G. Mika,O. Akihiro,S. Toshiyuki. DEA Assessment of Operational and Environmental EffiCiencies on Japanese Regional Industries[J]. Energy,2014,66(3):535—549.

③ 胡伟,钱茂,刘广兵. 基于DEA模型的太湖流域企业污水治理效率[J]. 环境工程学报,2014(4):1 417—1 422.

④ 褚俊英,陈吉宁,邹骥等. 中国城市污水处理厂资源配置效率的比较[J]. 中国环境科学,2004(2):242—246.

⑤ 石风光. 中国地区工业水污染治理效率研究——基于三阶段DEA方法[J]. 华东经济管理,2014(8):41—45.

⑥ 陈旭升,范德成. 中国工业水污染状况及其治理效率实证研究[J]. 统计与信息论坛,2009(3):30—35.

⑦ 李磊,赵培培. 中国工业废水治理效率评价[J]. 资源开发与市场,2011,12:1 093—1 095.

⑧ 张家瑞,杨逢乐,曾维华,等. 滇池流域水污染防治财政投资政策绩效评估[J]. 环境科学学报,2015,2:596—601.

量和达标排放率、部分污染物去除重量加总等作为产出指标,相对而言比较粗糙;同时这些研究也存在年份较少,没有考虑重金属污染,没有反映、分析投入产出对应的以及最近的工业水污染治理效率特征。有鉴于此,本书选取工业污水治理投入作为指标,利用污染物当量换算对工业水污染关注的10种污染物分类合并,计算相应去除率,再利用DEA-Malmquist模型对2005—2013年中国工业废水治理效率进行研究,以期更直接、细致、准确地反映工业水污染治理效率及其成因和差异。

(2)模型和数据

①DEA模型

DEA模型始于基于规模收益不变的CCR模型(Charnes, A., W. W. Cooper and E. Rhodes, 1978)[①]。之后,基于规模收益可变的理论,Bank等人(1984)提出BCC模型,对其进行了拓展。本书主要使用BCC模型来衡量工业水污染治理的技术和规模效率。其基本内涵为:若有 n 个 DMU,每个 DMU_j 有 m 个投入和 q 个产出,以 x_{ij} 代表投入,y_{rj} 代表产出,v_i 代表投入权重,u_r 代表产出权重,且 $x_{ij}>0, y_{rj}>0, v_i>0, u_r>0$,则产出导向的超效率模型为:

$$\begin{cases} \max \quad \theta \\ s.t. \sum_{j=1}^{n} \lambda_j x_{ij} - s_i^- \leqslant x_i^k \\ \sum_{j=1}^{n} \lambda_j y_{rj} + s_r^+ \geqslant \theta y_{rk} \\ \sum_{j=1}^{n} \lambda_j = 1, \lambda \geqslant 0 \\ i=1,2,\cdots,m; r=1,2,\cdots,q; j=1,2,\cdots,n \end{cases} \quad (1)$$

其中 S^+, S^- 是松弛变量,λ 是权重。若 $S^+ = S^- = 0, \theta = 1$,则 DMU_j DEA有效[②]。

②Malmquist模型

基于Fare等(1994)提出的TFP指数,Malmquist指数可表示为:

[①] A. Charnes, W. W Cooper, E. Rhodes Measuring the Efficiency of Decision Making Units, European [J]. Journal of Operational Research, 1978, 2(78): 429—444.

[②] D. Bank, A. Charnes, W. W. Cooper. Some Models for Estimating Technical and Scale Inefficiencies in Data Envelop Analysis [J]. Management Science, 1984, 30(9): 1 078—1 092.

$$M_0^t = D_0^t(x^{t+1}, y^{t+1})/D_0^t(x^t, y^t), M_0^{t+1} = D_0^{t+1}(x^{t+1}, y^{t+1})/D_0^{t+1}(x^t, y^t) \quad (2)$$

其中，$D_0^t(x^t, y^t) = \inf\{\theta: (x^t, y^t/\theta) \in S^t\} = (\sup\{\theta: (x^t, \theta y^t) \in S^t\})^{-1}$

$D_0^{t+1}(x^{t+1}, y^t) = \inf\{\theta: (x^{t+1}, y^{t+1}/\theta) \in S^{t+1}\} = (\sup\{\theta: (x^{t+1}, \theta y^{t+1}) \in S^{t+1}\})^{-1}$

S^t, S^{t+1} 分别表示 t 和 $t+1$ 期的技术，x^t, x^{t+1} 分别表示 t 和 $t+1$ 期的投入，y^t, y^{t+1} 分别表示 t 和 $t+1$ 期的产出，若 $(x^t, y^t) \in S^t$，则 $D_0^t(x^t, y^t) \leqslant 1$。若 (x^t, y^t) 处于前沿面上，则 $D_0^t(x^t, y^t) = 1$，

$$M_0(x^{t+1}, y^{t+1}, x^t, y^t) = \left[\frac{D_0^t(x^{t+1}, y^{t+1})}{D_0^t(x^t, y^t)} \times \frac{D_0^{t+1}(x^{t+1}, y^{t+1})}{D_0^{t+1}(x^t, y^t)}\right]^{-1/2} \quad (3)$$

令 $M_0(x^{t+1}, y^{t+1}, x^t, y^t) = ML$，

$\left[\dfrac{D_0^t(x^{t+1}, y^{t+1})}{D_0^t(x^t, y^t)}\right]^{-1/2} = EC$，

$\left[\dfrac{D_0^{t1}(x^{t+1}, y^{t+1})}{D_0^{t1}(x^t, y^t)}\right]^{-1/2} = TC$，

则 $ML = EC * TC$ （4）

式中，ML 表示 Malmquist 指数，EC 表示技术效率变化，TC 表示技术进步。若 $EC > 1$，表示技术效率提高了；若 $TC > 1$，表示技术进步了；反之亦反[①]。

③数据

工业水污染治理最直接的过程是投入除污设施，并以相应的费用有效运行，从而减除一定污染物，表现出一定的去除率。本书选择的输入指标为：A. 污染治理设施投入（套），B. 水污染处理能力（吨/日），C. 运行费支出（万元）；主要输出指标为：E. COD 去除率、氨氮去除率，G. 重金属（包括 Hg、C_r、C_d、A_s 和 P_b）去除率，H. 其他污染物（挥发酚、石油类和氰化物）去除率。这些数据主要来自《中国环境年鉴》和《中国环境统计年报》。

由于工业水污染涉及多种污染，许多地区的一种或多种污染物数据为零，也鉴于污染物毒性及对环境作用不同，本书使用污染当量数对不同污染物进行加总处理。污染当量法是评价污染源区域现状简便、实用的方法，其评价结果可靠、直

---

① R. Färe, Z. Zhang. Productivity Growth, Technical Progress, and Efficiency Change in Industrialized Countries [J]. American Economic Review, 1994, 84(1): 66-83.

观,具有可比性和合理性[①]。其计算方法如下:

$$EQR_{jk} = \frac{\sum_{i=1}^{n}(q_{ri}/w_i)}{(\sum_{i=1}^{n}q_{ei}/w_i + \sum_{i=1}^{n}q_{ri}/w_i)} = \frac{\sum_{i=1}^{n}q_{ri}/w_i}{(\sum_{i=1}^{n}q_{pi}/w_i)} \tag{5}$$

式中,EQR_{jk} 为 $j(j=1,2,\cdots,n)$ 地区第 $k(k=1,2,\cdots,m)$ 类污染物当量折算后的去除率,w_i 为污染物 $i(i=1,2,\cdots,n)$ 的污染当量值,q_{ri} 为 j 地区污染物 i 的未经污染当量折算的去除量,q_{ei} 为 j 地区污染物 i 的未经污染当量折算的排放量,q_{pi} 为 j 地区污染物 i 的未经污染当量折算的产生量。

在计算静态的 DEA 效率时,本书采用 2011—2013 年的污染当量平均值,将污染物分为 COD、氨氮、石油类、重金属(包括 Hg、C_r、C_d、A_s 和 P_b)和其他(挥发酚和氰化物)去除量和去除率。在计算 Malmquist 指数时,本书使用 2005—2013 年各年全部污染物污染当量值和去除率。根据中华人民共和国排污费征收标准及计算方法,COD、氨氮、Hg、C_r、C_d、A_s、P_b、氰化物、挥发酚和石油类的污染当量值分别为:1、0.8、0.02、0.025、0.02、0.000 5、0.005、0.05、0.08 和 0.1[②]。

(3)结果及分析

①工业各部门水污染治理的效率

计算结果表明,2011—2013 年平均工业水污染物排放当量中,化学原料为 20.9%,造纸为 18.7%,饮料为 10%,石油加工与炼焦为 9.8%,食品加工为 7%,纺织为 6.8%,黑色冶炼为 6.3%,食品制造为 4.1%,石油天然气开采为 2.9%,医药为 2.6%,这 10 大部门排放量占全部 38 个工业部门总排放量的 89.1%(部门排放比例及下文中部门污染物去除量、去除率等鉴于篇幅不一一列出)。可见,工业部门间水污染物排放差异明显。

就治理效率来看,黑色冶炼、医药、石油加工炼焦、化学原料、石油天然气开采、有色金属冶炼、食品制造等 18 个部门具有 DEA 有效(见表 2-1)。其中,化学

---

① 陈新学,王万宾,陈海涛,等.污染当量数在区域现状污染源评价中的应用[J].环境监测管理与技术,2005(3):41—43.

② 国家发展计划委员会,财政部,国家环境保护总局等.排污费征收标准管理办法[EB/OL](2003-02-28). https://www.mee.gov.cn/ywgz/fgbz/gz/200302/t20030228_86250.shtml.

表2-1　2011—2013年工业各部门水污染平均治理效率及2005—2013年Malquist指数与分解

	θ	S_{fa}^-	S_{cap}^-	S_{fe}^-	S_{cod}^+	S_{andan}^+	S_{qita}^+	S_{zjs}^+	EC	TC	ML
煤炭采选	0.991	4281	1339.0	200080.8	6.6	9.6	16.3	0.9	0.810	0.974	0.788
石油天然气开采	1	0	0	0	0	0	0	0	1.000	1.244	1.244
黑色金属采选	1	0	0	0	0	0	0	0	2.376	1.034	2.457
有色金属采选	0.86	1109.9	367.9	0	12.4	11.2	16.8	13.7	1.206	1.031	1.242
非金属矿采	0.968	401.1	54.3	0	3.4	24.2	3.1	33.6	3.368	1.215	4.084
其他矿采	1	0	0	0	0	0	0	0	1.000	0.316	0.315
食品加工	0.831	4606.9	328.7	0	16	17.4	15.4	12.3	0.981	1.325	1.299
食品制造	1	0	0	0	0	0	0	0	1.407	1.005	1.411
饮料	0.976	1700.3	153.5	0	2.3	17.4	29	47.9	1.002	1.476	1.479
烟草制品	0.802	107.6	13.0	0	18.4	17.7	36.3	61.9	1.477	1.263	1.865
纺织	0.958	2094.5	14.2	0	3.8	10.8	3.5	4.1	1.137	1.035	1.177
服装	0.844	859.1	0.0	43063.9	14.6	34.8	21.4	13.1	1.118	1.065	1.189
皮革制品	0.954	511.4	79.2	0	4.1	6.7	4.2	4.3	0.928	1.074	0.998
木材加工	0.808	565.3	13.7	0	17.8	29.4	38.4	46.8	1.341	1.205	1.616
家具制造	1	0	0	0	0	0	0	0	1.000	0.820	0.820
造纸	0.928	3851.0	2195.3	339772.0	7	34.4	14.9	30.9	1.000	0.929	0.929
印刷	1	0	0	0	0	0	0	0	0.826	0.944	0.779
文体用品	1	0	0	0	0	0	0	0	0.855	0.450	0.385
石油加工炼焦	1	0	0	0	0	0	0	0	1.000	0.815	0.815

续表

	θ	S^-_{fa}	S^-_{cap}	S^-_{fe}	S^+_{cod}	S^+_{andan}	S^+_{qita}	S^+_{zjs}	EC	TC	ML
化学原料	1	0	0	0	0	0	0	0	1.284	1.084	1.392
医药	1	0	0	0	0	0	0	0	1.076	1.031	1.111
化学纤维	0.842	174.6	23.7	0	22.6	37.1	15.5	75.9	0.764	1.192	0.912
橡胶塑料	1	0	0	0	0	0	0	0	1.373	1.180	1.620
非金属制品	0.868	4801.9	333.2	0	12.5	17.9	12.9	12.2	1.697	1.017	1.720
黑色金属冶炼	1	0	0	0	0	0	0	0	1.095	1.029	1.127
有色金属冶炼	1	0	0	0	0	0	0	0	1.432	1.006	1.441
金属制品	0.99	5203.2	365.3	204121.3	2.7	3	0.9	1	0.888	0.991	0.880
通用设备	0.976	883.7	35.1	75478.0	4.6	8.7	10.4	2.4	1.000	0.392	0.392
专用设备	0.974	290.3	21.5	7495.3	4.8	13.6	14.4	2.6	1.000	1.359	1.359
交运设备	0.96	1031.7	112.0	0.0	3.3	9.7	3.4	4	3.693	0.429	1.584
电气机械	0.982	616.8	23.0	0.0	1.5	9.5	14.4	1.8	0.986	1.127	1.110
通信设备	0.95	1506.7	0	50587.7	4.4	4	4.4	4.9	0.781	1.145	0.893
仪器仪表	1	0	0	0	0	0	0	0	1.202	1.032	1.241
废弃资源回收	1	0	0	0	0	0	0	0	0.898	1.106	0.994
电力热力	0.929	2826.0	639.6	0	6.8	6.9	15.9	4.6	1.176	1.009	1.186
燃气生产	1	0	0	0	0	0	0	0	0.844	1.063	0.897
水生产供应	1	0	0	0	0	0	0	0	0.843	0.693	0.586
其他制造	1	0	0	0	0	0	0	0	1.271	1.055	1.340

注：投入冗余为污染当量数，产出不足为百分去除率。

原料依然是最大的工业水污染部门,2011—2013年其COD、氨氮、其他(挥发酚、石油类和氰化物)和重金属4类污染物排放占相应排放总量的11.32%、34.07%、14.74%和15.36%,去除率分别为93.79%、87.51%、88.26%和97.14%。石油加工炼焦也是工业水污染严重的部门,2011—2013年其COD、氨氮和其他(挥发酚、石油类和氰化物)排放污染物分别占相应排放总量的2.59%、6.19%和18.24%,去除率分别为91.6%、92.15%和97.7%。有色金属冶炼是另外一个工业水污染相对严重的部门,2011—2013年其氨氮和重金属污染物排放占全部工业排放总量的26.47%和5.72%,去除率分别为81.76%和90.7%。这些部门的水污染治理虽然相对有效率,污染物去除率都在80%以上,但绝对排放量依然很大,加重了排放影响区域的环境污染和损害。因此,抬高污水治理效率的前沿面,提高污水治理的技术水平和技术进步刻不容缓。

造纸、饮料、纺织、食品加工、有色金属采选、金属制品、皮革等20个部门的DEA无效。这些部门中有多个部门的COD和氨氮的排放量较大,但去除量和去除率不足。如2011—2013年食品加工的COD和氨氮的排放量在工业排放总量中占比分别为16.57%、8.55%,去除量在工业总去除量中占比分别为16%、17.4%,去除率分别为78.74%和68.26%;饮料的COD和氨氮的排放量在工业排放总量中占比分别为7.05%、4.23%,去除量在工业总去除量中占比分别为2.3%、17.4%,去除率分别为92.33%和73.36%;纺织的COD和氨氮的排放量在工业排放总量中占比分别为8.94、7.99%,去除量在工业总去除量中占比分别为3.8%、10.8%,去除率分别为87.07%和69.64%;造纸COD和氨氮的排放量在工业排放总量中占比分别为18.74、7.93%,去除量在工业总去除量中占比分别为34.4%、14.9%,去除率分别为89.12%和62.42%(见表2-1)。表明这些部门的水污染在一定程度上尚未得到有效控制,需要针对性地加大治污投入力度,调整投入结构,依靠技术采用、技术创新、技术进步和管理增加水污染物的去除率和去除量,解决水污染治理困境。

有色金属采选、非金属矿采、食品加工、饮料、烟草制品、纺织、木材加工、化学纤维、非金属制品、交运设备、电气机械、电力热力存在水污染治理设施和水污染治理能力冗余和四类污染物去除率不足的问题(见表2-1)。究其原因,主要在于投入结构不合理和运行费用制约,也可能同时存在设施技术落后、污水治理技术进步率不足、污水治理管理落后、设施运营率不足等一个或多个问题。

煤炭采选、服装、造纸、金属制品、通用设备、专用设备、通信设备等存在所有投入指标的冗余和所有产出指标的不足。尤其是造纸业,存在大量的投入冗余,也存在7%～34.4%的污染物去除不足。这些部门可能存在投入结构不合理、设施技术落后、污水治理技术进步率不足、污水治理管理落后、设施运营率不足等一个或多个问题。

石油天然气开采、食品制造、石油加工炼焦、化学原料、医药、黑色金属冶炼等具有 DEA 有效,但目前依然具有很大的排污量,加重着所在区域的环境污染。食品加工、饮料、纺织和造纸等部门缺乏 DEA 有效,它们更是加重水污染的重要产业部门,亟待加强治理。有色冶炼、皮革、纺织、食品加工、饮料等存在投入运行经费不足。因此,总体上需要提高水污染物的去除率和绝对去除量,需要提高整体的治理效率的前沿面。对于它们来说,加强"瓶颈"投入,减少某些冗余投入,提高治理技术水平,加强治理技术创新是提高治理效率的关键。

有色金属采选、非金属采选、非金属制品、化学纤维、造纸、木材加工、纺织、烟草、饮料、食品加工等部门的重金属去除率,煤炭采选、有色金属采选、食品加工、饮料、烟草、服装、木材、造纸、化学纤维非金属制品、通用设备、专用设备、电气机械、电力热力等部门的其他(挥发酚、氰化物和石油类)污染物去除率,有色金属采选、非金属采选、食品加工、饮料、烟草、纺织、复转、木材加工、造纸、化学纤维、非金属制品、专用设备等部门的氨氮去除率,有色金属采选、食品加工、烟草、服装、木材、化纤、非金属制品等部门的 COD 去除率,都低于理想值10%以上,说明它们都需要强化专项污染物治理。

②Malmquist 指数及分解

从表2-1中2005—2013年的累积指数看,黑色金属采选、有色金属采选、非金属矿采、食品制造、烟草、纺织、服装、木材加工、化学原料、医药、橡胶塑料、非金属制品、黑色金属冶炼、有色金属冶炼、仪器仪表、电力热力、其他制造17产业部门的 ML、EC、TC 大于1,且 $EC > TC$,说明这一阶段各工业部门污水治理效率及技术效率改进与技术进步是不断提高的,而技术效率的改进对污水治理效率的支持大于污水治理技术进步所产生的效果。

石油天然气开采、食品加工、饮料、专用设备和电气机械的 ML 和 TC 大于1,

$TC>EC$，表明这些部门的污水治理效率和技术进步也是在逐步提高的。这些部门水污染治理效率的提高，主要得益于污水治理技术的进步。煤炭采选、其他矿采、家具制造、造纸、印刷、文体用品、石油加工炼焦、金属制品、通用设备、水生产供应等部门的 ML、TC 和 EC 都小于或等于1，说明这些部门的水污染治理效率和污水治理技术进步率在不断下降，导致这些部门污染加重。对于这些部门来说，需要强化污水治理设施和运营管理，优化投入结构，针对性地增加投入，促进污水治理的技术效率改进和技术进步，促进水污染物的减除和去除率，减轻水污染。

皮革制品、化学纤维、通信设备、废弃资源回收和燃气生产的 ML 和 EC 小于1，TC 大于1，说明这些部门水污染治理技术在不断改进，促进了水污染治理效率的提高，但水污染治理的管理效率日趋低下，导致技术效率无法发挥而不断下降，以致各产业部门水污染治理的效率不断下降。交运设备部门的 ML 和 TC 小于1，而 EC 大于1，表明该部门污染治理的管理效率不断改善，一定程度上有利于促进水污染治理效率的提高，但水污染技术落后，缺少污水治理技术进步的支持，以致各部门水污染治理效率不断下降（见表2-1）。

总体而言，工业部门污水治理普遍存在去除率不高、去除量不足、重点部门排放量过大、水污染依然加重的问题。在所有样本部门中，18个部门为 DEA 有效，20个部门为 DEA 无效，表明各部门均一定程度上存在投入结构不合理、设施技术落后、设施运营率不足、投入不足、污水治理技术进步薄弱等问题，多数部门主要依靠管理、传统技术采用和治理重复投入形成工业污水治理的技术效率增加，以支持总体工业污水治理效率的提高。在此背景下，工业部门要采取一系列措施，加强水污染的治理。具体措施如下：

第一，要优化投入结构，增加投入设施和保障设施运行的经费，促使减排治理效率提高。要注重工业污水治理的技术创新，从而依靠新技术提升工业污水治理效率的提高。

第二，要采取分类治理的策略，对造纸、饮料、纺织、食品加工、有色金属采选等重点部门实施重点治理，有针对性地减轻其污染。对于化学原料等部门，虽然现在的治理措施相对有效，但其水污染物排放量过大，正在加重排放区域的污染，需要采用更先进的技术，促进工业水污染治理技术的创新，从而提高污水治理效率的前沿面，提高污染物的去除率和去除量。

第三，要根据新环保法和"水十条"制定的严格规章制度，并严厉监督这些法律法规的执行，保证设施的正常运行，形成对投入治理工业水污染的激励和制约力。

第四，从产生工业水污染的根源来看，要改善工业结构，减少污染密集型工业的比重。

另外，针对当前国内治理手段的不断变化，推进排污权交易，推进水污染治理市场化。同时，要遵循专业化与提高效率的规律，推进工业水污染治理的第三方治理机制。加强环境教育与宣传，提高政府对工业水污染治理的监督，推进公民的水污染治理意识和监督意识。

2.2.2　现行产业体系下的工业大气污染治理效率

(1) 工业大气污染治理效率

工业是最重要的大气污染源之一，其污染治理效率直接关系到大气污染物去除和大气环境质量，是影响产业进一步发展的关键因素。研究不同工业部门的治理效率，对加快环境治理是不可缺少的一环。当前中国工业大气污染形势严峻，$PM_{2.5}$、PM_{10}等微细颗粒及SO_2、NO_x等污染排放量虽然在减少，但排放量依然很大，尤其是它们在光化学作用下形成雾霾，进一步加深了污染力度和范围，造成了更大的环境危害。2014年环境保护部重点监测的161个城市中，只有16个城市空气质量年均值达标。

在上述背景下，近年来国家不断强力推进大气污染治理，如：提出了2020年单位GDP CO_2排放减少40%～45%的目标；修订了《中华人民共和国环境保护法》，形成史上最严的环保法；出台了《2014—2015年节能减排低碳发展行动方案》《大气污染防治行动计划》等，对加强大气污染治理提供了支持。2014年环境保护部印发了《长三角地区重点行业大气污染限期治理方案》《珠三角及周边地区重点行业大气污染限期治理方案》和《京津冀及周边地区重点行业大气污染限期治理方案》，推进了地区重点行业大气污染的限期治理。

如此一来，中央及地方投入了很多减除大气污染的环保设施和运行经费，形成了强大的治理能力，也减小了大量大气污染物。但不同产业部门的减排效率、减排潜力如何？减排投入结构如何？弄清这些问题是进一步有效治理的基础，但目前该类研究较少。

长期以来，人们主要关注工业生态效率和环境效率（Long[①] et al.，2015；Kuosmanen et al.[②]，2005；Chen et al.[③] 2015；Azad et al.[④]，2014；Xie[⑤] et al.，2014；Song and Wang[⑥]，2014；Zhou et al.[⑦]，2013；Goto et al.[⑧]，2014；许陈生，[⑨]2010），但对治理效率的研究较少，专门讨论工业大气污染治理效率的研究更少。既有的讨论工业大气污染治理效率的成果中主要分为两类：

第一类是对工业大气污染治理效率的总体性研究，如聂华林[⑩]等（2010）以治理投资为投入，以"三废"排放为产出，利用DEA-Malmquist模型对西部地区工业污染治理效率的计算；严晓星等（2012[⑪]）以工业污染治理投资和企业环保人员为投入，以废水排放达标量、SO_2去除量、烟尘去除量、粉尘去除量、固废综合利用量、固体贮存量、"三废"综合利用产品产值为产出，对我国工业污染治理动态效率的计算。这类研究多从总体上研究工业治理效率，没有细致到工业细分部门及其各细分部门的大气污染治理效率。

第二类研究聚焦于区域工业大气污染的治理效率研究，如王奇等（2012）选择废气治理设施数、废气处理运行费作为投入，选择SO_2去除量、烟尘去除量、粉尘去除

[①] X. L. Long, X. C. Zhao, F. X. Cheng. The Comparison Analysis of Total Factor Productivity and Eco-Efficiency in China's Cement Manufactures[J]. Energy Policy, 2015, 81: 61—66.

[②] T. Kuosmanen, M. Kortelainen. Measuring Eco-Efficiency of Production with Data Envelopment Analysis[J]. Journal of Industrial Ecology, 2005, 9(4): 59—72.

[③] H. W. Chen, N. B. Chang, J. C. Chen. Environmental Performance Evaluation of Large-Scale Municipal Solid Waste Incinerators Using Data Envelopment Analysis[J]. Waste Management, 2010, 30(7): 1 371—1 381.

[④] M. Azad, T. Ancev. Measuring Environmental Efficiency of Agricultural Water Use: A Luenberger Environmental Indicator[J]. Journal of Environmental Management, 2014, 145(12): 314—320.

[⑤] B. C. Xie, L. F. Shang, S. B. Yang, et al.. Dynamic Environmental Efficiency Evaluation of Electric Power Industries: Evidence from OECD (Organization for Economic Cooperation and Development) and BRIC (Brazil, Russia, India and China) Countries[J]. Energy, 2014, 74(9): 147—157.

[⑥] M. L. Song, S. H. Wang. DEA Decomposition of China's Environmental Efficiency Based on Search Algorithm[J]. Applied Mathematics and Computation, 2014, 247(12): 562—572.

[⑦] Y. Zhou, D. P. Liang, X. P. Xing. Environmental Efficiency of Industrial Sectors in China: An Improved Weighted SBM Model[J]. Mathematical and Computer Modelling, 2013, 58: 990—999.

[⑧] M. Goto, A. Otsuka, T. Sueyoshi. DEA(Data Envelopment Analysis) Assessment of Operational and Environmental Efficiencies on Japanese Regional Industries[J]. Energy, 2014, 66(3): 535—549.

[⑨] 许陈生. 我国地方环境污染治理效率研究[J]. 科技管理研究, 2010(5): 198—201.

[⑩] 聂华林, 陈绍俭. 西部地区工业污染治理效率评价研究——基于DEA和Malmquist指数的实证分析[J]. 开发研究, 2010(4): 5—8.

[⑪] 严晓星, 陈劭锋, 刘扬. 我国工业污染治理动态效率研究[J]. 工业技术经济, 2012(5): 153—160.

量作为产出,利用 Super-DEA 模型计算了地区空气污染减排效率;向书坚等(2012[①])以工业废气治理资本和劳力为投入,选取工业 SO_2 处理率、烟尘处理率、粉尘处理率作为产出,对中国工业废气治理技术效率及其影响因素做了分析。这些研究聚焦区域工业大气污染治理效率,但同样没有细分工业部门,没有涉及不同部门间的差异。实际上,不同工业部门大气污染的类型存在差异,治理投入和结构也不同,因此治理效率迥异。了解工业大气污染治理效率的部门特征和差异,是进一步了解工业大气污染治理潜力、优化污染治理投入结构、提高治理效率、减轻和去除大气污染的基础,也是现代产业体系构建和不断发展的基础。因此,本书将基于最新统计资料,将工业部门分为 36 个细分部门,并对其大气污染治理效率进行评估研究。

(2)模型和数据

①超效率 DEA 模型

由于基于规模收益不变的 CCR 模型(Charnes, A., W. W. Cooper and E. Rhodes,[②]1978)及基于规模收益可变的 BCC 模型(Bank, et al, 1984[③])的缺点就是无法对过多的有效单元(效率评价值为 1)做进一步评价,因此,Per Anersen(1993)等学者提出了超效率模型以对 DEA 有效的单元进行排序。该类模型与 DEA 模型的数学形式相似,其基本内涵为:若有 n 个 DMU,每个 DMU_j 有 m 个投入和 q 个产出. x_{ij} 为投入,y_{rj} 为产出,v_i 为投入权重,u_r 为产出权重,且 $x_{ij}>0$,$y_{rj}>0, v_i>0, u_r>0$,则产出导向的超效率模型为:

$$\begin{cases} max\ \theta \\ s.t.\ Cx_{ij}-s_i^- \leqslant x_i^k \\ \sum\limits_{\substack{j=1 \\ j\neq k}}^{n} \lambda_j y_{rj}+s_r^+ \geqslant \theta y_{rk} \\ \sum\limits_{\substack{j=1 \\ j\neq k}}^{n} \lambda_j=1, \lambda \geqslant 0 \\ i=1,2,\cdots,m; r=1,2,\cdots,q; j=1,2,\cdots,n(j\neq k) \end{cases} \quad (6)$$

[①] 向书坚,吴淑丽. 中国工业废气治理技术效率及其影响因素分析[J]. 数量经济技术经济研究,2012(8):79—91.

[②] A. Charnes, W. W. Cooper, E. Rhodes. Measuring the Efficiency of Decision Making Units, European [J]. Journal of Operational Research,1978,2:429—444.

[③] D. Bank, A. Charnes, W. W. Cooper. Some Models for Estimating Technical and Scale Inefficiencies in Data Envelop Analysis[J]. Management Science,1984,30:1078—1092.

其中，S^+，S^-是松弛变量，λ是权重。若$\theta \geqslant 1$，DMU_j有效。为了表达冗余或不足水平，进一步计算冗余率：$S_j^- = (b_{ipj}/r_{ipj}) \times 100$，或不足率：$S_j^+ = (b_{opj}/r_{opj}) \times 100$。其中$r_{ipj}$，$b_{ipj}$分别为实际投入量和冗余量，$r_{opj}$，$b_{opj}$分别为实际产出量和产出不足量(最佳产出量—实际产出量)。显然，如果$S_j^- = S_j^+ = 0$，$\theta \geqslant 1$，DMU_j是有效的。θ越大，效率越高。

②数据

根据数据的可得性、投入产出的对应性和代表性，本书选择的输入指标是：A. 污染治理设施(fa)，B. 污染去除能力(cap)，C. 运行费支出(fe)；计算超效率 DEA 时选择的输出指标为：D. SO_2去除率(smr)，E. SO_2去除量(qs)，F. NOx 去除率(nmr)，G. NOx 去除量(qn)，H. 烟粉尘去除率($Sdmr$)，I. 烟粉尘去除量(qsd)；计算 Malmquist 指数时选择的输出指标为：J. 全部大气污染物去除重量，K. 全部大气污染物去除率。这些指标数据主要来自相应年份的《中国环境年鉴》。

(3)结果与分析

就工业大气污染物排放而言，最主要的部门是电力热力生产部门。2013 年该部门 SO_2、NOx 和烟粉尘排放分别占全部工业相应排放总量的 42.66%、61.23% 和 26.44%。黑色金属冶炼(SO_2、NOx 和烟粉尘排放分别占全部工业相应排放总量的 13.92%、6.81%、18.92%)、非金属制品(SO_2、NOx 和烟粉尘排放分别占全部工业相应排放总量的 11.60%、18.54%、25.31%)、化学原料(SO_2、NOx 和烟粉尘排放分别占全部工业相应排放总量的 7.59%、3.73%、5.87%)、有色金属冶炼(SO_2、NOx 和烟粉尘排放分别占全部工业相应排放总量的 7.24%、1.8%、3.52%)、石油加工炼焦(SO_2、NOx 和烟粉尘排放分别占全部工业相应排放总量的 4.69%、2.63%、3.99%)、造纸(SO_2、NOx 和烟粉尘排放分别占全部工业相应排放总量的 2.66%、1.32%、1.46%)、纺织(SO_2、NOx 和烟粉尘排放分别占全部工业相应排放总量的 1.51%、0.50%、0.88%)、食品加工(SO_2、NOx 和烟粉尘排放分别占全部工业相应排放总量的 1.40%、0.61%、1.91%)等排放量也较大。这 9 大部门排放的 SO_2、NOx 和烟粉尘分别占全部工业相应排放总量的 93.27%、97.17%和 88.30%(见表 2-2)。

表2-2　　2006－2013年不同产业大气污染平均治理超效率及松弛变量

产业部门	θ	S_{fa}^{-}	S_{cap}^{-}	S_{fe}^{+}	S_{smr}^{+}	S_{nmr}^{+}	S_{ndr}^{+}	S_{qs}^{+}	S_{qn}^{+}	S_{qsd}^{+}
煤炭采选	0.893	81.8	0.0	39.1	18.6	46.8	11.9	55.3	61.3	12.0
石油天然气开采	1.94	0.0	73.4	0.0	−48.4	43.8	8.5	−26.6	−35.3	−2.8
黑色金属采选	0.923	29.8	0.0	31.9	35.8	50.0	8.4	53.1	74.1	38.4
有色金属采选	1.628	37.1	0.0	23.1	−38.5	−38.4	0.2	−38.6	−38.2	13.7
非金属矿采	0.851	0.0	0.0	21.6	24.7	16.3	17.6	17.6	26.4	17.6
食品加工	0.93	80.3	0.0	70.2	58.0	32.0	7.5	21.2	7.4	10.7
食品制造	0.966	72.0	0.0	45.7	54.6	49.9	3.5	66.8	23.7	17.9
饮料	0.983	62.9	0.0	81.1	34.4	1.5	1.7	26.5	31.4	1.7
烟草制品	0.928	41.9	0.0	19.1	7.8	7.9	7.8	27.6	67.3	55.3
纺织	0.938	71.8	0.0	21.2	11.5	15.0	6.6	81.1	29.9	70.3
服装	0.959	59.1	85.4	0.0	8.0	4.4	4.3	45.1	19.9	90.9
皮革制品	0.858	69.3	0.0	14.8	47.3	14.9	16.5	95.5	69.3	66.0
木材加工	0.918	63.6	0.0	55.0	86.6	82.2	9.0	66.0	47.1	9.0
家具制造	0.734	52.7	0.0	63.9	18.8	33.7	36.2	83.7	98.5	64.3
造纸	1.66	82.7	0.0	0.0	−39.9	−39.7	−10.9	33.5	−39.8	74.2
印刷	0.87	0.0	66.2	0.0	77.6	27.8	15.0	18.3	16.9	96.8
文体用品	2.648	68.8	0.0	25.7	−62.3	70.4	−11.8	63.4	60.0	32.5
石油加工炼焦	1.497	0.0	50.2	0.0	−33.1	−33.3	6.5	−33.2	−33.2	44.4
化学原料	0.969	82.9	0.0	52.9	80.5	2.9	3.2	41.0	77.1	16.8
医药	0.928	75.0	0.0	46.2	38.6	91.0	7.8	28.9	68.7	94.5
化学纤维	1.064	0.0	0.0	0.0	−5.9	−5.7	−6.0	55.3	−6.0	17.7
橡胶塑料	0.957	78.6	0.0	43.5	12.2	37.8	4.5	67.3	32.6	96.3
非金属制品	1.818	93.0	0.0	39.8	82.6	47.4	3.7	84.8	58.3	−45.0
黑色金属冶炼	0.983	27.4	0.0	11.3	51.8	59.9	1.8	33.6	12.1	29.3
有色金属冶炼	3.118	55.3	0.0	15.7	−17.8	16.6	9.3	−67.9	97.4	67.5
金属制品	0.968	77.3	0.0	59.7	3.4	90.4	3.4	15.2	22.1	29.5
通用设备	0.889	80.0	0.0	73.3	31.2	11.8	12.5	37.6	28.6	46.2
专用设备	0.934	71.7	0.0	64.5	11.2	7.9	7.2	39.8	24.0	47.7
交运设备	0.928	83.3	0.0	63.5	44.1	61.4	7.8	21.2	38.9	28.5
电气机械	0.924	74.4	0.0	37.8	64.7	39.0	8.3	40.7	14.8	85.8
通信设备	1.71	28.4	0.0	79.1	−35.6	−41.5	−3.9	38.1	61.5	50.0
仪器仪表	0.947	31.5	0.0	13.4	62.6	4.0	5.5	33.8	98.7	23.4
工艺品制造	0.637	45.1	0.0	94.0	34.6	55.5	57.1	77.2	63.4	72.1
电力热力	7.391	0.0	88.5	78.9	−25.5	75.8	−7.1	−11.9	−14.3	−11.3
燃气生产	1.203	0.0	0.0	15.5	−16.7	−16.1	−7.2	87.8	−16.9	−16.9
其他制造	1.278	55.2	62.4	0.0	−21.7	−21.8	−4.4	29.8	−21.8	−21.8

从表2-2可以看出，θ值大于1的工业部门有12个。其中最大的电力热力部门为7.391，其后依次为有色金属冶炼(3.118)、文体用品(2.648)、石油天然气开采(1.94)、非金属制品(1.818)、通信设备(1.71)、造纸(1.66)、有色金属采选(1.628)、石油加工炼焦(1.497)、其他制造(1.278)、燃气生产(1.203)、化学纤维(1.064)。黑色金属冶炼、化学原料、食品加工和纺织等大气污染排污部门的θ值小于1，表明这些部门处于无效率的治理状态。

从松弛变量来看，除了电力热力、石油加工、印刷、服装、石油天然气开采和其他制造存在废气治理能力的冗余外，其他部门的冗余为零，但20个部门同时存在设备和运营经费的冗余，同时存在各类污染物减排量和减排率不足的问题，包含黑色冶炼、非金属制品、化学原料、纺织和食品加工。这主要由设施技术落后和设施尚未完全投入运营所引起，需要发挥既有设施减排潜能和投入先进设施以提高污染治理效率。

电力热力作为最大的工业大气污染部门，设施和运营费用存在剩余，产出指标除了NOx去除率不足外，其他指标都超出了前沿面，说明该部门大气污染减排设施中去除NOx的能力不足或没有发挥，或去除设施技术落后，需要提高该部门的设施技术性能和去除NOx的能力，以提高产业部门治理效率。

有色金属冶炼存在设施和运营费用冗余，SO_2去除率和去除量都超过了前沿面最佳实践技术的要求，但NOx和烟粉尘的去除量和去除率不足，应着力加强这两类污染物的去除能力，提高去除量和去除率。石油加工与炼焦的污染减排能力存在冗余，但烟尘减排不足，需要提高烟尘设施技术水平和去除能力。非金属矿采的大气污染减排设施和运营经费存在冗余，烟尘去除量超越了最佳实践技术要求，但其他产出指标不足，需要着重增加NOx和SO_2的去除能力和烟粉尘治理设施的技术水平。造纸业主要存在大气污染减排设施投入冗余，但烟尘去除量不足，因此应减少设施投入，提高治污设施运转率，避免资源浪费。

若结合去除率来看，工业部门整体的NOx的去除率很低，大多数部门去除量和去除率不足，因此需要增加NOx的去除设施，提高这些设施的技术性能，促使既有设施投入运营，促进治理效率提高。同时，各部门整体的SO_2的去除率在60%左右，9大部门中除了电力热力和石油加工炼焦外，都存在SO_2减排设施冗余，表明这些部门中存在设施的重复建设、设施结构不合理、技术性能不佳或没有完全投入运营等问题。各部门的烟粉尘去除率相对较高,大多数部门的去除率在90%以上,这些部门需要进一步提高去除技术水平和前沿面,进一步提高去除效率。

从表2-3可以看出,2006—2013年有12个工业部门的 EC 值小于1,其他部门的 EC 值为1~1.157。大气污染物排放最多的电力热力、非金属制品、黑色金属冶炼、有色金属冶炼、石油加工炼焦、化学原料、食品加工、纺织和造纸9大部门的 EC 值为0.825~1.1,其中,电力热力生产部门的 EC 只有0.856,表明这些部门的技术效率在减弱,电力热力生产部门的技术效率减弱程度更加明显。

表2-3　　　　各产业部门2005—2013年 Malmquist 指数及其分解

部门	EC	TC	ML	部门	EC	TC	ML	部门	EC	TC	ML
煤炭采选	0.800	1.015	0.811	家具制造	0.879	1.131	0.995	通用设备	1.024	1.125	1.151
石油天然气开采	0.883	1.197	0.807	造纸	1.044	1.004	1.050	专用设备	0.960	0.979	0.940
黑色金属采选	0.835	1.000	0.834	印刷	1.162	0.909	0.963	交运设备	0.912	0.998	0.912
有色金属采选	0.909	0.930	0.845	文体用品	0.691	0.504	0.357	电气机械	1.007	0.980	0.987
非金属矿采	1.172	0.988	1.160	饮料	1.081	1.000	1.080	通信设备	0.946	1.003	0.951
食品加工	1.071	1.002	1.072	化学原料	1.055	1.005	1.060	仪器仪表	0.958	1.038	0.994
食品制造	1.033	0.999	1.032	木材加工	1.062	1.002	1.064	纺织	1.012	1.009	1.020
医药	1.015	1.000	1.013	化学纤维	1.017	1.003	1.019	电力热力	0.825	1.048	0.865
烟草制品	1.035	0.994	1.030	橡胶塑料	0.953	0.981	0.936	燃气生产	1.157	0.677	0.000
非金属制品	1.106	1.007	1.112	工艺制造	0.887	1.002	0.889	其他制造	1.000	1.011	1.011
黑色金属冶炼	1.010	1.006	1.019	服装	0.935	0.987	0.921	指数平均	1.021	0.990	0.954
有色金属冶炼	1.000	0.923	0.923	皮革制品	1.089	0.941	1.025				
石油加工炼焦	1.073	0.993	1.066	金属制品	1.152	1.256	1.449				

2006—2013年有16个工业部门的 TC 值小于1,说明这些部门的技术进步很弱而且在逐渐落后。除了电力部门外,其他部门的 TC 值均小于相应的 EC 值,说明这些部门的技术进步微弱,尤其是石油、有色冶炼,其技术在逐步落后于最佳实践。另外,9大工业部门的 TC 值为0.923~1.048,表明技术进步是进一步提高工业大气污染治理效率的关键。

2006—2013年有18个工业部门的 ML 指数小于1,说明整体大气污染治理效率严重不足,尤其是电力、有色冶炼的治理效率在不断下滑,这主要是由管理、设施技术水准、运转率决定的技术效率退步所引起的。此期间的9大工业部门的 ML 值在0.856~1.112。虽然电力热力技术进步较为明显,但没有弥补 EC 的下滑,致使 ML 值小于 1,落后于最佳实践水平。由于该产业部门是工业大气污染的最大部门,加强技术进步、强化管理、促进该部门大气污染治理对改善中国大气环境至关重要。

总之,工业大气污染排放与治理深受产业特性、产业规模、污染治理投入和环境管理影响。2011—2013 年,θ 值大于 1 的工业部门有 12 个,其中 θ 值较大的部门是电力热力、有色金属冶炼、非金属制品、造纸、石油加工炼焦等,说明这些部门具有 DEA 有效;黑色金属冶炼、化学原料、食品加工和纺织等重要的大气污染排污部门的 θ 值小于 1,处于无效率的治理状态。从松弛变量看,DEA 无效产业部门的投入冗余与产出不足并存,也存在治理设施重复建设、投入结构不合理、设备技术落后且运营率不足等问题。12 个部门的 EC 值小于 1,16 个部门的 TC 值小于 1,除了电力热力部门,大多产业部门的 TC 小于相应的 EC,说明大气污染治理的技术进步较小,逐渐落后于最佳实践技术,技术进步对治理效率的贡献明显小于技术管理效率的变化。18 个部门的累积 ML 指数小于 1,说明其污染治理效率在逐步下降。

有鉴于此,在工业大气污染治理的过程中,应着重采取以下措施:

第一,调整污染物治理的投入结构,保证既有设施的运营率,增加短缺治理要素的投入,依靠污染治理技术效率的发挥和污染治理技术进步来保证工业大气污染治理效率的提高。

第二,针对工业大气污染的非均衡特征,继续强化重点部门的污染治理是整体工业大气污染治理效率提高的关键。尤其是要加强黑色金属冶炼、化学原料、电力热力、食品加工和纺织等重要的大气污染排污部门治理效率的提高。

第三,NOx 的治理效率、去除量和去除率不足,治理投入也不足,需要加强脱硝设施和能力投入,依靠采用先进技术和技术进步,提升前沿面,提高 NOx 污染治理效率。SO_2 的去除率和去除量达到较高的水平,多数产业部门投入冗余,需要减少投入重复和冗余,依靠科技进步,提高 SO_2 治理效率。在三类大气污染物中烟尘去除量和去处率最高,要依靠技术进步促进其治理效率的进一步提高。

第四,从污染来源看,工业大气污染主要来自化石能源的燃烧。因此,改善能源结构、节约能源、发展清洁能源是提高工业大气的根本。

第五,要健全和严格执行大气环保法规。这是优化工业大气污染治理环境的重要保证。

2.2.3 现行产业体系下工业大气污染治理效率的区域差异

因不同地区的产业结构、生产力水平、管理水平和技术水平等不同,工业大气污染的程度和治理效率区域差异明显。对工业大气污染治理效率的区域性研究,有利于不同地区根据各自的特点出台不同的环境治理方案,进而推动区域工业大气污染治理效率的提升。同时,这也是从区域角度评价产业体系环境污染治理效率的重要途径。本书利用2011—2013年中国工业大气不同地区污染的治理投入和污染去除的绝对数量和相对率,利用规模收益可变、产出导向的超效率DEA-Malquist模型,充分考虑投入-产出的对应性,对全部大气污染物、分类污染物的治理效率进行细致分析。

(1) 模型和数据

关于超效率DEA模型前文已有详细介绍,这里不再赘言。为了清楚表达不同地区污染治理过程中的冗余或不足水平,这里进一步计算了冗余率或不足率,具体公式为:

$$SR_j^- = |((RI_j - OI_j)/OI_j) * 100|,$$

或 $SR_j^+ = |((RU_j - OU_j)/OU_j) * 100|,$ (7)

其中 SR_j^- 为 j 要素的冗余率,SR_j^+ 为 j 要素的不足率,RI_j 为 j 要素实际投入,OI_j 为 j 要素最优产出量,OU_j 为 j 要素的实际产出量。

显然,如果 $SR_j^- = SR_j^+$,$\theta > 1$,DMU_j 是有效的。θ 值越大,表明污染治理的效率越高。

DEA模型描述的是投入-产出过程的结果,需要投入产出数据支持,因此正确地选择输入输出数据是揭示空气污染治理效率的基础。中国工业大气污染治理最直接的过程是投入除污设施,并提供相应费用保证运行,从而减除一定的污染物,表现为一定的去除率。根据数据的可得性、投入产出的对应性和代表性,本书选择的输入指标是:A. 污染治理设施投入(套);B. 运行费支出(万元);C. 污染物去除量,D. 污染物去除率。全部大气、SO_2、NO_x 和烟粉尘的治理效率分别用相应的投入指标和产出指标做超效率DEA分析,以保证治理投入和产出的对应性和计算结果的科学性。这里所使用的指标数据主要来自《中国环境年鉴》(2012—2014)《中国环境统计年鉴》(2012—2014)和《中国环境统计年报》(2011—2013)。

(2)结果及分析

①工业大气污染治理的超效率

表2-4表明了2011—2013年不同地区大气污染的平均治理效率。就全部工业大气污染治理和烟粉尘治理看,两者的θ值均在0.93以上,其中烟粉尘治理的θ值在0.973以上,接近1,表明全部工业大气污染治理和烟粉尘治理的无效性较轻。就地区来看,全部工业大气污染治理效率的平均值中,西部最大,中部其次,东部则排在最后,显示西部地区在治理工业大气污染上相对较高的效率,其次是中部,再次是东部;烟粉尘治理的平均θ值中,中部最大,其次是西部,东部依然排在最后,显示了中部地区在治理烟粉尘污染上相对较高的效率,其次是西部,再次是东部。另外,各地区普遍存在投入冗余以及去除率和去除量的不足,这是由于技术不够先进、设备运行率不足等造成的。

表2-4　　　　　　　不同地区大气污染2011—2013平均治理效率

地域	地区	全部工业废气					SO_2				
		θ	SR_1^-	SR_2^-	SR_1^+	SR_2^+	θ	SR_1^-	SR_2^-	SR_1^+	SR_2^+
东部	北京	0.981	72.3	57.6	1.9	1.9	0.864	92.9	0.0	218.8	15.7
	天津	0.958	61.9	76.2	4.4	4.4	0.925	89.3	29.2	230.8	8.1
	河北	0.983	43.7	59.9	1.7	1.7	0.803	35.8	37.1	24.6	24.6
	辽宁	0.981	40.7	34.2	1.9	1.9	0.678	89.3	38.8	78.1	47.5
	上海	0.952	70.3	83.9	5.0	4.9	0.789	65.6	26.2	529.2	26.7
	江苏	0.978	59.3	74.9	2.3	2.3	0.895	58.6	55.3	11.8	11.8
	浙江	0.977	73.1	72.0	2.4	2.4	0.861	92.7	73.7	51.5	16.2
	福建	0.976	60.2	57.0	2.5	2.5	0.77	30.5	21.3	263.9	29.8
	山东	1.06	35.7	52.5	−5.6	0.5	1.355	82.2	50.6	−26.2	−2.5
	广东	0.959	76.2	74.9	4.2	4.2	0.856	93.9	77.4	21.7	16.9
	海南	0.96	23.4	64.5	4.2	4.2	1.644	0.0	0.0	87.9	−39.1
	东部平均	0.979	56.07	64.327	2.264	2.800	0.949	66.436	37.236	35.65	14.155
中部	黑龙江	0.956	35.2	74.1	4.6	4.6	0.417	74.0	0.0	290.2	140.1
	吉林	1.036	63.0	0.0	−3.5	2.7	0.515	49.5	0.0	267.5	94.1
	安徽	1.005	0.0	16.6	−0.5	−0.5	0.996	66.0	39.6	7.8	0.5
	山西	0.978	36.1	43.5	2.2	2.2	0.846	68.9	28.6	18.1	18.1
	江西	0.966	36.6	44.6	3.5	3.5	0.952	71.5	0.0	10.0	5.1
	河南	1.123	31.0	0.0	−11.0	−0.7	0.812	31.2	18.6	23.2	23.2
	湖北	0.983	32.7	63.7	1.7	1.8	0.919	75.7	70.7	31.5	8.8
	湖南	0.981	18.5	25.6	2.0	2.0	0.83	76.9	19.4	71.9	20.5
	中部平均	1.004	31.64	33.513	−0.125	1.950	0.786	64.213	22.113	89.988	38.800

续表

地域	地区	全部工业废气					SO_2				
		θ	SR_1^-	SR_2^-	SR_1^+	SR_2^+	θ	SR_1^-	SR_2^-	SR_1^+	SR_2^+
西部	广西	0.978	42.3	29.7	2.2	2.2	0.925	80.7	0.0	34.5	8.1
	内蒙古	1.167	0.0	11.4	−14.3	1.3	1.207	0.0	37.5	−17.2	13.9
	重庆	0.979	22.1	10.3	2.1	2.1	0.809	65.4	0.0	78.9	23.7
	四川	0.986	39.9	39.1	1.4	1.4	0.748	80.6	38.1	76.8	33.8
	贵州	0.978	0.0	21.7	2.2	2.2	0.837	74.8	50.1	20.9	19.5
	云南	0.98	35.7	33.3	2.1	2.1	0.888	68.2	14.6	33.0	12.7
	陕西	0.959	6.2	16.6	4.3	4.3	0.781	61.5	15.8	63.2	27.9
	甘肃	0.972	7.0	22.6	2.9	2.9	2.154	0.0	0.0	−53.6	−15.2
	青海	0.939	30.5	54.3	6.5	6.5	0.977	18.9	0.0	2.3	2.3
	宁夏	1.742	0.0	0.0	−42.6	1.1	0.908	0.0	34.1	51.5	10.1
	新疆	0.931	36.4	21.5	7.4	7.4	0.586	50.7	0.0	156.6	70.7
	西部平均	1.056	20.01	23.682	−2.345	3.045	0.984	45.527	17.291	40.627	18.864
	总平均	1.013	36.0	41.207	−0.063	2.663	0.918	58.177	25.890	88.63	22.45

2-4' **不同地区大气污染 2011—2013 平均治理效率**

地域	地区	NO_x					烟粉尘				
		θ	SR_1^-	SR_2^-	SR_1^+	SR_2^+	θ	SR_1^-	SR_2^-	SR_1^+	SR_2^+
东部	北京	0.691	11.3	0.0	−44.1	−31.1	0.999	69.2	39.3	0.1	0.1
	天津	0.695	20.6	0.0	330.9	330.1	0.998	54.9	75.7	0.2	0.2
	河北	0.563	23.7	0.0	146.7	148.1	0.9887	45.2	69.5	1.2	1.1
	辽宁	1.79	60.6	78.8	39.9	37.7	0.995	42.3	50.1	0.7	0.7
	上海	0.652	0.0	4.7	573.9	219.0	0.997	68.6	79.4	0.3	0.3
	江苏	1.192	10.9	0.0	116.8	185.7	0.996	56.6	60.0	0.3	0.3
	浙江	0.726	0.9	0.0	213.8	274.9	0.997	72.0	63.4	0.3	0.3
	福建	0.937	0.0	23.2	66.3	8.4	0.994	62.9	46.0	0.6	0.6
	山东	0.461	47.0	0.0	127.0	126.9	1.03	28.8	47.1	−2.9	0.0
	广东	0.878	56.0	0.0	82.9	82.5	0.995	74.5	59.7	0.5	0.4
	海南	4.877	11.3	0.0	−44.1	−31.1	0.998	30.8	57.0	0.1	0.1
	东部平均	1.224	22.03	9.700	146.364	122.83	0.999	55.073	58.836	0.127	0.373
中部	吉林	0.232	0.0	41.0	106.5	93.5	0.99	23.8	19.9	1.0	1.0
	山西	0.806	9.0	43.0	242.7	53.0	0.988	24.4	33.9	1.2	1.2
	黑龙江	0.405	17.2	45.2	79.4	6.7	0.981	39.4	86.4	1.9	2.0
	安徽	0.516	0.0	23.1	374.4	163.1	1.002	0.0	33.5	0.0	0.0
	江西	0.314	65.9	70.2	13.9	13.8	0.988	42.3	51.5	1.2	1.2
	河南	0.319	0.0	0.0	−21.8	−79.2	1.138	27.9	0.0	−12.2	−0.3
	湖北	0.38	0.0	18.8	307.1	198.4	0.996	36.3	60.6	0.4	0.4
	湖南	0.921	76.0	0.0	220.1	134.1	0.995	21.8	29.0	0.5	0.5
	中部平均	0.487	21.01	30.163	165.288	72.925	1.010	26.988	39.350	−0.750	0.750

续表

地域	地区	NO_x				烟粉尘				
		θ	SR_1^-	SR_2^-	SR_1^+	SR_2^+	θ	SR_1^-	SR_2^-	SR_1^+	SR_2^+
西部	广西	0.441	21.5	0.0	763.4	433.2	0.994	45.9	44.6	0.6	0.6
	内蒙古	0.471	73.7	88.7	−16.1	21.9	1.131	0.0	6.1	−11.6	0.3
	重庆	0.336	20.6	0.0	330.9	330.1	0.998	23.0	14.5	0.2	0.2
	四川	0.427	23.7	0.0	146.7	148.1	0.997	41.7	48.4	0.2	0.2
	贵州	—	—	—	—	—	0.998	0.0	26.3	0.2	0.2
	云南	0.188	73.7	88.7	−16.1	21.9	0.993	38.8	25.7	0.8	0.7
	陕西	1.013	19.8	33.7	19.9	−1.4	0.989	13.8	4.0	1.1	1.1
	甘肃	0.434	0.0	23.9	247.9	130.7	0.996	23.1	19.3	0.4	0.4
	青海	—	—	—	—	—	0.973	37.5	73.7	2.7	2.8
	宁夏	1.111	0.0	75.2	−10.0	−9.9	1.547	0.0	5.4	−35.4	0.1
	新疆	—	—	—	—	—	0.974	43.0	36.0	2.7	2.7
	西部平均	0.553	29.13	38.775	183.325	134.33	1.054	24.255	27.636	−3.464	0.845
	总平均	0.807	23.83	24.378	162.922	111.45	1.022	36.283	42.200	−1.423	0.647

就 SO_2 治理看，西部地区相对较高，其次是东部，再次是中部。其中，治理效率最高的是甘肃，其后依次为海南、山东、内蒙古等地。各地区仍然普遍同时存在投入剩余和去除不足的问题，这与治理技术、治理设施的正常运营水平和设施投入量及其运行经费配备有关。各地的 θ 值大多在 0.8 以上，仅次于烟粉尘的 θ 值，远远高于 NOx 的 θ 值。

NOx 减排问题只是近年才受到重视，其治理存在的问题主要是投入不足，尤其是去除能力的投入不足最为严重，其次是运行费用投入不足。2013 年各地区的 NOx 治理普遍较弱。在 27 个省级行政区中，其去除率仅在 2.25%～32.75%。各地的相关 θ 值多在 0.8 以下，远离前沿面，是三类大气污染物治理水平中最差的一项。其中，辽宁、江苏、海南、陕西和宁夏具有治理效率，其他地区治理无效率。根据 θ 平均值，东部最高，其次为西部，再次为中部，显示了东、西和中部 NOx 治理效率依次降低的基本特征。

在具体的 NOx 治理过程中，东部地区主要以投入不足和去除不足为特征，需要加大设施投入和运行经费保障，同时加大技术投入和治理技术进步，推动其治理效率提高。而中西部则存在低水平的投入剩余和去除不足难题，可能是治理技术落后、治理设施和能力没有全部投入运行以及落后设施的剩余引起的。因此，需要加大投入，提高技术水平，提高治理的前沿面，从而在大幅度提高去除量和去除率的前提下,促进治理效率的提高。

从松弛变量计算的冗余率或不足率看,许多省区在总体大气、烟粉尘和SO_2的治理方面存在投入过多现象,而对NOx的治理投入明显不足。这些省份的总体大气和烟粉尘治理大多产出不足较小,而SO_2治理和NOx治理产出均明显不足。

②工业大气污染治理的Malmquist指数(MALI)及分解

从Malquist指数及其分解看,2011—2013年工业总体大气污染治理的平均Malquist指数为0.971,低于烟粉尘的1.004,更低于SO_2的1.173和NOx的1.981。分地区来看,东部除了广东、北京和辽宁外,其他地区的Malquist指数均大于1,说明治理效率在提高,且主要来自技术进步的推动。中部除了山西与河南的Malquist指数小于1外,其他地区都大于1,说明治理效率有所提高,其推动力依然是技术进步。西部除了内蒙古、重庆、青海、宁夏的Malquist指数小于1外,其他地区都大于1,其综合大气污染治理效率的提高主要来自技术效率的变化(见表2-5)。

表2-5　　　　　2011—2013年省级行政区工业大气治理效率

地区		全部工业废气			SO_2			NOx			烟粉尘		
		EFFCH	TECH	MALI	EFFCH	TECH	MALI	EFFCH	TECH	MALI	EFFCH	TECH	MALI
东部	北京	0.988	1.011	0.999	0.967	1.111	1.074	1.966	0.983	1.933	1.001	1.031	1.032
	天津	1.002	1.005	1.007	1.293	1.071	1.385	3.919	0.682	2.673	0.999	1.053	1.052
	河北	0.998	1.021	1.019	0.952	1.067	1.016	1.054	2.257	2.379	0.998	1.001	0.999
	辽宁	0.985	1.002	0.987	1.009	1.068	1.078	1.02	1.17	1.193	0.996	1.002	0.998
	上海	1	1.006	1.006	1.063	1.042	1.108	1.391	1.569	2.182	0.998	1.001	0.999
	江苏	1.006	1.007	1.013	1.009	1.075	1.085	1.586	2.569	4.074	1	1.011	1.011
	浙江	0.998	1.007	1.005	0.858	1.069	0.917	1.079	2.405	2.595	1	1.035	1.035
	福建	1.007	1.006	1.013	1.014	1.043	1.058	1.437	1.716	2.466	1	1.001	1.001
	山东	1.012	1	1.012	0.996	0.996	0.996	4.311	2.227	9.601	1	1.009	1.009
	广东	0.983	1.007	0.990	1.06	1.067	1.131	0.749	2.721	2.038	0.996	1.022	1.018
	海南	1	1	1.000	1	1.001	1.001	1	0.227	0.227	1	1.001	1.001
	东部平均	0.998	1.007	1.005	1.020	1.055	1.077	1.774	1.684	2.851	0.999	1.015	1.014
中部	山西	0.979	0.99	0.969	1.093	1.077	1.177	0.735	1.925	1.415	0.994	1.001	0.995
	吉林	1.001	1.000	1.001	1.097	1.058	1.161	1.545	0.943	1.457	1	1.001	1.001
	黑龙江	0.993	1.033	1.026	1.229	1.079	1.326	1.296	0.967	1.253	0.99	1.001	0.991
	安徽	1	1.038	1.038	1.009	1.069	1.079	2.141	1.664	3.563	1.001	1.001	1.002
	江西	0.996	1.006	1.002	1.069	3.546	3.791	1.394	1.054	1.469	0.999	1.001	1.000
	河南	1.006	0.908	0.913	0.939	1.066	1.001	1.677	1.829	3.067	0.999	1.001	1.000
	湖北	0.999	1.007	1.006	1.133	1.05	1.190	1.26	1.418	1.787	0.999	1.001	1.000
	湖南	1.007	1.004	1.011	1.016	1.044	1.061	2.585	1.446	3.738	1.002	1.001	1.003
	中部平均	0.998	0.998	0.996	1.073	1.374	1.473	1.579	1.406	2.219	0.998	1.001	0.999

续表

地区		全部工业废气			SO₂			NOx			烟粉尘		
		EFFCH	TECH	MALI	EFFCH	TECH	MALI	EFFCH	TECH	MALI	EFFCH	TECH	MALI
西部	内蒙古	1.001	0.793	0.794	1	1.011	1.011	0.529	1.145	0.606	0.993	1.001	0.994
	广西	1	1.004	1.004	0.893	1.065	0.951	2.367	0.549	1.299	1	1.001	1.001
	重庆	1.002	0.988	0.99	0.912	1.045	0.953	0.586	0.652	0.382	1	1.001	1.001
	四川	0.986	1.006	0.992	1.028	1.061	1.091	0.495	1.085	0.537	0.998	1.001	0.999
	贵州	1.021	1.317	1.345	0.99	1.069	1.058	0.831	0.981	0.815	1.001	1.001	1.002
	云南	1.001	1.006	1.007	0.983	1.052	1.034	0.777	0.725	0.563	0.997	1.001	0.998
	陕西	1.008	1	1.008	1.033	1.038	1.072	1.001	1.527	1.529	0.997	1.001	0.997
	甘肃	1	1.002	1.002	1	1.01	1.01	1.806	0.876	1.582	0.997	1.001	0.999
	青海	1.004	0.975	0.979	1	1	1	1.576	0.981	1.576	0.999	0.999	0.998
	宁夏	1	0.995	0.995	1.033	1.047	1.082	1.797	0.768	1.38	0.998	1	0.997
	新疆	1.007	1.002	1.009	1.231	1.048	1.29	1	0.879	0.87	0.998	1.001	0.999
	西部平均	1.000	0.972	0.971	1.030	1.135	1.173	1.497	1.331	1.981	0.998	1.006	1.004
总平均		1.000	0.972	0.971	1.030	1.135	1.173	1.497	1.331	1.981	0.998	1.006	1.004

从 SO_2 的治理效率来看，东、中、西部治理效率的提高都主要来自技术进步的推动。从 NOx 的治理效率看，东部除了海南，其他省级行政区的 Malquist 指数都大于1，且除了北京和天津外，治理效率的提高主要来自技术进步的驱动；中部的 Malquist 指数都大于1，其中除了山西、河南和湖北，其他地区治理效率的提高主要来自技术效率的提高；而西部治理效率提高的省区，也主要来自技术效率的增加。从烟尘治理看，东部主要也是主要依靠技术进步来实现治理效率的提高。

总体而言，各地区普遍存在投入冗余和去除不足、技术障碍、设备运行不到位、投入不足与结构不协调等问题。在所有的污染治理中，烟尘的去除率较高，今后应主要依靠技术进步，改进工艺流程，进一步提高去除率和去除量；SO_2 的治理也要通过技术进步，来提高治理技术水平，促进去除率和去除量的提高。NOx 的去除率很低，有些省份尚未着手投入专门设施，形成去除能力，提高去除率，今后应一方面加大设施投入，形成去除能力，另一方面着眼于依靠技术进步，提高去除量和去除率。同时，要优化投入结构，将投入设施和保障设施运行的经费合理分配，从而促使减排治理效率提高。针对设施和经费配备齐全的企业，严格执行去除目标，要在新环保法、"大气十条"和五年规划目标下制定规章制度，并严厉监督和执行，保证法规对污染治理设施正常运行和投入的约束力。

总体而言，各地区在治理工业大气污染的过程中，要努力改善工业结构，减少污染密集型工业的比重,如减少煤炭、石油等燃烧过程中密集释放大气污染物的非清洁能源使用,发展超低排放的火电、天然气、生物能源使用、风能、太阳能、光伏光热发电等。

2.2.4 现行产业体系下工业水污染治理效率的城市差异

(1)关于工业水污染的城市治理效率

城市是工业经济活动密集区和工业水污染物排放密集地区,也是水环境污染严重的地区。随着城市化的发展和居民对环境服务要求的日益提高,城市工业水污染治理也在不断加强。2005年我国114个重点城市投入工业污水治理设施39 529套,污水治理能力达到989.40万吨/日,运行经费达到183.96亿元(国家环境保护部,2006)。2013年这些城市投入的工业污水治理设施增长为41 600套,污水治理能力增长为13 520万吨/日,运行经费增加到369.74亿元(国家环境保护部,2014),分别是2005年的1.05倍、13.66倍和2.01倍。但是,大多数城市的水污染并没有得到根本有效的治理。2013年环境保护部发布的首个全国性的大规模研究结果显示,我国地表水总体轻度污染,部分城市河段污染较重。全国4 778个地下水监测点中,水质较差和极差的比例将近60%(环境保护部,2015)。

为加强城市水污染的治理,国家相继出台了一系列措施。在"九五"规划时开始实施重点水污染物排放总量控制,在"十一五"减排10%COD的基础上"十二五"规划又提出减少COD 8%、氨氮排放10%作为约束性指标。2015年国务院出台了《水污染防治行动计划》,提出到2020年全国水环境质量得到阶段性改善,污染严重水体较大幅度减少,2030年力争全国水环境质量总体改善,水生态系统功能初步恢复,到21世纪中叶生态环境质量全面改善,生态系统实现良性循环。

在此背景下,评估城市工业水污染治理效率,分析、识别其影响因素,对进一步加强水污染治理,提高污染减除效率意义重大。

污染治理效率是对投入的污染治理资源所形成的污染物去除效果的衡量。目前,关于城市工业水污染治理效率的相关研究较少,且主要集中在以下两个方面:

①着眼于生态效率或环境效率,关注如何用最小的环境代价形成更多的期望

产出。如胡伟[①]选取废水排放量、COD 排放量和氨氮排放量作为投入,选取工业总产值作为产出,利用 DEA 模型计算了太湖流域企业污水治理效率。张庆民[②]研究了十大城市群污染治理效率。

②主要关注如何通过一些治理投入,最大限度地减除水污染,净化水环境。如张家瑞[③]等以工程投资、监管投资和治理投资为投入,以城镇污水处理率、水质达标率和营养状态指数为产出,利用 DEA 模型计算了滇池流域水污染防治绩效;石风光[④]、陈旭升[⑤]、李磊等[⑥]主要从水污染治理投资、水污染治理设施运行费、水污染治理设施数量、相关就业人数、污水处理能力等变量中选择投入变量,从工业水污染物去除量、达标排放量、排放达标率、某些污染物去除量等变量中选择产出变量,分别利用 DEA 模型计算了地区工业水污染治理效率;褚俊英等[⑦]以劳力、资本和电力为投入,以污水处理量为产出,使用 DEA 模型计算了 81 个污水处理厂的水污染治理效率。Bian[⑧]以污水治理投资和运营成本为投入,以 COD 和氨氮去除量和污水处理量为产出,计算地区城市污水净化系统的效率,并与地区城市水资源利用生态效率进行了比较。

总体来看,这些研究以废水总体达标排放量和排放率及某些污染物去除量为产出,尚未综合考虑重金属污染的影响。由于工业废水中污染物的浓度和污染物毒性存在差异,其污染效应不同,而工业水污染治理的关键在于去除核心毒性污染物。因此,利用废水达标总量和达标排放率、部分污染物去除量加总等作为产出有失精准。这些研究主要是关于地区或地区总体城市的污水治理效率,尚未有

---

① 胡伟.基于 DEA 模型的太湖流域企业污水治理效率[J].环境工程学报,2014,8(4):1 417-1 422.
② 张庆民,王海燕,欧阳俊.基于 DEA 的城市群环境投入产出效率测度研究[J].中国人口·资源与境,2011,21(2):18-23.
③ 张家瑞,杨逢乐,曾维华等.滇池流域水污染防治财政投资政策绩效评估[J].环境科学学报,2015,35(2):596-601.
④ 石风光.中国地区工业水污染治理效率研究 [J].华东经济管理,2014,28(8):41-45.
⑤ 陈旭升,范德成.中国工业水污染状况及其治理效率实证研究[J].统计与信息论坛,2009,24(3):30-35
⑥ 李磊,赵培培.中国工业废水治理效率评价[J].资源开发与市场,2011,27(12):1 093-1 095.
⑦ 褚俊英,陈吉宁等.中国城市污水处理厂资源配置效率比较[J].中国环境科学,2004,24(2):242-246.
⑧ Y. W. Bian, S. Yan, H. Xu. Efficiency Evaluation for Regional Urban Water Use and Wastewater Decontamination Systems in China: A Dea Approach[J]. Resources, Conservation and Recycling, 2014, 83:15-23.

关于各个具体城市工业水污染治理效率的研究。

当前及未来相当长的一段时间,我国要想修复污染的水环境,实现"水污染防治行动计划"目标,必须提高城市工业水污染治理效率,减除水污染物。因此,本书以第二类研究为视角,在确定城市水污染治理投入变量的基础上,利用污染物当量换算对我国工业水污染重点监控的10种污染物归类合并,计算去除率和去除量并作为产出变量,利用DEA－Malmquist模型,对中国2005—2013年30个省会城市工业废水治理效率进行研究,以期更直接、更细致、更准确地反映城市工业水污染的治理效率及其成因和差异。

(2)模型和数据

这里,我们使用DEA模型和Malmquist指数模型来衡量DEA是否有效,并对效率进行分解,具体模型见2.2.1部分。

工业水污染涉及多种污染物,许多地区的一种或多种污染物数据为零,需要对一些污染物归类加总以适用上述模型。同时,鉴于不同污染物毒性及对环境作用的不同,本书考虑使用污染当量数对不同污染物加总处理。

污染当量法是评价污染源区域现状简便、实用的方法,其评价结果可靠、直观,具有可比性和合理性,有利于排污者和管理者用相同的尺度认识排污行为对区域环境的影响大小,进而考虑如何减少污染物的排放,促进排污者达到管理者提出的环境管理要求和目标(陈新学等,2005)。其具体算法是:

$$EQ_{jkr} = \sum_{i=1}^{n} q_{ri}/w_i \tag{8}$$

$$EQR_{jkr} = \frac{\sum_{i}^{n} q_{ri}/w_i}{\sum_{i=1}^{n} q_{ei}/w_i + \sum_{i=1}^{n} q_{ri}/w_i} = \frac{\sum_{i=1}^{n} q_{ri}/w_i}{\sum_{i=1}^{n} q_{pi}/w_i} \tag{9}$$

其中,EQ_{jkr}为j地区k类污染物基于污染物当量折算的去除量,EQR_{jkr}为j地区k类污染物当量折算后的去除率,w_i为污染物i的污染当量值,q_{ri}为污染物i未经污染当量折算的去除量,q_{ei}为污染物i未经污染当量折算的排放量,q_{pi}为污染物i未经污染当量折算的产生量。在具体的处理中,将污染物分为COD、氨氮、石油类、重金属(包括Hg、C_r、C_d、A_s和P_b)和其他(石油类、挥发酚和氰化物),不同污染物的当量值见表2-6。

表 2-6 不同水污染物的污染物当量值

	COD	氨氮	C_r	P_b	A_s	Hg	C_d	氰化物	挥发酚	石油类
当量值	1	0.8	0.02	0.025	0.02	0.0005	0.005	0.05	0.08	0.1

资料来源：国家发展计划委员会，财政部，国家环境保护总局，国家经济贸易委员会等. 排污费征收标准管理办法[EB/OL] (2003-02-28). https://www.mee.gov.cn/ywgz/fgbz/gz/200302/t20030228_86250.shtml.

根据数据的可得性、投入产出的对应性和代表性，本书选择的城市水污染治理的投入变量是：A. 污染治理设施投入（套），B. 水污染处理能力（吨/日），C. 运行费支出（万元）；选择的城市水污染治理的产出变量是：D. COD 去除率，E. 氨氮去除率，F. 重金属（包括 Hg、C_r、C_d、A_s 和 P_b）去除率，G. 其他污染物（挥发酚、石油类和氰化物）去除率，H. 全部城市工业水污染物去除量，I. 全部城市工业水污染物去除率。这些指标数据主要来自中国环境统计年报，或借助于年报的数据通过基于污染当量的分类与计算获得。计算静态 DEA 效率时，使用 A—C 和 D—G 7 项指标，数据为 2011—2013 年各指标的平均值，以反映该阶段的综合情况。计算 Malmquist 指数时使用 A—C 和 H—I 5 项指标，数据为 2005—2013 各指标的历年值，以揭示动态变化。

（3）结果及分析

①城市工业水污染治理的效率

表 2-7 显示，北京、呼和浩特、长春、哈尔滨、杭州、福州、济南、海口、兰州、西宁、银川和乌鲁木齐的 θ 值大于 1，为 DEA 有效。其中北京、杭州、福州、西宁、乌鲁木齐等城市污染物排放量较大。这需要加强治理技术水平和技术进步，提高污水治理单元的前沿面，推动治理效率的提高。

表 2-7 城市水污染 2011—2013 年平均治理效率及 2005—2013 年 Malmquist 及分解

	城市	2011—2013 年									2005—2013 年		
		θ	S_{fa}^-	S_{cap}^-	S_{fe}^-	S_{cod}^+	S_{andan}^+	S_{qita}^+	S_{zjs}^+	EC	TC	ML
东部	北京	1	0	0	0	0	0	0	0	1.110	1.007	1.116
	天津	0.972	949.5	124	133167.3	7.7	36.7	8.5	2.8	1.205	1.009	1.216
	石家庄	0.941	498.2	0	72870.42	7.6	33.3	5.9	9.1	0.818	0.910	0.746
	沈阳	0.983	244.5	31.5	5305.6	10.7	41.8	22.5	1.7	1.017	1.041	1.057
	上海	0.989	1676.4	284.9	230214.3	1	9.8	2.8	1.1	1.015	1.064	1.077
	南京	0.989	511.2	198.8	99288.63	6.3	4.4	1	1.1	0.966	0.739	0.714
	杭州	1	0.0	0.0	0	0	0	0	0	1.091	1.556	1.696

续表

| | 城市 | \multicolumn{7}{c|}{2011—2013年} | \multicolumn{3}{c|}{2005—2013年} |
		θ	S_{fa}^-	S_{cap}^-	S_{fe}^-	S_{cod}^+	S_{andan}^+	S_{qita}^+	S_{zjs}^+	EC	TC	ML
东部	福州	1	0.0	0.0	0	0	0	0	0	1.227	0.999	1.223
	济南	1	0.0	0	0	0	0	0	0	1.111	0.972	1.078
	广州	0.94	619.2	0.0	27451.4	5.6	19.1	5.9	12.8	1.223	1.058	1.289
	海口	1	0.0	0.0	0	0	0	0	0	1.001	0.965	0.965
	平均	0.978	409.0	58.1	51663.4	3.5	13.2	4.2	2.6	1.071	1.029	1.107
中部	哈尔滨	1	0.0	0	0	0	0	0	0	1.211	1.615	1.960
	长春	1	0.0	0	0	0	0	0	0	1.327	1.252	1.664
	合肥	0.987	133.4	33.1	0	1.7	6.9	1.3	16.8	1.418	0.980	1.390
	太原	0.986	0.0	0	27743.66	7.9	16.6	1.4	38.9	1.107	0.993	1.102
	南昌	0.993	115.3	17.7	0	0.6	12.9	10.7	51.7	1.851	1.085	2.004
	郑州	0.989	244.1	88.7	0	1.9	14.1	25.1	1.1	1.135	1.088	1.232
	武汉	0.985	210.0	340.5	32575.05	2.5	34.2	3.4	1.5	1.089	1.001	1.091
	长沙	0.881	168.8	0.0	0	8.9	7.1	9.6	33.5	1.307	0.996	1.304
	平均	0.983	109.0	60.0	7539.8	2.9	11.5	6.4	17.9	1.306	1.126	1.223
西部	南宁	0.994	155.1	69.4	0	0.5	33.5	31.5	28.9	2.671	1.175	3.139
	呼和浩特	1	0.0	0	0	0	0	0	0	1.210	1.357	1.579
	重庆	0.993	1536.2	274.5	52917.3	0.6	1.6	0.7	0.7	1.677	1.038	1.743
	成都	0.996	859.0	104.0	20247.9	26.1	13.2	28.1	0.4	5.045	0.947	4.770
	贵阳	0.996	127.9	39.9	0	23.2	11.1	3.2	0.4	0.966	1.003	0.969
	昆明	0.962	276.7	0.0	0	8	10.7	3.8	15.5	1.000	1.016	1.016
	西安	0.993	229.6	2.6	0	6.1	8.7	9.5	0.7	0.777	0.966	0.750
	兰州	1	0.0	0	0	0	0	0	0	1.447	1.063	1.538
	西宁	1	0.0	0	0	0	0	0	0	2.307	0.737	1.700
	银川	1	0.0	0	0	0	0	0	0	1.003	0.633	0.629
	乌鲁木齐	1	0.0	0	0	0	0	0	0	0.976	0.331	0.323
	平均	0.911	265.4	40.9	6097.1	5.4	6.6	6.4	3.9	1.590	0.856	1.513

天津、沈阳、上海、南京、武汉、重庆、成都的 θ 值小于1,为 DEA 无效,呈现投入剩余与污染物去除率不足的状况。这是由投入结构不合理、污水治理设施技术落后、污水治理技术进步不足、污水治理设施运行不足等一个或多个原因所引起,因此需要全面调整投入结构,提高治理技术,以促进工业污水的治理效率。

石家庄、广州的去污设施和运行费用存在冗余,工业污水治理设施能力是这两座城市的"短板";太原工业污水治理设施运行费用存在冗余,长沙和昆明工业污水治理设施存在冗余,但它们的污染物去除不足。这些城市需要有针对性地强化工业水污染治理投入的"短板",适当减少不必要的冗余,从而提高污水治理技术水平和技术进步,进而提高工业水污染治理效率。

合肥、南昌、郑州、南宁、贵阳和西安等城市存在工业污水治理设施运行经费"短板"、污染治理设施和污染治理能力剩余但去除率不足等问题。这些城市需增加水污染治理设备运行费用,进一步优化投入结构,以促进工业水污染治理技术和治理效率提高。

从产出角度看,30个样本城市中12个城市的氨氮去除率低于理想值10%以上,8个城市的重金属去除率低于其理想值9%以上。可见,加强氨氮和重金属治理是城市工业污水治理的重点和当务之急。具体而言,沈阳和成都应加强COD、氨氮和挥发酚与氰化物的去除;南昌和南宁应加强氨氮、重金属和挥发酚与氰化物的去除;石家庄、太原和昆明需要加强氨氮和重金属治理;贵阳需要重视COD和氨氮治理;郑州需要重视氨氮、挥发酚和氰化物治理;长沙需要重视所有水污染物治理,尤其是重金属污染;武汉和天津要突出氨氮治理;合肥需要重视重金属污染的治理。

②城市工业水污染治理效率的Malmquist(ML)指数及分解

从表2-7可以看出,2005—2013年有25个城市的EC值大于1,表明水污染治理的技术效率是不断增长的;16个城市的TC值大于1,表明这些城市的水污染治理的技术不断进步;23个城市的ML值大于1,表明这些城市的水污染治理效率在不断增强。而且,EC值大于1的城市多于TC值大于1的城市,表明城市污染治理的技术效率对整体水污染治理效率的贡献大于污染治理的技术进步对ML的贡献。

从城市在东、中、西部的分布来看,2005—2013年西部的ML和EC指数平均值大于中部,中部平均值大于东部,而TC指数平均值则中部大于东部,东部大于西部。可见,就城市污水治理的总体效率和技术效率变化看,西部最高,其次为中部,再次为东部;就城市污水治理的技术进步看,中部城市平均最大,其次为东部,再次为西部。

北京、天津、杭州、济南、广州、长春、合肥、太原、南昌、郑州、武汉、长沙、南宁、重庆、成都、兰州、西宁等城市的EC值大于TC值,ML值大于1,说明这些城市的工业污水治理效率在不断提高,且主要来自污水治理的技术效率改进。沈阳、上海、杭州、哈尔滨、呼和浩特和昆明的ML值大于1,且EC值小于TC指数,说明这些城市污水治理效率的提高深受城市污水治理技术进步的影响。

石家庄、南京、海口、西安和乌鲁木齐等城市的EC值、TC值和ML值均小于1,表明这些城市的污水治理效率在全面下降。银川和海口的TC值大于1,EC值

和 ML 值小于 1,表明这些城市工业污水治理的技术进步明显,但由于技术效率大幅下降,致使水污染治理效率相应下降。乌鲁木齐和贵阳的 EC 值大于 1,TC 值和 ML 值小于 1,表明其水污染治理的技术效率不断提高,但无法弥补技术的日趋退步,以致总体治理效率在下降。

总体来看,在所有样本城市中,仅有 6 个城市的 TC 值、EC 值和 ML 值大于 1,且 TC 值大于 EC 值;有 17 个城市的 TC 值、EC 值和 ML 值大于 1,而 TC 值小于 EC 值;有 5 个城市的 TC 值、EC 值和 ML 值均小于 1;有 1 个城市的 TC 值和 ML 值小于 1,EC 值大于 1,1 个城市的 EC 值和 ML 值小于 1,而 TC 值大于 1(见表 2-7)。这表明,我国城市污水治理的技术进步率较低,多数城市工业污水治理效率的提高主要是依靠污染治理技术效率的提高。

多数城市工业污水治理普遍存在投入冗余和去除不足的现象,说明存在技术障碍、设备运行不到位、投入不足与结构不协调、城市工业污水治理技术进步缓慢等系列问题,主要依靠管理、传统技术采用和重复投入从而提高城市工业污水治理技术的效率,提高城市工业污水治理效率。

因此,未来中国城市要提高水污染治理效率,必须做到以下几点:

首先,要优化投入结构,强化设施及运行经费投入,促使减排治理效率的提高。

其次,要注重城市工业污水治理的技术创新,依靠新技术提升污水治理效率的提高。

再次,对设施和经费配备齐全但去除率较低的地区,要在新环保法、"水十条"和五年规划目标下,制定和严格监督、执行促进工业水污染治理的法律法规,保证水污染治理的正常运行。

最后,从产生工业水污染的根源来看,应努力改善工业结构,减少污染密集型工业的比重,以从源头上遏制水污染的发展。

2.3 产业体系的创新效率

2.3.1 各产业部门的创新效率

研发创新(R&D)是推动产业发展的重要因素。对于创新效率的研究,可以使我们更好地了解产业的发展潜力、优势与瓶颈。为深入揭示我国产业各部门研发创新的现状、存在的问题和解决方案,本书采用Mlmquist模型,以研发人员数、研发人员全时当量、研发费用投入、研发资产性投入为投入指标,以产品收入占经营收入比重、有效发明专利数和新产品销售收入为产出指标,对产业各部门的研发创新效率进行了计算,得到表2-8。

表2-8涉及的全部36个产业部门的EC指数、TC指数和MI指数大致呈现不断上升的趋势。20个部门2009—2016年的MI指数大于1,说明这些部门在此期间的总体创新效率是不断提高的。其中,燃气生产和供应业、石油和天然气开采业、黑色金属矿采选业、化学原料及化学制品制造业等的MI指数大于3.0,表现出很强的科技创新能力;通信设备与计算机及其他电子设备制造,交通运输设备制造业,仪器仪表及文化,办公用机械制造业,通用设备制造业,农副食品加工业,食品制造业,有色金属冶炼及压延加工业,专用设备制造业等部门的MI指数在1.5~3.0,表现出良好的科技创新能力;饮料制造业、炼焦及核燃料加工业、橡胶和塑料制品业、黑色金属冶炼及压延加工业、金属制品业、电气机械及器材制造业、工艺品及其他制造业等部门的MI指数在1.0~1.5,表明其科技创新效率在不断提高。其余16个部门的MI指数小于1.0,表明这些部门的科技创新效率在下降。

36个产业部门中,石油和天然气开采业、黑色金属矿采选业、医药制造业、通用设备制造业、专用设备制造业、交通运输设备制造业、工艺品及其他制造业、燃气生产和供应业8个部门2009—2016年的EC指数大于1.0,说明其管理创新效率在不断加强,其他部门的管理创新效率在下降。

36个产业部门中有24个部门2009—2016年的TC指数大于1.0,其中农副食品加工业、化学原料及化学制品制造业等部门的TC指数大于3.0,表现出很强的技术进步能力和效率;通用设备制造业,专用设备制造业,交通运输设备制造业,电气机械及器材制造业,通信设备与计算机及其他电子设备制造,仪器仪表及文化、办公用机械制造业,有色金属冶炼及压延加工业,黑色金属冶炼及压延加工业,医药制造业,食品制造业,橡胶和塑料制品业,非金属矿物制品业,煤炭开采和洗选业,石油和天然气开采业,饮料制造业,金属制品业等部门2009—2016年的TC指数在1.5~2.9,表现出良好的技术进步能力和效率;石油加工、炼焦及核燃

表2-8 各产业部门研发创新效率 EC(Efficiency Change)及 Malquist 指数与分解

	2009—2010年	2010—2011年	2011—2012年	2012—2013年	2013—2014年	2014—2015年	2015—2016年	2009—2016年
煤炭开采和洗选业	0.4858	1.4523	0.9428	1.6452	0.7258	0.7258	1.0323	0.5951
石油和天然气开采业	1.0007	0.4847	1.1591	2.0057	0.4835	2.2642	1.3760	1.6986
黑色金属矿采选业	0.6258	2.8450	1.6582	1.1514	1.1050	0.7103	0.8846	2.3598
有色金属矿采选业	0.5209	0.8196	3.5126	0.7222	0.5302	1.5716	0.7166	0.6467
非金属矿采选业	2.0793	0.2895	1.5255	1.4199	0.7581	0.8802	0.7360	0.6405
农副食品加工业	0.6886	0.9048	1.0673	0.8791	0.9435	0.8600	0.9450	0.4482
食品制造业	0.9254	0.7023	1.3509	0.9438	0.9835	0.8912	0.9884	0.7179
饮料制造业	0.9549	1.0542	0.9026	1.0997	0.7170	1.1334	0.9505	0.7718
烟草制品业	1.0000	1.0000	1.0000	1.0000	1.0000	1.0000	1.0000	1.0000
纺织业	1.3518	0.5454	1.2695	1.0690	0.8401	1.1110	0.7458	0.6964
纺织服装、鞋、帽制造业	1.1084	0.6330	0.8619	1.5079	0.8449	1.0364	0.5602	0.4473
皮革、毛皮、羽毛(绒)及其制品业	0.7324	0.8657	0.6453	1.7315	0.8880	0.8848	0.7312	0.4070
木材加工及木、竹、藤、棕制品业	1.2214	0.5886	1.4934	0.5810	0.6691	0.6947	0.9323	0.2703
家具制造业	1.0000	1.0000	0.7709	0.9824	1.1115	0.5211	1.6687	0.7319
造纸及纸制品业	1.1258	0.7262	0.9148	0.9006	1.2492	1.2078	0.8013	0.8143
印刷业和记录媒介的复制	1.2606	0.5421	1.5691	1.0917	0.7580	0.8552	1.1061	0.8394
文教体育用品制造业	1.0000	0.8182	1.2222	0.9087	0.7104	0.8729	0.9746	0.5492
石油加工、炼焦及核燃料加工业	0.9685	0.8204	1.0897	1.2242	0.7283	1.1428	0.9185	0.8102
化学原料及化学制品制造业	0.8658	1.1335	1.1395	0.9522	0.9214	0.9171	1.0878	0.9788
医药制造业	1.0602	1.0706	1.1860	1.0880	0.9069	0.8987	0.9128	1.0896
化学纤维制造业	0.5051	0.9175	0.9516	1.0790	0.8403	1.4019	0.5971	0.3347
橡胶和塑料制品业	0.6461	1.4098	0.8398	1.0701	0.9677	0.8663	1.1561	0.7935

续表

	2009—2010年	2010—2011年	2011—2012年	2012—2013年	2013—2014年	2014—2015年	2015—2016年	2009—2016年
非金属矿物制品业	0.9278	0.5974	1.0856	0.8919	0.9030	0.7394	1.1257	0.4034
黑色金属冶炼及压延加工业	0.9604	0.7392	0.9661	1.0324	0.7284	1.0140	1.1862	0.6204
有色金属冶炼及压延加工业	1.0313	1.0190	0.8577	0.9299	0.8442	0.8679	1.0527	0.6465
金属制品业	0.8881	1.1367	1.0230	0.9558	0.9704	0.8770	1.0433	0.8763
通用设备制造业	0.8668	1.0656	1.4189	0.9183	0.9846	0.9653	1.1323	1.2953
专用设备制造业	0.4806	2.3702	1.1174	0.9140	0.7764	0.7667	1.4498	1.0041
交通运输设备制造业	0.8414	1.1648	1.2425	1.0255	1.1230	1.0116	1.1021	1.5634
电气机械及器材制造业	0.8345	0.7408	0.8303	1.3255	0.9015	1.1420	0.7271	0.5093
通信设备,计算机及其他电子设备制造	0.9722	0.9897	1.0782	0.9940	0.9710	0.9944	0.9606	0.9565
仪器仪表及文化、办公用机械制造业	0.8849	1.1300	1.0000	1.0000	1.0000	1.0000	1.0000	1.0000
工艺品及其他制造业	0.7536	1.0229	1.4614	1.1780	0.9539	0.9578	0.9787	1.1866
电力,热力的生产和供应业	0.4194	1.2368	1.7658	1.0919	0.9100	0.6934	0.9876	0.6231
燃气生产和供应业	0.6998	2.7587	1.3505	1.1453	1.2696	0.7644	1.3082	3.7908
水的生产和供应业	0.3225	1.6546	1.7825	0.3522	1.2503	0.5343	0.9923	0.2220

2-8' 各产业部门研发创新效率及Malquist指数与分解

	2009—2010年	2010—2011年	2011—2012年	2012—2013年	2013—2014年	2014—2015年	2015—2016年	2009—2016年
煤炭开采和洗选业	1.0161	1.1748	1.2082	0.6351	1.2391	1.0543	1.2628	1.5112
石油和天然气开采业	1.2589	0.9409	0.8790	1.0224	1.2242	1.2196	1.2528	1.9911
黑色金属矿采选业	1.1800	0.8436	0.8940	0.9883	1.2339	1.2324	1.1205	1.4987
有色金属矿采选业	1.0000	0.9578	0.8537	0.9528	1.1742	0.8986	1.4882	1.2234
非金属矿采选业	0.5406	0.7453	0.7783	0.9267	1.2758	1.2075	1.2452	0.5574
农副食品加工业	0.9180	1.3313	1.0462	1.2799	1.4241	1.2950	1.1428	3.4488

续表

	2009—2010年	2010—2011年	2011—2012年	2012—2013年	2013—2014年	2014—2015年	2015—2016年	2009—2016年
食品制造业	0.7594	1.1320	0.9984	1.1891	1.3249	1.4284	1.1512	2.2235
饮料制造业	0.6312	1.2219	1.0688	1.0131	1.3035	1.1855	1.2317	1.5894
烟草制品业	0.4608	1.3646	1.0634	0.8134	1.2286	1.1795	1.1800	0.9301
纺织业	0.6170	1.4319	0.8411	0.9893	1.2241	0.8615	1.4112	1.0940
纺织服装、鞋、帽制造业	0.5436	1.0479	0.9157	0.8697	1.2885	0.8868	1.5066	0.7810
皮革,毛皮,羽毛（绒）及其制品业	0.5624	0.8169	1.2424	0.6426	1.2613	0.9595	1.4861	0.6597
木材加工及木,竹,藤,棕草制品业	0.5247	0.8730	0.9700	1.0539	1.2723	1.3545	1.1380	0.9183
家具制造业	0.5759	0.5404	0.6224	0.8142	1.2793	1.3555	1.2768	0.3492
造纸及纸制品业	0.4702	1.1131	1.0607	1.0069	1.2697	0.9495	1.3745	0.9263
印刷业和记录媒介的复制	0.3307	0.8285	0.7622	0.9523	1.3233	1.4400	1.1328	0.4293
文教体育用品制造业	0.4973	0.7020	0.7905	0.8425	1.2273	1.2664	1.1803	0.4266
石油加工,炼焦及核燃料加工业	0.7950	1.2686	1.0549	1.2274	1.1420	0.8262	1.1709	1.4426
化学原料及化学制品制造业	1.0792	1.1797	1.0679	1.2091	1.3290	1.3563	1.1800	3.4965
医药制造业	0.9251	0.9852	0.9914	0.9827	1.2444	1.2570	1.1759	1.6334
化学纤维制造业	0.3722	0.8492	1.1114	0.8309	1.1177	0.8266	1.5547	0.4193
橡胶和塑料制品业	0.7969	1.1470	1.0104	1.0338	1.2275	1.3206	1.1757	1.8196
非金属矿物制品业	1.0391	0.9871	0.9789	1.0119	1.2369	1.3551	1.1138	1.8970
黑色金属冶炼及压延加工业	0.7975	1.5003	1.0451	1.0529	1.2791	1.1082	1.1411	2.1296
有色金属冶炼及压延加工业	0.7763	1.2623	1.0805	1.2947	1.4098	1.2153	1.1378	2.6723
金属制品业	0.8180	1.0369	0.9821	1.0185	1.2210	1.2729	1.1755	1.5502
通用设备制造业	1.0967	1.1501	0.9838	1.0053	1.2127	1.2479	1.1805	2.2285
专用设备制造业	1.1008	0.9094	0.7301	0.9370	1.3256	1.5030	1.0998	1.5006
交通运输设备制造业	1.0626	1.0724	0.9729	0.9949	1.1853	1.1983	1.1892	1.8630

第2章 产业体系效率分析

续表

	2009—2010年	2010—2011年	2011—2012年	2012—2013年	2013—2014年	2014—2015年	2015—2016年	2009—2016年
电气机械及器材制造业	1.0507	1.1365	1.1980	0.7616	1.2889	0.9720	1.4988	2.0457
通信设备、计算机及其他电子设备制造	1.0943	1.1548	1.0549	1.0833	1.1897	1.2057	1.2358	2.5601
仪器仪表及文化、办公用机械制造业	1.1395	1.0798	1.1149	1.0672	1.1885	1.2463	1.2344	2.6770
工艺品及其他制造业	0.6998	1.0005	0.8166	0.8493	1.2317	1.2215	1.2773	0.9332
电力、热力的生产和供应业	0.0789	0.5957	0.7929	1.0103	0.9760	1.1928	1.3245	0.0581
燃气生产和供应业	1.0414	0.9943	0.8131	0.8510	1.3741	1.3834	1.0865	1.4796
水的生产和供应业	0.8535	0.9029	0.8996	0.7628	1.2711	1.3308	1.2736	1.1392

2—8" 各产业部门研发创新效率 MI（Malmquist Index）及 Malmquist 指数与分解

	2009—2010年	2010—2011年	2011—2012年	2012—2013年	2013—2014年	2014—2015年	2015—2016年	2009—2016年
煤炭开采和洗选业	0.4936	1.7061	1.1391	1.0449	0.8993	0.7653	1.3035	0.8993
石油和天然气开采业	1.2598	0.4560	1.0189	2.0506	0.5919	2.7614	1.7239	3.3821
黑色金属矿采选业	0.7384	2.4000	1.4824	1.1380	1.3635	0.8754	0.9911	3.5366
有色金属矿采选业	0.5209	0.7850	2.9988	0.6881	0.6225	1.4122	1.0665	0.7912
非金属矿采选业	1.1240	0.2158	1.1873	1.3158	0.9672	1.0628	0.9165	0.3570
农副食品加工业	0.6322	1.2045	1.1165	1.1251	1.3436	1.1137	1.0800	1.5459
食品制造业	0.7028	0.7951	1.3486	1.1223	1.3030	1.2730	1.1378	1.5963
饮料制造业	0.6027	1.2881	0.9647	1.1141	0.9346	1.3437	1.1708	1.2267
烟草制品业	0.4608	1.3646	1.0634	0.8134	1.2286	1.1795	1.1800	0.9301
纺织业	0.8341	0.7809	1.0677	1.0575	1.0284	0.9571	1.0525	0.7619
纺织服装、鞋、帽制造业	0.6026	0.6632	0.7892	1.3115	1.0887	0.9191	0.8440	0.3493
皮革、毛皮、羽毛（绒）及其制品业	0.4119	0.7072	0.8018	1.1127	1.1201	0.8490	1.0866	0.2685
木材加工及木、竹、藤、棕草制品业	0.6409	0.5138	1.4486	0.6123	0.8513	0.9410	1.0610	0.2482

续表

	2009—2010 年	2010—2011 年	2011—2012 年	2012—2013 年	2013—2014 年	2014—2015 年	2015—2016 年	2009—2016 年
家具制造业	0.5759	0.5404	0.4797	0.7998	1.4219	0.7063	2.1306	0.2556
造纸及纸制品业	0.5294	0.8083	0.9703	0.9068	1.5861	1.1469	1.1013	0.7543
印刷业和记录媒介的复制	0.4169	0.4491	1.1959	1.0396	1.0031	1.2316	1.2530	0.3604
文教体育用品制造业	0.4973	0.5744	0.9662	0.7656	0.8719	1.1054	1.1503	0.2342
石油加工、炼焦及核燃料加工业	0.7699	1.0407	1.1494	1.5026	0.8318	0.9441	1.0754	1.1688
化学原料及化学制品制造业	0.9344	1.3372	1.2168	1.1514	1.2246	1.2438	1.2836	3.4223
医药制造业	0.9808	1.0548	1.1759	1.0692	1.1285	1.1297	1.0733	1.7798
化学纤维制造业	0.1880	0.7791	1.0576	0.8966	0.9392	1.1588	0.9283	0.1403
橡胶和塑料制品业	0.5149	1.6170	0.8486	1.1063	1.1878	1.1440	1.3593	1.4438
非金属矿物制品业	0.9641	0.5897	1.0627	0.9026	1.1169	1.0020	1.2538	0.7653
黑色金属冶炼及压延加工业	0.7659	1.1091	1.0097	1.0871	0.9317	1.1237	1.3536	1.3212
有色金属冶炼及压延加工业	0.8006	1.2864	0.9267	1.2040	1.1901	1.0548	1.1977	1.7275
金属制品业	0.7265	1.1787	1.0046	0.9735	1.1848	1.1164	1.2264	1.3585
通用设备制造业	0.9506	1.2256	1.3959	0.9232	1.1941	1.2045	1.3367	2.8865
专用设备制造业	0.5290	2.1555	0.8158	0.8564	1.0292	1.1524	1.5946	1.5067
交通运输设备制造业	0.8941	1.2491	1.2088	1.0203	1.3310	1.2122	1.3106	2.9126
电气机械及器材制造业	0.8768	0.8419	0.9947	1.0095	1.1619	1.1101	1.0898	1.0419
通信设备和计算机及其他电子设备制造	1.0639	1.1429	1.1375	1.0768	1.1552	1.1989	1.1871	2.4487
仪器仪表及文化、办公用机械制造业	1.0084	1.2203	1.1149	1.0672	1.1885	1.2463	1.2344	2.6770
工艺品及其他制造业	0.5274	1.0234	1.1935	1.0004	1.1749	1.1700	1.2500	1.1073
电力、热力的生产和供应业	0.0331	0.7367	1.4000	1.1031	0.8881	0.8270	1.3082	0.0362
燃气生产和供应业	0.7288	2.7429	1.0980	0.9746	1.7444	1.0575	1.4213	5.6088
水的生产和供应业	0.2752	1.4939	1.6034	0.2687	1.5893	0.7111	1.2638	0.2530

料加工业、黑色金属矿采选业、有色金属矿采选业、纺织业、燃气生产和供应业、水的生产和供应业等部门2009—2016年的TC指数在1.0～1.5,表明其技术进步在加强。其他产业部门2009—2016年的TC指数小于1.0,说明这一时期这些部门的技术进步能力薄弱,创新效率在不断下降。

综合比较2009—2016年的MI、EC和TC指数,我们发现各产业部门在此期间综合技术效率不断提高的原因主要来自技术进步,管理技术创新处于次要地位。石油和天然气开采业、黑色金属矿采选业、医药制造业、通用设备制造业、专用设备制造业、交通运输设备制造业、燃气生产和供应业等部门的EC、TC和MI指数都大于1.0,表明其科技创新效率增加具有较为平衡的特点。

2.3.2 各地区产业创新效率

不同地区的产业创新效率因产业结构、发展水平和管理水平的不同而有着巨大差异。对于产业创新效率进行区域性分析,是深刻理解产业创新效率现状和推动其进一步发展的重要前提。在此,我们仍然采用Mlmquist模型,以研发企业占全部企业比例、研发人员数、研发人员全时当量、研发费用投入等为投入指标,以新产品收入占经营收入比重、有效发明专利数和新产品销售收入为产出指标,对我国各省级行政区和东、中、西部的产业创新效率进行计算,以揭示各地区的产业创新效率情况。具体的计算结果详见表2-9。

从表2-9我们可以看出,2009—2016年我国各省级行政区的EC指数总体呈现上升趋势。其中,河北、山西、内蒙古、安徽、广西、新疆、江西的EC指数大于1.5,北京、辽宁、河南、江苏、浙江、河南、湖北、重庆、宁夏的EC指数在1.3～1.5,福建、山东、海南、贵州、陕西的EC指数在1.0～1.3。这说明,2009—2016年我国地区科技管理创新效率在空间上有着鲜明的差异,即中西部地区上升明显,东部地区上升乏力甚至呈现下降趋势。

表2-9　　　各地区研发创新效率EC(Efficiency Change)及其空间差异

	2009—2010年	2010—2011年	2011—2012年	2012—2013年	2013—2014年	2014—2015年	2015—2016年	2009—2016年
全国	1.1782	1.0163	1.1077	1.0000	1.0000	1.0000	1.0000	1.3264
北京	1.0000	1.0000	1.0000	1.0000	1.0000	1.0000	1.0000	1.0000
天津	1.2353	0.7658	1.0756	1.1919	0.8680	0.9502	0.9364	0.9368
河北	1.1475	1.0620	1.3000	1.2762	0.9734	0.8961	0.8707	1.5356

续表

	2009—2010年	2010—2011年	2011—2012年	2012—2013年	2013—2014年	2014—2015年	2015—2016年	2009—2016年
山西	1.3419	1.0827	1.2684	1.0769	1.0336	1.2796	1.0718	2.8132
内蒙古	1.6641	0.7783	1.1624	1.0692	0.9622	1.1030	0.8835	1.5091
辽宁	0.9638	1.3320	1.0483	1.1063	0.9012	1.0778	0.9512	1.3753
吉林	1.0000	1.0000	1.0000	0.6492	1.5403	1.0000	1.0000	1.0000
黑龙江	0.9052	0.9791	1.1050	1.1915	1.0960	1.1043	0.9652	1.3632
上海	1.0000	1.0000	1.0000	1.0000	1.0000	1.0000	1.0000	1.0000
江苏	1.2186	1.0738	1.0911	1.0365	1.0666	0.9475	0.9271	1.3865
浙江	1.1060	0.9047	0.9841	1.4196	1.0000	1.0000	0.9798	1.3697
安徽	1.0312	1.0498	1.1145	1.2849	1.0501	1.0000	0.9795	1.5945
福建	1.3163	0.8324	1.0093	1.2949	0.9364	0.9238	0.9229	1.1431
江西	2.1414	0.8872	1.6581	1.2024	0.9568	1.0159	1.1919	4.3884
山东	1.2034	1.0101	1.0215	1.0000	1.0000	0.9517	0.9190	1.0859
河南	0.8949	1.0453	1.0177	1.8884	0.9212	0.9884	0.9066	1.4839
湖北	1.0157	0.9399	1.1612	1.2832	1.0236	1.0272	0.9009	1.3476
湖南	1.0000	0.8360	0.9341	1.2805	1.0000	1.0000	0.9315	0.9315
广东	1.0000	1.0000	1.0000	1.0000	1.0000	1.0000	1.0000	1.0000
广西	1.3431	0.7646	1.2318	1.4372	0.7477	1.3409	1.0007	1.8241
海南	1.2269	1.0000	1.0000	1.0000	1.0000	0.9951	1.0050	1.2269
重庆	1.4719	1.0000	1.0000	1.0000	1.0000	1.0000	0.9670	1.4234
四川	1.1875	1.2859	0.7970	1.1855	1.0736	0.8858	0.9120	1.2515
贵州	1.1470	1.0750	1.1648	1.1153	1.0000	0.9011	0.8111	1.1708
云南	0.7311	1.1275	1.0786	1.0132	0.9809	0.9431	0.9588	0.7990
西藏	1.0000	1.0000	1.0000	1.0000	1.0000	1.0000	1.0000	1.0000
陕西	0.9413	1.2157	1.2085	0.9065	0.9175	0.8870	1.1127	1.1352
甘肃	0.7062	1.5007	1.2609	0.9244	1.0174	0.7708	0.5953	0.5767
青海	0.2286	1.6200	1.3995	1.1251	0.9873	1.2173	0.9264	0.6494
宁夏	0.9566	1.4654	1.3992	1.2180	0.8402	1.2333	0.5377	1.3310
新疆	1.0811	1.0517	1.2849	1.1114	1.3901	0.9217	0.9502	1.9769

从 TC 指数看,2010—2011年、2014—2015年、2015—2016年的 TC 指数普遍较大,其余年份较小。2009—2016年仅有北京、上海、广东、海南、四川、云南、陕西、青海的 TC 指数大于1.0,其余省份的 TC 指数均小于1。这说明大部分省份在大部分的时间段里的技术进步率不高,生产型技术创新不足,效率较低。

从 MI 指数来看,2009—2016年共有16个省市区的 MI 指数大于1.0,其中7个为沿海省市区,分别为北京、辽宁、上海、江苏、浙江、广东和海南,中西部有9个,分别为山西、安徽、江西、河南、四川、云南、西藏、陕西、青海和新疆。尤其是江西、西藏、新疆、四川、青海、安徽等省区,其 MI 指数在1.2~2.2,说明中西部地区的产业技术创新效率在不断加强。而天津、山东、福建、河北等省市的 MI 指数小于 1,说明这些地区的总体科技创新效率在下降。这一格局的形成与中国的产业结构升级和产业空间再布局有关系。进入 21 世纪以来,许多制造业开始不断从沿海地区迁入中西部地区,相关的技术专利和发明、新产品制造在中西部地区所占比重不断上升,支持了中西部地区科技创新效率的提高。

2009—2016 年大多数省份的 EC 指数大于等于 1,而 TC 指数小于等于 1,说明这些地区 MI 的提升主要依靠管理创新,生产技术创新严重不足(见表 2-9′、表 2-9″)。

表 2-9′ 各地区研发创新效率 TC(Technological Change)及其空间差异

	2009—2010 年	2010—2011 年	2011—2012 年	2012—2013 年	2013—2014 年	2014—2015 年	2015—2016 年	2009—2016 年
全国	0.7937	1.0449	1.1869	1.0558	1.0910	1.1990	1.1578	1.5740
北京	0.5366	2.1261	1.0266	1.0620	1.0863	1.0766	1.1014	1.6022
天津	0.6205	1.1028	0.8859	0.9212	1.0407	1.0335	1.1649	0.7013
河北	0.5002	1.3970	0.9075	0.8428	0.9895	1.0413	1.1751	0.6472
山西	0.5034	1.3676	0.9542	0.8535	0.9680	1.0346	1.1495	0.6455
内蒙古	0.5512	1.4229	0.8445	0.8724	0.9226	1.0198	1.1745	0.6385
辽宁	0.4523	1.5918	0.9364	0.8977	0.9780	1.0339	1.1997	0.7342
吉林	0.2862	1.4353	0.7963	0.7335	1.0248	1.1275	1.2124	0.3361
黑龙江	0.6562	1.1552	0.9910	0.8516	0.9717	1.0219	1.1232	0.7135
上海	0.6964	1.1740	1.0219	1.0055	1.0976	0.9792	1.2087	1.0913
江苏	0.6360	1.3103	0.9413	0.9581	1.0309	1.0235	1.1332	0.8985
浙江	0.6521	1.3478	0.9496	0.7963	1.0018	1.0284	1.0754	0.7364
安徽	0.6534	1.2414	1.0284	0.8577	1.0795	1.0513	1.1812	0.9590
福建	0.5088	1.4853	0.9221	0.7413	1.0079	1.0361	1.2027	0.6488
江西	0.4479	1.2308	0.8090	0.8725	1.0439	1.0657	1.1358	0.4916
山东	0.4883	1.5828	0.9544	0.9883	0.9865	0.9969	1.1608	0.8323
河南	0.6524	1.3371	0.9117	0.8185	0.9917	1.0233	1.0746	0.7097
湖北	0.6018	1.3358	0.9702	0.8251	0.9815	0.9813	1.1801	0.7315
湖南	0.8917	1.0498	1.0471	0.8283	0.9900	1.0298	1.1525	0.9540
广东	0.8157	1.4949	0.9836	1.0816	1.1169	1.2177	1.1426	2.0162
广西	0.5656	1.1176	0.7562	0.8312	1.0412	1.0017	1.1954	0.4954
海南	1.4965	0.8114	0.6864	1.1768	0.9891	1.0842	1.3386	1.4079
重庆	0.4660	1.3306	0.7311	0.8570	0.9647	1.0643	1.1120	0.4436
四川	0.5170	1.5171	0.9829	0.8806	1.0825	1.1719	1.2018	1.0349
贵州	0.7191	1.0189	0.8919	0.8885	0.9629	1.0700	1.1127	0.6656
云南	0.8848	0.9869	0.9838	1.0293	1.1002	1.2106	1.2188	1.4353
西藏	1.1064	1.1698	0.4557	0.7253	0.3955	1.1149	0.5129	0.8924
陕西	0.6531	1.1166	1.0452	0.9962	1.0623	1.1330	1.1422	1.0440
甘肃	0.7302	0.9486	0.7374	0.8615	0.9702	1.0559	1.1987	0.5403

续表

	2009—2010年	2010—2011年	2011—2012年	2012—2013年	2013—2014年	2014—2015年	2015—2016年	2009—2016年
青海	0.8368	0.9823	1.1518	1.0445	1.1976	1.4213	1.1507	1.9369
宁夏	0.7930	0.8507	0.7409	1.0705	0.7646	1.1923	1.0274	0.5011
新疆	0.8647	1.0703	0.7463	0.9664	0.8970	1.0721	1.0486	0.6730

2-9″ 各地区研发创新效率 MI（Malmquist Index）及其空间差异

	2009—2010年	2010—2011年	2011—2012年	2012—2013年	2013—2014年	2014—2015年	2015—2016年	2009—2016年
全国	0.9351	1.0620	1.3148	1.0558	1.0910	1.1990	1.1578	2.0877
北京	0.5366	2.1261	1.0266	1.0620	1.0863	1.0766	1.1014	1.6022
天津	0.7666	0.8445	0.9529	1.0980	0.9033	0.9843	1.0908	0.6569
河北	0.5740	1.4836	1.1798	1.0756	0.9632	0.9331	1.0232	0.9939
山西	0.6755	1.4808	1.2103	0.9191	1.0005	1.3239	1.2321	1.8159
内蒙古	0.9172	1.1074	0.9816	0.9328	0.8877	1.1249	1.0376	0.9636
辽宁	0.4360	2.1202	0.9816	0.9931	0.8814	1.1143	1.1411	1.0097
吉林	0.2862	1.4353	0.7963	0.4762	1.5785	1.1275	1.2124	0.3361
黑龙江	0.5940	1.1311	1.0950	1.0148	1.0650	1.1285	1.0841	0.9727
上海	0.6964	1.1740	1.0219	1.0055	1.0976	0.9792	1.2087	1.0913
江苏	0.7750	1.4069	1.0270	0.9931	1.0996	0.9697	1.0506	1.2458
浙江	0.7212	1.2194	0.9345	1.1304	1.0018	1.0284	1.0537	1.0086
安徽	0.6737	1.3032	1.1461	1.1021	1.1336	1.0513	1.1570	1.5291
福建	0.6698	1.2363	0.9306	0.9598	0.9438	0.9571	1.1099	0.7416
江西	0.9591	1.0919	1.3414	1.0491	0.9988	1.0826	1.3538	2.1574
山东	0.5877	1.5987	0.9750	0.9883	0.9865	0.9487	1.0667	0.9038
河南	0.5838	1.3977	0.9278	1.5456	0.9135	1.0114	0.9742	1.0532
湖北	0.6113	1.2556	1.1266	1.0588	1.0046	1.0080	1.0632	0.9857
湖南	0.8917	0.8777	0.9781	1.0607	0.9900	1.0298	1.0735	0.8886
广东	0.8157	1.4949	0.9836	1.0816	1.1169	1.2177	1.1426	2.0162
广西	0.7596	0.8545	0.9315	1.1947	0.7786	1.3433	1.1962	0.9036
海南	1.8360	0.8114	0.6864	1.1768	0.9891	1.0788	1.3453	1.7274
重庆	0.6860	1.3306	0.7311	0.8570	0.9647	1.0643	1.0754	0.6314
四川	0.6139	1.9508	0.7834	1.0440	1.1622	1.0380	1.0960	1.2952
贵州	0.8248	1.0953	1.0389	0.9909	0.9629	0.9642	0.9025	0.7793
云南	0.6468	1.1128	1.0611	1.0429	1.0792	1.1416	1.1686	1.1468
西藏	1.4064	2.4698	0.4557	0.7253	0.3955	9.4149	0.5129	2.1924
陕西	0.6148	1.3575	1.2631	0.9031	0.9747	1.0050	1.2710	1.1851
甘肃	0.5157	1.4236	0.9298	0.7963	0.9871	0.8139	0.7136	0.3116
青海	0.1913	1.5913	1.6120	1.1751	1.1825	1.7301	1.0660	1.2578
宁夏	0.7585	1.2466	1.0366	1.3038	0.6424	1.4705	0.5524	0.6669
新疆	0.9349	1.1256	0.9589	1.0740	1.2469	0.9882	0.9964	1.3305

2.4 产业体系的经济效率

2.4.1 各产业部门的经济效率

经济效率是衡量产业体系发展水平的重要指标。这里,我们依然采用 Mimquist 模型,选取劳动力、固定资产、研发费用投入等作为投入指标,选取新产品收入占经营收入比重、有效发明专利数和利润总额作为产出指标,计算各产业部门的经济效率,对其现状、存在的问题和发展前景进行揭示。其计算结果见表 2-10。

从表 2-10 中可以看出,产业各部门的经济效率表现总体不尽如人意。从 EC 指数看,2009—2016 年各个部门的 EC 指数普遍不高,仅有饮料制造业,纺织业,通用设备制造业,专用设备制造业,交通运输设备制造业,电气机械及器材制造业,电力、热力的生产和供应业,燃气生产和供应业等部门的 EC 指数大于1,其他部门的 EC 指数小于1,说明各产业部门的管理技术效率较低。

从 TC 指数看,石油和天然气开采业,石油加工、炼焦及核燃料加工业,化学原料及化学制品制造业,医药制造业,仪器仪表及文化、办公用机械制造业,燃气生产和供应业,非金属矿物制品业,黑色金属冶炼及压延加工业、有色金属冶炼及压延加工业等部门的 TC 指数大于1.5,表现出较强的经济效率。煤炭开采和洗选业、有色金属矿采选业、农副食品加工业、金属制品业、通用设备制造业、交通运输设备制造业、通信设备与计算机及其他电子设备制造等部门的 TC 指数在 1.0~1.5,表明这一阶段各部门的经济技术进步效率在不断增加。

从 MI 指数看,石油加工、炼焦及核燃料加工业,医药制造业,黑色金属冶炼及压延加工业,有色金属冶炼及压延加工业,通用设备制造业,交通运输设备制造业,仪器仪表及文化、办公用机械制造业,燃气生产和供应业等部门的 MI 指数大于1,其中仪器仪表及文化、办公用机械制造业,燃气生产和供应业,交通运输设备制造业,黑色金属冶炼及压延加工业,石油加工、炼焦及核燃料加工业,医药制造业等部门的 MI 指数大于1.5,说明该类产业的综合技术效率较高,且在不断加强。

表 2-10　产业体系的技术经济效率（EC）及 Malmquist 指数

	2009—2010 年	2010—2011 年	2011—2012 年	2012—2013 年	2013—2014 年	2014—2015 年	2015—2016 年	2009—2016 年
煤炭开采和洗选业	1.2937	1.0708	0.6216	0.6245	0.6545	0.5676	2.1351	0.4266
石油和天然气开采业	1.2558	1.0190	0.8819	0.9546	0.8841	0.2624	1.1490	0.2872
黑色金属矿采选业	1.0000	1.0000	1.0000	1.0000	1.0000	0.8512	0.8921	0.7594
有色金属矿采选业	1.3578	1.1217	0.6128	0.7668	0.9690	0.7705	0.9939	0.5310
非金属矿采选业	1.2602	0.8170	0.8331	1.0598	0.9349	1.0897	1.0657	0.9869
农副食品加工业	1.1647	0.9640	0.6504	0.7646	0.9271	1.1410	1.2113	0.7155
食品制造业	1.0763	1.0090	0.7263	0.9732	0.9660	0.9765	1.2250	0.8870
饮料制造业	1.2612	1.1529	0.7133	0.7991	0.9431	1.1391	1.1785	1.0493
烟草制品业	1.0000	1.0000	1.0000	1.0000	1.0000	1.0000	1.0000	1.0000
纺织业	1.3633	0.9810	0.6784	0.8981	1.0661	1.0564	1.1555	1.0604
纺织服装、鞋、帽制造业	1.1309	1.0174	0.5942	0.9640	0.9098	1.0709	1.1764	0.7554
皮革、毛皮、羽毛（绒）及其制品业	1.1749	1.0000	0.6149	0.7663	1.1294	1.1304	1.1387	0.8049
木材加工及木、竹、藤、棕、草制品业	1.3518	0.7263	1.1131	0.7458	0.7381	0.9326	1.2051	0.6761
家具制造业	1.0000	1.0000	0.7719	0.7730	1.4792	0.4702	1.6775	0.6962
造纸及纸制品业	0.9990	0.8704	0.8077	0.9573	1.0156	0.7914	1.5193	0.8210
印刷业和记录媒介的复制	1.4436	0.5808	1.0674	1.0917	0.8210	0.7607	1.2313	0.7513
文教体育用品制造业	1.0000	1.0000	1.0000	0.9111	0.7340	0.8582	1.1052	0.6342
石油加工、炼焦及核燃料加工业	0.9569	0.4930	0.8059	1.0445	0.7656	0.9817	2.1853	0.6522
化学原料及化学制品制造业	0.8569	1.0752	0.9264	1.0139	1.0576	0.9162	1.0847	0.9096

第 2 章 产业体系效率分析　61

续表

	2009—2010 年	2010—2011 年	2011—2012 年	2012—2013 年	2013—2014 年	2014—2015 年	2015—2016 年	2009—2016 年
医药制造业	0.9184	1.0437	0.9525	1.0279	0.9590	0.8860	0.9447	0.7532
化学纤维制造业	0.8713	0.7914	0.9980	0.9451	1.1446	1.1218	0.8112	0.6775
橡胶和塑料制品业	0.9881	1.0628	0.7433	1.0390	1.0252	0.8332	1.2176	0.8435
非金属矿物制品业	1.0000	0.6507	0.9158	0.9381	0.9491	0.6305	1.2419	0.4154
黑色金属冶炼及压延加工业	1.0296	0.9149	0.8026	0.8623	1.1232	0.9664	1.1845	0.8382
有色金属冶炼及压延加工业	0.9512	1.0331	0.7718	0.9323	1.0021	0.8798	1.1722	0.7307
金属制品业	1.0716	0.9799	0.8324	0.9808	0.9900	0.8488	1.1069	0.7972
通用设备制造业	1.1579	1.0562	0.9265	0.8960	1.0218	0.9737	1.1291	1.1405
专用设备制造业	0.7644	1.6068	1.0342	0.9320	0.7705	1.0557	1.2003	1.1558
交通运输设备制造业	1.0733	1.0449	0.8513	1.0599	1.1019	0.9707	1.1433	1.2375
电气机械及器材制造业	1.4794	0.9634	0.7078	0.9782	1.0116	1.0502	1.1152	1.1692
通信设备,计算机及其他电子设备制造业	1.2043	0.8462	0.8518	0.9666	0.9970	1.0593	1.1098	0.9835
仪器仪表及文化、办公用机械制造业	1.0000	1.0000	1.0000	1.0000	1.0000	1.0000	1.0000	1.0000
工艺品及其他制造业	1.0000	1.0000	1.0000	1.0000	1.0000	1.0000	1.0000	1.0000
电力、热力的生产和供应业	1.0593	0.9786	0.9654	1.1322	0.9122	1.0303	1.0934	1.1643
燃气生产和供应业	1.1784	1.3604	1.1199	1.0103	1.1900	0.9646	1.0367	2.1581
水的生产和供应业	0.9946	1.0054	1.0000	0.9626	1.0244	1.0141	1.0000	1.0000
煤炭开采和洗选业	1.0899	0.9592	0.8447	0.9311	0.9674	0.8896	1.1645	0.8240

2-10 产业体系的技术经济效率 TC 及 Malmquist 指数

	2009—2010年	2010—2011年	2011—2012年	2012—2013年	2013—2014年	2014—2015年	2015—2016年	2009—2016年
煤炭开采和洗选业	1.0058	1.0371	1.1862	0.9431	0.9416	1.1778	0.9298	1.2033
石油和天然气开采业	1.1194	1.2663	1.1370	1.0571	0.9495	1.1784	0.9254	1.7642
黑色金属矿采选业	1.3460	1.2120	0.7963	0.8509	0.9727	0.8574	0.8802	0.8114
有色金属矿采选业	1.0886	1.0850	1.2735	1.0000	0.9622	0.9304	0.8426	1.1344
非金属矿采选业	1.0753	0.9309	1.1035	0.9156	0.8779	0.8933	0.8462	0.6712
农副食品加工业	0.7830	1.0573	1.4270	1.1000	1.1145	0.9213	0.8567	1.1430
食品制造业	0.5032	1.0723	1.4274	1.0854	1.1831	1.1007	0.8858	0.9643
饮料制造业	0.4384	1.0456	1.4995	1.1130	0.9648	0.8624	0.8567	0.5452
烟草制品业	0.3539	1.2742	1.0011	1.1122	1.0285	1.2128	0.9804	0.6141
纺织业	0.4227	1.0749	1.4139	1.1039	1.1339	0.9334	0.8628	0.6475
纺织服装、鞋、帽制造业	0.4415	1.0677	1.3993	1.0830	1.1048	0.8684	0.8569	0.5873
皮革、毛皮、羽毛(绒)及其制品业	0.3776	1.0530	1.3764	1.1064	1.0448	0.8657	0.8567	0.4692
木材加工及木、竹、藤、棕、草制品业	0.3822	0.8816	1.0478	0.9358	1.1834	0.9379	0.8567	0.3141
家具制造业	0.3402	0.9103	0.7885	0.9165	1.2282	1.5185	0.9890	0.4127
造纸及纸制品业	0.3579	1.1514	1.1670	1.0747	1.2508	1.4115	0.9779	0.8924
印刷业和记录媒介的复制	0.2924	1.0303	1.0232	0.9374	1.2272	1.4875	1.0228	0.5395
文教体育用品制造业	0.2739	0.8886	0.9712	0.8164	1.1892	1.2318	0.9585	0.2710
石油加工、炼焦及核燃料加工业	0.6784	1.2175	1.1478	1.0302	1.2161	1.5554	0.9374	1.7317

第 2 章　产业体系效率分析

续表

	2009—2010 年	2010—2011 年	2011—2012 年	2012—2013 年	2013—2014 年	2014—2015 年	2015—2016 年	2009—2016 年
化学原料及化学制品制造业	0.8006	1.2678	1.2472	1.1146	1.2052	1.3801	1.1932	2.8006
医药制造业	0.5519	1.2309	1.2889	1.1528	1.2281	1.3610	1.1870	2.0026
化学纤维制造业	0.1388	1.1754	0.9836	1.0010	0.8514	0.9123	1.1414	0.1424
橡胶和塑料制品业	0.4523	1.1051	1.2646	1.0109	1.1931	1.2789	1.0163	0.9909
非金属矿物制品业	0.7866	1.1730	1.1111	0.9599	1.1641	1.5884	1.0237	1.8626
黑色金属冶炼及压延加工业	0.4509	1.3855	1.3063	1.1940	1.1920	1.3379	1.1795	1.8328
有色金属冶炼及压延加工业	0.5025	1.2957	1.2381	1.1956	1.1949	1.3921	1.1544	1.8504
金属制品业	0.5327	1.1203	1.1703	0.9788	1.1730	1.3357	1.1075	1.1861
通用设备制造业	0.5019	1.1840	1.2430	1.0141	1.1737	1.1935	1.1252	1.1805
专用设备制造业	0.8613	1.0411	0.7387	0.9331	1.3354	1.0129	0.8944	0.7477
交通运输设备制造业	0.4191	1.2472	1.2628	1.0906	1.2321	1.2563	1.1710	1.3048
电气机械及器材制造业	0.3785	1.1059	1.3722	1.0973	1.0590	0.9843	0.9252	0.6079
通信设备及计算机文化、办公用机械制造业	0.4846	1.3018	1.1920	1.0486	1.1837	1.0580	1.0271	1.0142
仪器仪表及文化、办公用机械制造业	0.5396	1.3831	1.1984	1.0612	1.2058	1.2538	1.2245	1.7570
工艺及其他制造业	0.2603	1.1473	1.1348	1.0007	1.1486	1.0531	1.1023	0.4522
电力、热力的生产和供应业	0.3306	1.0943	1.1013	1.0121	1.2196	0.9953	1.1198	0.5481
燃气生产和供应业	1.0438	1.2995	1.0754	0.9653	1.2710	1.0302	1.0003	1.8442
水的生产和供应业	0.5648	1.1952	0.8300	0.7071	0.8300	1.0196	0.8482	0.2843
煤炭开采和洗选业	0.5163	1.1318	1.1488	1.0145	1.1155	1.1293	0.9861	0.8460

2-10" 产业体系的技术经济效率 MI 及 Malmquist 指数

产业部门	2009—2010年	2010—2011年	2011—2012年	2012—2013年	2013—2014年	2014—2015年	2015—2016年	2009—2016年
煤炭开采和洗选业	1.3012	1.1106	0.7374	0.5890	0.6163	0.6685	1.9853	0.5133
石油和天然气开采业	1.4057	1.2903	1.0028	1.0092	0.8394	0.3092	1.0633	0.5066
黑色金属矿采选业	1.3460	1.2120	0.7963	0.8509	0.9727	0.7298	0.7852	0.6162
有色金属矿采选业	1.4780	1.2170	0.7803	0.7667	0.9323	0.7169	0.8375	0.6024
非金属矿采选业	1.3550	0.7606	0.9193	0.9704	0.8207	0.9734	0.9018	0.6624
农副食品加工业	0.9120	1.0191	0.9282	0.8411	1.0332	1.0512	1.0377	0.8178
食品制造业	0.5416	1.0819	1.0367	1.0564	1.1428	1.0748	1.0851	0.8553
饮料制造业	0.5529	1.2055	1.0696	0.8894	0.9099	0.9824	1.0096	0.5721
烟草制品业	0.3539	1.2742	1.0011	1.1122	1.0285	1.2128	0.9804	0.6141
纺织业	0.5762	1.0545	0.9592	0.9914	1.2089	0.9861	0.9970	0.6866
纺织服装、鞋、帽制造业	0.4992	1.0863	0.8315	1.0441	1.0052	0.9299	1.0080	0.4437
皮革、毛皮、羽毛(绒)及其制品业	0.4436	1.0530	0.8464	0.8479	1.1800	0.9786	0.9755	0.3777
木材加工及木、竹、藤、棕、草制品业	0.5166	0.6404	1.1663	0.6979	0.8734	0.8747	1.0324	0.2124
家具制造业	0.3402	0.9103	0.6087	0.7084	1.8168	0.7140	1.6590	0.2873
造纸及纸制品业	0.3575	1.0022	0.9426	1.0288	1.2703	1.1171	1.4857	0.7326
印刷业和记录媒介的复制	0.4221	0.5984	1.0922	1.0234	1.0075	1.1315	1.2593	0.4053
文教体育用品制造业	0.2739	0.8886	0.9712	0.7438	0.8728	1.0572	1.0593	0.1719
石油加工、炼焦及核燃料加工业	0.6492	0.6002	0.9250	1.0761	0.9310	1.5270	2.0485	1.1294

续表

产业部门	2009—2010年	2010—2011年	2011—2012年	2012—2013年	2013—2014年	2014—2015年	2015—2016年	2009—2016年
化学原料及化学制品制造业	0.6861	1.3632	1.1553	1.1301	1.2747	1.2645	1.2942	2.5474
医药制造业	0.5068	1.2847	1.2277	1.1850	1.1777	1.2058	1.1213	1.5084
化学纤维制造业	0.1210	0.9302	0.9816	0.9461	0.9745	1.0234	0.9260	0.0965
橡胶和塑料制品业	0.4469	1.1745	0.9400	1.0503	1.2231	1.0655	1.2374	0.8358
非金属矿物制品业	0.7866	0.7632	1.0175	0.9005	1.1049	1.0015	1.2714	0.7738
黑色金属冶炼及压延加工业	0.4642	1.2676	1.0485	1.0295	1.3389	1.2930	1.3972	1.5363
有色金属冶炼及压延加工业	0.4780	1.3385	0.9555	1.1146	1.1973	1.2248	1.3532	1.3522
金属制品业	0.5708	1.0977	0.9741	0.9599	1.1612	1.1337	1.2259	0.9456
通用设备制造业	0.5811	1.2505	1.1517	0.9086	1.1993	1.1621	1.2704	1.3464
专用设备制造业	0.6583	1.6728	0.7640	0.8696	1.0289	1.0694	1.0735	0.8641
交通运输设备制造业	0.4498	1.3031	1.0751	1.1560	1.3577	1.2195	1.3388	1.6147
电气机械及器材制造业	0.5600	1.0654	0.9712	1.0734	1.0714	1.0337	1.0317	0.7107
通信设备、计算机及其他电子设备制造	0.5836	1.1016	1.0154	1.0136	1.1801	1.1208	1.1399	0.9975
仪器仪表及文化、办公用机械制造业	0.5396	1.3831	1.1984	1.0612	1.2058	1.2538	1.2245	1.7570
工艺品及其他制造业	0.2603	1.1473	1.1348	1.0007	1.1486	1.0531	1.1023	0.4522
电力、热力的生产和供应业	0.3502	1.0709	1.0632	1.1459	1.1125	1.0254	1.2244	0.6382
燃气生产和供应业	1.2300	1.7678	1.2043	0.9753	1.5124	0.9937	1.0370	3.9800
水的生产和供应业	0.5617	1.2017	0.8300	0.6806	0.8503	1.0339	0.8482	0.2843
煤炭开采和洗选业	0.5628	1.0856	0.9703	0.9445	1.0792	1.0047	1.1484	0.6972

综合 MI、TC、EC 指数来看,当前产业体系的经济技术效率总体不高,尤其是管理技术效率较低。相对而言,行业的经济技术进步效率较好,相关能源、医药、金属冶炼、化学原料及化学制品制造业等部门的经济技术进步效率提升较快。因此,要想提升整个产业体系的经济效率,首先需要大幅度提高各产业部门的管理效率。

2.4.2 各地区产业体系的经济效率

同样,受制于发展条件和产业结构,各地区产业体系的经济效率有着很大的差别。对于各地区产业体系经济效率的研究,有助于我们充分认识产业体系经济效率的现状和存在的问题,进而采取合理的对策措施,推动其发展。这里,我们继续运用 Mimquist 模型,选取具有研发能力的企业占全部企业比例、研发人员数、研发费用、劳动力、固定资产合计作为投入指标,选取新产品收入占经营收入比重、有效发明专利数、主营业务收入、利润—资产比率和新产品销售收入作为产出指标,计算了 2006—2016 年各地区产业体系的经济效率。这里使用的数据主要来自《中国科技统计年鉴》《中国工业经济年鉴》《中国统计年鉴》。计算结果详见表 2-11、表 2-11′和表 2-11″。

表 2-11　　　　　　　　各地区产业经济效率(EC)及其空间差异

	2009—2010 年	2010—2011 年	2011—2012 年	2012—2013 年	2013—2014 年	2014—2015 年	2015—2016 年	2009—2016 年
全国	1.0000	1.0000	1.0000	1.0000	1.0000	1.0000	1.0000	1.0000
北京	1.0000	1.0000	1.0000	1.0000	1.0000	1.0000	1.0000	1.0000
天津	1.0000	1.0000	1.0000	1.0000	1.0000	1.0000	0.9743	0.9743
河北	1.0000	1.0000	1.0000	1.0000	0.9367	0.9039	0.9939	0.8415
山西	1.5068	0.7754	0.9651	1.0518	0.9023	1.1118	1.0397	1.2369
内蒙古	1.0000	1.0000	1.0000	1.0000	0.9976	0.9873	1.0152	1.0000
辽宁	1.0312	1.0000	1.0000	1.0000	0.9614	0.9139	0.9388	0.8506
吉林	1.0000	1.0000	1.0000	1.0000	1.0000	1.0000	1.0000	1.0000
黑龙江	0.8201	1.1018	1.0084	0.9523	0.9448	0.8079	1.0098	0.6688
上海	1.0000	1.0000	1.0000	1.0000	1.0000	1.0000	1.0000	1.0000
江苏	0.9190	1.0882	1.0000	1.0000	1.0000	1.0000	1.0000	1.0000
浙江	0.8676	1.1786	0.9862	1.0703	1.0000	1.0000	1.0000	1.0793
安徽	0.9070	1.1351	0.9789	1.1795	1.0000	1.0000	1.0000	1.1886
福建	1.0000	1.0000	0.9568	0.9855	0.9475	1.1175	1.0016	1.0000

续表

	2009—2010年	2010—2011年	2011—2012年	2012—2013年	2013—2014年	2014—2015年	2015—2016年	2009—2016年
江西	0.8184	1.2219	1.0000	1.0000	1.0000	1.0000	1.0000	1.0000
山东	0.9990	1.0010	1.0000	1.0000	1.0000	1.0000	1.0000	1.0000
河南	0.9738	1.0269	1.0000	1.0000	1.0000	1.0000	1.0000	1.0000
湖北	0.9646	1.0789	0.9995	1.1255	0.9911	1.0105	1.0077	1.1814
湖南	1.0000	0.9282	1.0042	1.0729	1.0000	1.0000	1.0000	1.0000
广东	1.0000	1.0000	1.0000	1.0000	1.0000	1.0000	1.0000	1.0000
广西	1.0920	0.9083	1.0022	1.2283	1.0000	1.0000	1.0000	1.2209
海南	1.0000	1.0000	1.0000	1.0000	1.0000	1.0000	1.0000	1.0000
重庆	1.0000	1.0000	1.0000	1.0000	1.0000	1.0000	1.0000	1.0000
四川	1.1341	1.0000	1.0000	1.0000	1.0000	1.0000	0.9620	1.0910
贵州	0.8720	1.3954	1.0000	1.0000	1.0000	1.0000	1.0000	1.2168
云南	1.0000	0.8741	0.9486	1.1007	1.0003	0.9620	0.9101	0.7993
西藏	1.0000	1.0000	1.0000	1.0000	1.0000	1.0000	1.0000	1.0000
陕西	1.0002	0.9947	1.1338	1.0849	0.7192	1.0231	1.0365	0.9334
甘肃	1.0807	0.9291	1.0836	1.0851	0.8624	1.0323	0.8817	0.9266
青海	0.8536	1.2370	1.0493	1.0236	0.8702	1.1492	1.0000	1.1340
宁夏	0.9057	1.0901	1.1806	1.3126	0.8299	1.2050	0.7218	1.1044
新疆	1.0000	1.0000	1.0000	1.0000	1	0.9962	0.9740	0.9703

2-11′ **各地区产业经济效率(TC)及其空间差异**

	2009—2010年	2010—2011年	2011—2012年	2012—2013年	2013—2014年	2014—2015年	2015—2016年	2009—2016年
全国	0.9077	1.2082	0.9122	1.0749	1.0650	0.9428	1.0607	1.1452
北京	0.8826	1.1330	0.9918	1.0082	1.0000	1.0000	1.0000	1.0000
天津	0.9311	1.1359	1.0082	1.0543	1.0078	1.0045	1.0000	1.1380
河北	0.6786	1.6994	0.9847	1.0048	0.9792	0.9964	1.0359	1.1533
山西	0.7019	1.6635	1.0587	0.8653	1.0894	0.9793	1.0093	1.1517
内蒙古	0.7525	1.5466	0.9380	1.0553	0.9522	0.9878	1.0741	1.1638
辽宁	0.5552	2.1505	1.0000	0.9668	0.9831	0.9869	0.9233	1.0342
吉林	0.6917	1.4458	1.0000	1.0000	1.0000	0.9936	1.0064	1.0000
黑龙江	0.7734	1.7860	0.8415	0.9858	0.9959	1.1276	1.0803	1.3901
上海	1.0688	1.0682	0.9905	0.9772	1.0332	0.9665	1.0347	1.1417
江苏	0.7572	1.5288	0.9813	0.9935	1.0152	0.9757	1.0397	1.1623
浙江	0.8590	1.3065	0.9712	1.0051	0.9823	1.0153	1.0434	1.1399
安徽	0.8767	1.4007	1.0110	0.8866	1.0540	1.0101	1.1328	1.3276
福建	0.8026	1.5786	0.9808	1.0156	1.0059	0.9121	1.0453	1.2105

续表

	2009—2010年	2010—2011年	2011—2012年	2012—2013年	2013—2014年	2014—2015年	2015—2016年	2009—2016年
江西	0.8361	1.6924	1.0073	1.0000	1.0000	0.9724	1.0131	1.4043
山东	0.6053	1.6532	1.0000	1.0000	1.0000	0.9921	1.0079	1.0006
河南	0.6545	1.8855	0.9659	0.9781	0.9725	1.0003	1.0157	1.1521
湖北	0.9256	1.4538	1.0875	0.9357	1.0191	1.0168	1.0574	1.5001
湖南	0.7828	1.6426	0.9810	0.9803	0.9574	1.0195	1.0484	1.2655
广东	0.7191	1.4565	0.9511	1.0514	0.9982	1.0018	1.0000	1.0473
广西	0.7451	1.5891	0.9812	0.9054	1.0166	1.1422	1.0067	1.2295
海南	1.0000	1.0000	0.9695	0.8897	1.1475	0.9347	1.0808	1.0000
重庆	0.9726	1.0282	0.8521	0.9382	1.0381	1.0467	1.0212	0.8871
四川	0.6960	1.8908	0.8463	1.0341	1.0350	0.9400	1.1490	1.2874
贵州	0.7721	1.6581	0.8588	1.0206	1.0382	1.0879	0.9819	1.2444
云南	0.7343	1.2123	1.0096	0.9173	1.0186	1.0377	1.1362	0.9901
西藏	1.0000	1.0000	0.8064	0.7760	1.3267	1.2045	1.0000	1.0000
陕西	0.8361	1.6618	0.8399	0.9643	1.1920	1.0275	1.0773	1.4847
甘肃	0.7826	1.4614	0.9693	0.9533	1.1128	0.9689	1.0850	1.2362
青海	0.8371	1.3395	0.7918	1.0107	1.1597	1.0774	0.9091	1.0194
宁夏	0.9777	1.1869	0.9178	0.8109	1.1579	0.8575	1.4155	1.2138
新疆	0.9009	1.3034	0.9702	1.0307	1.0000	0.9103	1.0562	1.1289

2-11″ 各地区产业经济效率(MI)及其空间差异

	2009—2010年	2010—2011年	2011—2012年	2012—2013年	2013—2014年	2014—2015年	2015—2016年	2009—2016年
全国	0.9077	1.2082	0.9122	1.0749	1.0650	0.9428	1.0607	1.1452
北京	0.8826	1.1330	0.9918	1.0082	1.0000	1.0000	1.0000	1.0000
天津	0.9311	1.1359	1.0082	1.0543	1.0078	1.0045	0.9743	1.1088
河北	0.6786	1.6994	0.9847	1.0048	0.9172	0.9007	1.0295	0.9705
山西	1.0576	1.2898	1.0217	0.9102	0.9829	1.0888	1.0493	1.4246
内蒙古	0.7525	1.5466	0.9380	1.0553	0.9499	0.9753	1.0905	1.1638
辽宁	0.5726	2.1505	1.0000	0.9668	0.9452	0.9020	0.8668	0.8797
吉林	0.6917	1.4458	1.0000	1.0000	1.0000	0.9936	1.0064	1.0000
黑龙江	0.6343	1.9678	0.8486	0.9388	0.9409	0.9110	1.0908	0.9297
上海	1.0688	1.0682	0.9905	0.9772	1.0332	0.9665	1.0347	1.1417
江苏	0.6958	1.6636	0.9813	0.9935	1.0152	0.9757	1.0397	1.1623
浙江	0.7452	1.5398	0.9577	1.0758	0.9823	1.0153	1.0434	1.2303
安徽	0.7951	1.5900	0.9896	1.0458	1.0540	1.0101	1.1328	1.5780
福建	0.8026	1.5786	0.9385	1.0009	0.9531	1.0193	1.0470	1.2105

续表

	2009—2010年	2010—2011年	2011—2012年	2012—2013年	2013—2014年	2014—2015年	2015—2016年	2009—2016年
江西	0.6843	2.0680	1.0073	1.0000	1.0000	0.9724	1.0131	1.4043
山东	0.6047	1.6548	1.0000	1.0000	1.0000	0.9921	1.0079	1.0006
河南	0.6374	1.9362	0.9659	0.9781	0.9725	1.0003	1.0157	1.1521
湖北	0.8928	1.5685	1.0869	1.0531	1.0100	1.0274	1.0655	1.7722
湖南	0.7828	1.5246	0.9852	1.0517	0.9574	1.0195	1.0484	1.2655
广东	0.7191	1.4565	0.9511	1.0514	0.9982	1.0018	1.0000	1.0473
广西	0.8136	1.4434	0.9833	1.1120	1.0166	1.1422	1.0067	1.5011
海南	1.0000	1.0000	0.9695	0.8897	1.1475	0.9347	1.0808	1.0000
重庆	0.9726	1.0282	0.8521	0.9382	1.0381	1.0467	1.0212	0.8871
四川	0.7894	1.8908	0.8463	1.0341	1.0350	0.9400	1.1053	1.4045
贵州	0.6732	2.3137	0.8588	1.0206	1.0382	1.0879	0.9819	1.5142
云南	0.7343	1.0597	0.9577	1.0097	1.0189	0.9983	1.0341	0.7914
西藏	1.0000	1.0000	0.8064	0.7760	1.3267	1.2045	1.0000	1.0000
陕西	0.8363	1.6531	0.9522	1.0462	0.8573	1.0512	1.1166	1.3858
甘肃	0.8457	1.3578	1.0503	1.0344	0.9597	1.0001	0.9566	1.1455
青海	0.7145	1.6570	0.8309	1.0346	1.0091	1.2382	0.9091	1.1560
宁夏	0.8855	1.2938	1.0835	1.0644	0.9609	1.0333	1.0218	1.3405
新疆	0.9009	1.3034	0.9702	1.0307	1.0000	0.9068	1.0288	1.0954

从表2-11可以看出，2006—2016年只有山西、浙江、安徽、湖北、广西、四川、贵州、青海、宁夏等少数省份的EC值大于1.0，其余省份的EC指数均低于1，表明各地区产业体系的管理技术进步效率不高。

从TC指数看，2009—2016年除了云南和重庆的TC指数小于1.0外，其他省份都大于1.0，说明区域产业体系的技术进步效率普遍呈现不断增加的趋势，尤其是中西部省份的区域产业体系的技术进步效率提升较快。

从MI指数来看，2009—2016年各地区的MI指数呈大致上升趋势，除了河北、辽宁、黑龙江、重庆、云南外，其余省市区的MI指数均大于1.0，说明各地区产业体系的综合经济效率在不断提高。

综合EC指数、TC指数和MI指数来看，可以发现，各省份产业体系的管理技术效率较差，而总体产业经济效率的提高主要依靠区域产业的技术进步。因此，要提高区域产业体系的经济效率，除依靠区域技术进步外，最重要的是要促进区域产业经济管理效率的提升。

第 3 章 中国现代产业体系构建中的问题

3.1 产业体系不同维度发展及问题分析

3.1.1 研发体系不完善,研发能力弱

改革开放以来,中国总体的研发投入逐年递增。1995 年中国研发投入为 348.69 亿元,2012 年上升为 10 298.41 亿元,占 GDP 的比重也从 1995 年的 0.57%增长到 2012 年的 1.98%。其间,除 1996 年和 1998 年外,研发经费支出年增长率均超过 14%。2020 年中国研发投入为 24 393.11 亿元,占 GDP 的 2.4%,比 2012 年增加了 20.72%。

然而,从这些研发投入的领域来看,中国的产业研发投入主要局限于传统产业,对全球战略性新兴产业领域的投入不足。如 2011 年中国的研发投入中,传统产业中的采矿为 3.84%,化学品制造为 8.04%,钢铁与铸造为 7.79%,非金属制造为 2.89%,计算机电子和光学产品制造为 16.14%,电力设备为 9.48%,机械设备为 11.74%,均高于西方发达国家相关产业的研发投入水平,而新兴产业中的空天产业为 2.32%,制药为 3.21%,信息通信为 3.63%,科学研发服务为 1.7%,均低于西方发达国家的水平(见表 3-1)。2020 年制药、计算机和光学产品、电力设备、机械设备、汽车等研发投入占全国总研发投入的比重分别为 4.20%、17.18%、8.39%、10.41%和 7.30%。这些新兴产业都是高技术产业和核心生产性服务业,

它们的研发投入不足,使得高新科技产业集群难以得到有效发展,不仅影响了当前的产业竞争力,对未来的产业竞争潜力也有着深刻的影响。

表 3-1　　　　　　　　部分国家主要研发投入部门分布　　　　　单位:%

国家	中国		英国		美国		德国	
年份	2010年	2011年	2010年	2011年	2009年	2010年	2010年	2011年
采矿	2.34	3.84	0.85	0.99		0.91	0.03	0.02
制造业	89.00	86.56	37.15	36.90	69.10	70.51	85.75	85.62
食品饮料制造	0.39	3.40	0.95	1.22				
化学品制造	8.11	8.04	2.00	1.63	2.97	3.09	6.66	6.45
制药	1.28	3.21	2.85	3.04	15.91	17.71	7.96	7.97
钢铁与铸造		7.79	0.19	0.25			0.66	0.60
非金属铸造	0.89	2.89	0.12	0.25			0.39	0.41
金属制品、计算机、电子产品	7.39	50.99	27.51	27.70	42.24	42.21	63.87	64.04
一般机械器具制造业(非机械设备)	3.21	1.69	3.70	3.17	0.72	0.61	1.52	1.42
计算机电子和光学产品制造	2.12	16.14	5.15	5.62	19.98	21.46	12.77	12.85
电子元器件及主板	10.57		0.60	0.47	7.08	7.86	2.30	2.56
计算机及外设	7.89		0.78	0.80	2.87	3.24	1.32	1.18
通信机械	2.68		0.38	0.44	4.78	4.78	1.91	2.16
仪器仪表	1.70		2.84	3.29	3.27	4.15	5.09	4.64
电力设备		9.48	1.02	0.87	1.18	1.19	2.87	3.14
机械设备		11.74	3.87	3.64	3.24	3.57	9.80	9.60
汽车拖车			6.58	7.44	5.71	6.22	31.56	31.94
其他运输设备			7.21	6.96			5.36	5.09
航天飞机及配件		2.32	7.01	6.44	12.24	10.70	4.96	4.51
服务业	6.52	6.13	60.17	60.24	29.5	28.4	13.31	13.55
批发零售与汽车修理	1.67	1.38	4.69	4.40			0.48	0.51
信息通信	3.44	3.63	13.00	13.45	16.42	17.17	5.65	5.85
电信			5.14	4.13	0.53	0.67	1.28	1.12
计算机及相关服务			7.14	8.58	4.45	3.96	4.17	4.47
出版			0.28	0.35	9.59	9.67		
软件出版服务			0.05	0.25	9.35	9.39		
专业科学与技术服务			39.10	39.15	11.47	8.12	6.47	6.39
科学研究开发	1.3	1.7	33.81	33.57	6.12	5.31	3.55	3.35

资料来源:OECD 数据库[DB/OL]. http://stats.oecd.org/Index.aspx? DatasetCode=TISP.

3-1 部分国家主要研发投入部门分布　　　　　　单位:%

国家	芬兰		新加坡		韩国	
年份	2010年	2011年	2010年	2011年	2010年	2011年
采矿	0.17	0.16	0.00	0.00	0.06	0.06
制造业	79.66	76.83	60.97	47.50	87.61	87.54
食品饮料制造			0.47	0.38	0.87	0.99
化学品制造	2.52	2.55	2.03	1.88	5.28	6.11
制药	2.17	2.31	2.75	2.54	2.25	2.26
钢铁与铸造			0.00	0.00	1.49	1.29
非金属铸造			0.11	0.03	0.22	0.32
金属制品,计算机,电子产品	67.06	65.05	54.17	40.73	73.20	71.68
一般机械器具制造业(非机械设备)	0.91	0.92	4.34	0.41	0.79	1.40
计算机电子和光学产品制造	53.24	49.72	41.15	31.65	50.30	48.96
电子元器件及主板			31.17	20.50	37.23	36.93
计算机及外设			5.19	5.91	0.49	0.44
通信机械			0.71	1.01	9.73	9.09
仪器仪表			1.02	1.13	1.53	1.40
电力设备	4.79	5.15	0.68	0.48	2.54	2.41
机械设备	7.14	7.90	4.15	4.03	5.60	5.40
汽车拖车	0.40	0.41	1.01	0.96	12.19	11.88
其他运输设备	0.57	0.94	2.85	3.20	1.77	1.63
航天飞机及配件			2.39		0.21	0.20
服务业	17.68	20.52	38.41	51.99	8.94	8.76
批发零售与汽车修理	1.49	1.81	10.02	11.07	1.64	1.61
信息通信	8.53	8.90	3.56	3.09	4.68	4.43
电信	0.90	0.75	0.09	0.11	1.06	0.90
计算机及相关服务	6.25	6.82	2.82	2.17	0.43	0.71
出版	1.03	1.09	0.56	0.72	2.81	2.42
软件出版服务			0.53	0.72	2.78	2.40
专业科学与技术服务	5.92	7.94	21.02	21.75	2.14	2.20
科学研究开发	2.38	4.92	17.44	15.60	0.52	0.68

资料来源:OECD数据库[DB/OL]. http://stats.oecd.org/Index.aspx?DatasetCode=TISP.

3.1.2 集群化程度不足,高技术产业集群水平低,发展缓慢

中国一流大学和世界一流实验室较少,研发型跨国公司不足,从而难以形成高效率、高能级的产学研一体化,无法在市场机制主导下激发众多顶级高技术产业集群的形成。

中国的产学研合作、最新可用技术、研发能力、教育系统质量、科学家工程师的可获得量等指标的排名都在29名之外,与世界第二的GDP排名不匹配,这导致了研发技术成果的不足,也阻碍了高技术研发和高新技术产业集群的发展。目前,中国虽然有很多高新技术开发区,但难以形成真正的市场机制作用下的高绩效、高创新力高技术产业集群。

3.1.3 专利驰名商标不足,产业链控制能力弱

从商品与服务的商标申请来看,三大商标系统中2010—2012年商标申请量中,中国有4 000个,仅相当于美国26.68万个的1.5%,日本10.18万个的3.93%,德国1.78万个的22.47%(见表3-2)。

表3-2 2010年部分国家的专利 单位:万个

	巴西	加拿大	中国	德国	法国	英国
OHIM	0.2	0.7	0.8	12.9	4.7	6.8
USPTO	0.4	6.4	2.7	4.3	2.7	4
JPO	0.1	0.2	0.5	0.6	0.6	0.6
合计	0.7	7.3	4	17.8	8	11.4
	印度	意大利	日本	韩国	俄罗斯	美国
OHIM	0.2	5.5	1.1	0.4	0.1	8.6
USPTO	0.4	2.1	3.1	1.5	0.3	252.4
JPO	0	0.3	97.6	0	0	5.8
合计	0.6	7.9	101.8	1.9	0.4	266.8

资料来源:OECD数据库[DB/OL]. http://stats.oecd.org/Index.aspx? DatasetCode=TISP.

从2010年美国专利商标局专利(USPTO patents grants)看,中国每百万人拥

有专利2.0项,而中国台湾拥有355.7项,日本拥有352.9项,美国拥有339.4项[1],在142个国家中排名第46位。价值链宽度(Value chain breadth)描述了价值链的参与和控制程度。比如一个仅参与资源开采或生产者,价值链较窄;如果还包括产品设计、研发等,则价值链较宽。2010年中国价值链得分是4.0(在142个经济体中排名45位),远低于日本的6.3、德国的6.1和美国的5.4。从国际分配控制来看,国际批发和营销如果全部由外国公司经营得1分,全部由国内公司经营得7分,2010年中国得4.4分(位列142个经济体的37名),远低于日本的5.7分[2]。根据《2019年世界竞争力年鉴》,中国知识产权量得分4.1,在全球141个经济体中排91位。知识产权质量和管理得分16.5,商标使用得分1 577.96,在全球141个经济体排名中分别占第68位和46位。

3.1.4　环境技术研发创新薄弱,环境产业不发达

环保技术和环保产业是现代产业体系不可缺少的组成部分,它不仅丰富了产业体系和产业部门的内容,还保证了产业的绿化。中国传统产业体系中环境技术研发创新薄弱,环境友好的产业技术和污染治理与修复技术落后,环境产业不发达,产业发展的环境保障不足,导致在经济快速增长的同时环境污染问题日益加重。

从CO_2的排放量增加幅度来看,若以1990年因生产而产生的CO_2为100,2011年全球因生产而排放的CO_2增加了49.329%,其中美国为11.517%,巴西为101.954%,韩国为146.171%,英国为-12.211%,德国为-19.028%,而中国增加的幅度为223.076%,远超前述国家和世界平均水平。

从CO_2的生产力来看,1990年中国每排放1千克CO_2的产值为0.557美元,2011年为1.258美元,分别低于全球平均水平的1.714美元和2.238美元,也低于美国的1.77美元和2.406美元、英国的2.377美元和4.237美元、韩国的2.04美元和2.344美元、巴西的5.581美元和5.064美元。

从人均CO_2排放水平来看,中国1995年为1.96吨/人,2011年上升到5.407

---

① WEF. Global Competitiveness 2010－2011[R]. https://www.weforum.org/reports/global-competitiveness-report-2010-2011.

② WEF. Global Competitiveness 2010－2011[R]. https://www.weforum.org/reports/global-competitiveness-report-2010-2011.

吨/人，这虽然低于德国、美国、英国、韩国的水平，但大大高于巴西的排放密度。而且，中国排放 CO_2 的密度还在上升，而美国、英国、德国等国的排放密度在下降。

从环境治理技术来看，中国环境专利在全部专利中所占比重较低。2000 年和 2011 年中国专利中建筑和照明能效专利、可再生能源专利、大气污染治理技术专利、水污染治理技术专利、废物管理专利占全部 PCT 专利的比重合计分别为 2.81% 和 3.47%，低于全球平均水平的 3.83% 和 5.19%。2005 年和 2011 年中国电力混动车专利在全部专利中的比重分别为 0.127 3% 和 0.302 3%，低于世界平均水平的 0.362 3% 和 0.931 1%（见表 3-3、表 3-4）。按照 PCT 专利授权量，2019 年全球与运输减排相关的专利 3 889 项，中国 502.7 项，占 12.93%；中国污水处理和管理减排相关专利 136 项，占全球的 11.49%；生产和工艺减排相关专利 973.2 项，占全球的 17.44%；环境管理相关专利 1 020.6 项，占全球的 16.93%；碳捕捉专利 14.6 项，占全球的 14.31%；建筑减排专利 355.38 项，占全球的 21.0%；能源减排专利 1 968.4 项，占全球的 19.1%。就全球而言，上述 7 项专利中，温室气体减排专利占全球总专利的比重分别为 1.50%、0.46%、2.15%、2.32%、0.11%、0.65% 和 3.96%。

总体来看，我国无论是清洁化产业技术还是污染治理技术的发展水平，都大大低于世界平均水平和发达国家及部分发展中国家的水平。随着工业化发展，大气污染、水污染、土壤污染不断加深。如果中国的环境技术不进步，中国的环境污染还会继续增加，这对产业体系的绿色、健康发展会产生威胁。

表 3-3　　　　　　　　　　中国的环境专利结构

年份	1995	2000	2005	2006	2007
电力和混动车专利占全部 PCT 专利的百分比	0	0	0.1273	0.0519	0.3623
建筑和照明能效专利占全部 PCT 专利的百分比	0	0	0.4244	0.6181	0.5002
可再生能源占全部 PCT 专利的百分比	0	0	0.4032	0.7756	1.3564
大气污染占全部 PCT 专利的百分比	0	1.7574	0.2865	0.5315	0.1764
水污染占全部 PCT 专利的百分比	0	0.703	0.2281	1.2	0.7709
废物管理占全部 PCT 专利的百分比	0	0.3515	0.4749	0.5444	0.3051
全部环境税占全部 PCT 专利的百分比	..	0	0.387	0.823	0.841

续表

年份	2008	2009	2010	2011
电力和混动车专利占全部PCT专利的百分比	0.6903	0.3436	0.439	0.3023
建筑和照明能效专利占全部PCT专利的百分比	0.5987	0.391	0.366	0.4316
可再生能源占全部PCT专利的百分比	1.2201	1.5435	1.6245	1.2272
大气污染占全部PCT专利的百分比	0.2904	0.2716	0.1701	0.3121
水污染占全部PCT专利的百分比	0.6909	0.6445	0.6195	0.788
废物管理占全部PCT专利的百分比	0.5062	0.29	0.3037	0.4047
全部环境税占全部PCT专利的百分比	0.847	0.817	1.317	1.468

资料来源：OECD数据库[DB/OL]. http://stats.oecd.org/Index.aspx?DatasetCode=TISP.

表3-4　　　　　　　　　　世界的环境专利结构

年份	1995	2000	2005	2006	2007
电力和混动车专利占全部PCT专利的百分比	0.1426	0.1579	0.1733	0.3623	0.4986
建筑和照明能效专利占全部PCT专利的百分比	0.2756	0.3519	0.3973	0.4994	0.5231
再生能源占全部PCT专利的百分比	0.442	0.4285	0.481	0.9018	1.2309
大气污染占全部PCT专利的百分比	0.7414	0.8436	0.664	0.6546	0.7504
水污染占全部PCT专利的百分比	1.2974	1.0466	0.8432	0.6885	0.6871
废物管理占全部PCT专利的百分比	1.0218	0.9992	0.59	0.4045	0.3797

年份	2008	2009	2010	2011
电力和混动车专利占全部PCT专利的百分比	0.6205	0.5753	0.7535	0.9311
建筑和照明能效专利占全部PCT专利的百分比	0.6105	0.6445	0.7037	0.7204
再生能源占全部PCT专利的百分比	1.8028	2.398	2.7379	1.3942
大气污染占全部PCT专利的百分比	0.7863	0.7835	0.7703	0.8425
水污染占全部PCT专利的百分比	0.7112	0.7264	0.8137	0.8536
废物管理占全部PCT专利的百分比	0.4116	0.4283	0.445	0.4519

资料来源：OECD数据库[DB/OL]. http://stats.oecd.org/Index.aspx?DatasetCode=TISP.

3.1.5 产业结构不合理,战略性新兴产业发育滞后

中国具有世界上最完整的工业体系。在联合国确定的全部工业门类中,中国是全世界唯一拥有全部 39 个大类、525 个小类的国家,而美国只拥有全部门类的 95% 左右。随着研发创新能力的提高和技术的进步,中国产业体系的行业部门结构在不断发生变化。

近年来,中国工业在产业体系中的增加值比重迅速下降,从 1997 年的 41.4% 下降到 2016 年的 33.3%;农业部门的增加值比重也从 18.1% 下降到 8.9%;第三产业则快速提升,从 49.8% 上升到 57.8%,其中商业从 7.9% 上升到 9.6%,金融从 5.2% 上升到 8.2%,房地产从 3.7% 上升到 6.5%,建筑从 5.8% 上升到 6.7%(见图 3-1)。

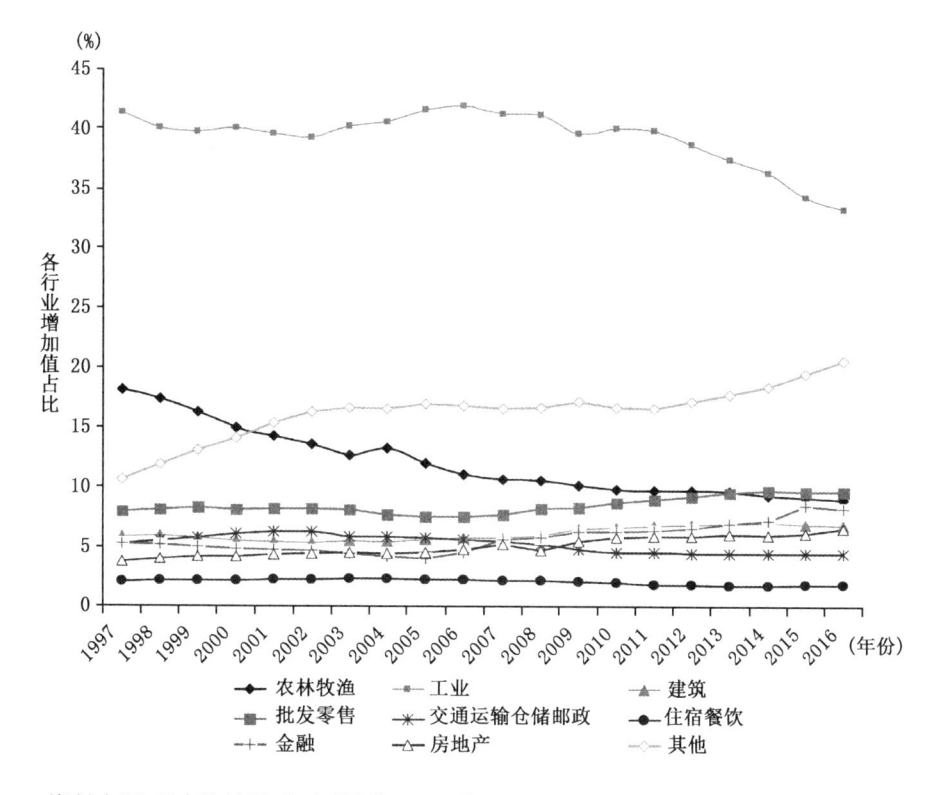

资料来源:国家统计局. 年度数据[DB/OL]. http://www.stats.gov.cn/tjsj/.

图 3-1 1997—2016 年中国各产业部门增加值比重变化

若进一步细分产业为 39 个部门,从中国产业增加值的比重看,农业增加值占 GDP 的比重从 1997 年的 19.85% 下降到 2012 年的 9.8%,食品、纺织、木材、造纸、化学品、通用设备等增加值占 GDP 的比重也在大幅度下降,而非金属制品、交通运输设备、电子通信设备制造、电气机械、非金属制品等技术含量高的制造业的增加值占 GDP 的比重明显上升,尤其是建筑、餐饮住宿、金融房地产、信息服务、教育、科学研究等生产性服务业部门的增加值占 GDP 的比重在大幅度上升(见图 3-2)。

尽管如此,中国产业体系结构仍存在诸多问题。首先,中国的服务业发展缓慢,在 GDP 中的比重较低,其中生产性服务业发展滞后。其次,中国制造业中的先进制造领域,如大飞机制造、数控机床、生物医药、汽车、仪器仪表等发展缓慢,技术落后。再次,产业的产值结构和就业结构不匹配,大量的低产值行业就业密集,高增加值行业就业较少。所有这些,为产业的国际化调整带来了很大的就业压力和相关阻力,也阻碍了新兴战略性产业的发育。

3.1.6 产业规制体系建设滞后,对产业研发创新的支持能力有待加强

产业规制是市场经济条件下对产业发展的所有约束的总和,它是产业经济高效运行的基本保障。产业规制体系可以分为国际产业规制体系和国内产业规制体系。前者是指国际组织制定或多个国家共同制定且各参与国共同遵守的用来管理和协调各国产业发展的各类法规、协议、条约。国际规制对产业体系发展的影响主要表现为市场准入、产业活动和产品生产规范、产业技术的研发合作创新与产业技术的交流等。后者主要指由国家相关职能部门制定的、管理和调节国内产业发展的各类法律、法规和政策。

首先,从国际法规体系来看,中国注重全球化发展及其相关技术研发,积极参与各种多边合作和产业发展规制体系建设。中国加入《联合国气候框架公约》,作为成员国在遵守公约协议的同时,积极致力于中国产业的低碳化发展,促进了中国低碳化产业技术的研发创新和应用。并在该条约的框架下,通过联合履约、清洁发展机制等促使中国产业体系向着更加环保、更加凸显技术进步与贡献、更加有效率的方向发展。这对中国现代产业体系的构建无疑产生了积极的影响。

图 3-2 各行业部门的增加值结构

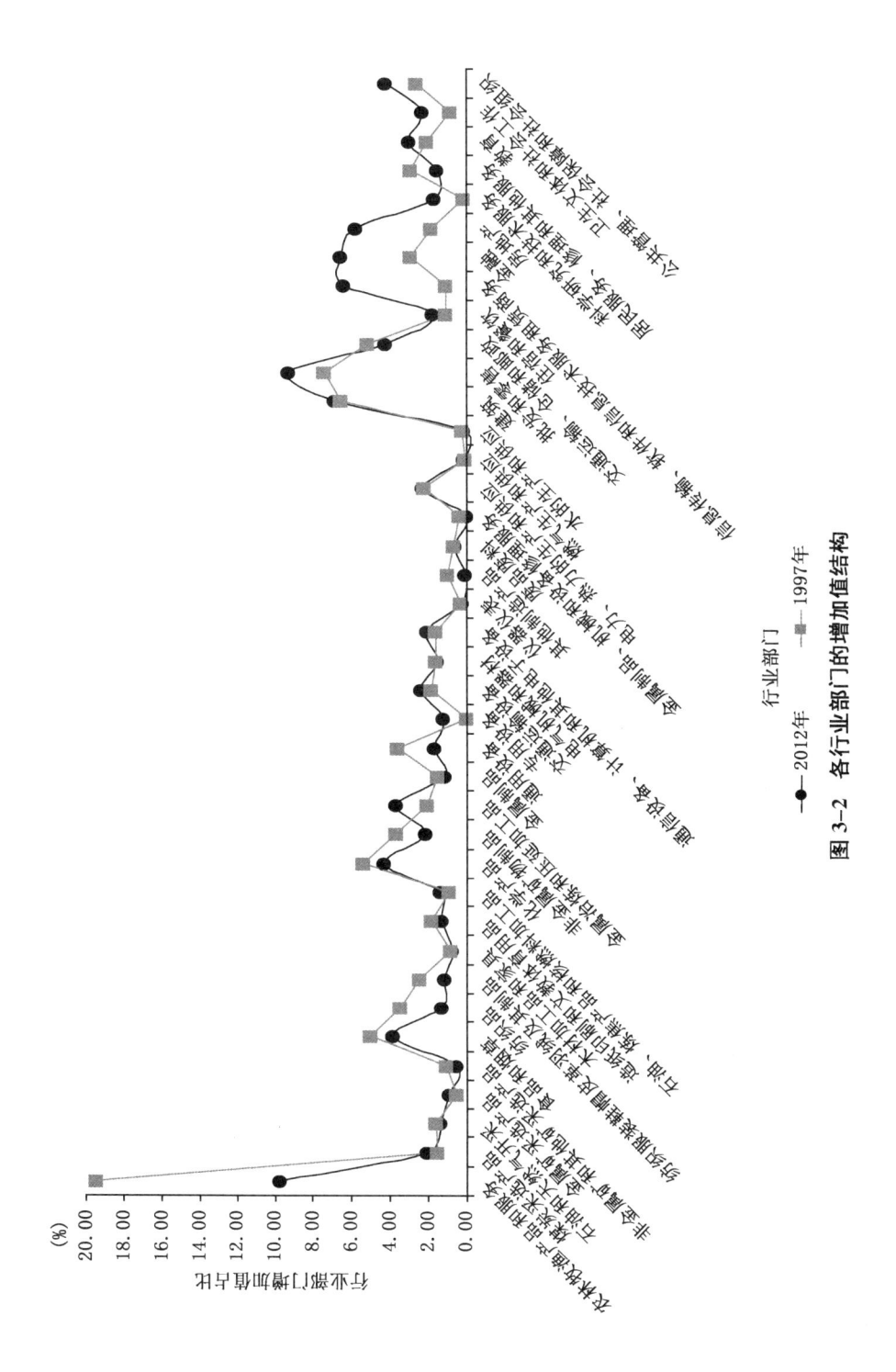

在国际贸易规制方面，2001年加入WTO后，中国产业经济发展承受的国际贸易规制约束明显减弱，极大地促进了中国产品的国际市场占有率，促进了在不同海外市场上具有比较优势的产业部门的发展，中国产业结构迎来了的巨大变化，整个产业体系也获得了国际化成长。

加入WTO后，中国与世界各国间长期积累的比较优势短时间内被国际市场剧烈唤醒，比较优势出口产业高速成长，促使对外依存度在2002年突破50%，2005年达到63%，2007年达到67%，这使得产业体系随着产业国际竞争力的发展向着更加国际化的趋势演进。2007年随着美国次贷危机及欧债危机的爆发，中国既往的劳动密集型、商务成本密集型比较优势不断减弱，中国经济增长从依靠投资和出口拉动模式开始向依靠技术进步和加强国内消费的动力牵引转向，产业间的结构和比例关系因此产生了深刻的变化。2008年中国经济的对外依存度降为60.2%，2011年达50.1%。到2017年，中国对外依存度降为33.6%，略高于日本的27.38%，大大低于韩国的68.78%。2022年中国对外贸易依存度下降到22.2‰。

国际市场的开拓极大地拉长了中国的产业链，拓展了中国产业的布局空间。产业经济活动规制通过市场准入方式对不同产业的市场区域产生限制或鼓励，在市场的引导、拉动与抑制下产业空间布局发生变化，产业空间体系得到进一步调整和塑造。在WTO投资贸易的自由规制支持下，中国在出口与进口迅速增加的同时，对外直接投资也迅速增加，将中国的商业服务业、金融服务业、生产制造业、农业等诸多产业部门布局到欧洲、北美、非洲、大洋洲，极大地拓展了中国产业的空间布局体系。

关税是国家之间贸易规制的核心内容，国家通过参与或（和）制定国际贸易规制，为产业的国际市场开拓提供便利。对于产业的国际化发展来说，优惠的关税意味着可以进入东道国市场，是产业发展不可缺少的保障，是现代产业体系不可或缺的结构内容。虽然关税受产品种类、国家关系的影响，但一国产业在国际出口市场上的综合关税率越低，或者零关税商品贸易比重越大，其国际贸易规制体系越完整。从关税来看，2011年美国主要出口对象国的综合关税率在43%到93%之间，如印度为65.72%，印度尼西亚为84.51%，俄罗斯为92.24%，马来西亚为89.12%，新加坡为87.82%，南非为79.21%，巴西为85.89%，而中国为

64.56%,仅高于欧盟的61.66%、日本的43.43%、韩国的58.61%。2010年中国的贸易壁垒在142个经济体中排在63位(见表3-5)。《2019年国际竞争力年鉴》显示,中国综合关税率得分为6.4,非关税壁垒得分为4.5,在世界141个参评经济体中分别排在第45位和第60位。

从五大商品出口市场的综合零关税税率看,在BRICKS中中国不仅最低,而且大大低于美国、新加坡、印度尼西亚等国,这反映了中国产业国际贸易的参与度不够高、优惠规制享受不足。从服务与贸易来看,由于服务贸易是依靠规制约束的"无形商品",中国国内产业规制不够先进,阻碍了服务部门的发展,国际服务贸易规制参与不足,限制了中国服务产业的国际化和国际竞争力的发展。因此,中国需要参与构建更多的多边、双边贸易自由化协定,需要提供特质产品,吸引出口对象国零关税进口;通过转口贸易等政策曲线达成零关税;参与推动本国参加的自由贸易区和保障产业的自由贸易;通过引导和支持跨过投资,组建跨国公司。

总体而言,国际规制是影响产业结构体系的重要力量。中国产业体系的国际化本质上是融入世界产业体系的过程,中国产业已成为世界产业链上不可或缺的部分。

其次,从国内规则体系来看,中国出台了一系列促进宏观经济发展的政策,并不断致力于各项规则的建设,对现代产业体系的构建产生了深远的影响。中国相继出台了西部大开发、振兴东北老工业基地等区域开发政策以及国家开发区、国家综合试验区、自由贸易区等特别区域开发政策,促进了国内制造业向中西部地区的转移和高科技产业空间集聚的不断加强,深刻地改变了中国国内产业的空间布局结构和空间体系。随着"一带一路"倡议的推进,"一带一路"沿线区域成为我国产业投资和贸易快速增长的国际区域,明显优化了中国产业空间结构和产业体系。

但由于历史遗留问题,中国现代产业体系构建也遇到了一些制度性的瓶颈,如知识产权保护。产业发展需要良好的知识产权保障。目前,中国每年专利申请的数量位居世界各国前列,但因现行产权规制尚待完善,也出现了一些问题,具体主要表现在以下几个方面:

第一,高激励低门槛,低值专利较多。2008年《企业所得税法》规定高新技术企业可以享受所得税减免,具有自主知识产权的专利申请人可以享受15%税率和减免增值税,享受三种专利和国际专利的申请、审查、审批等费用的补贴,优秀专利申请人、研究者还可以获得省级政府颁发的专利申请项目、专利示范项目奖励。这导致许多企业重复技术申请专利。许多专利申请人的专利获得政府奖励后便不再维护。我国企业维护一项专利只需要4.09年,而国外企业一般需要6.05年,我国企业维护一项发明专利超过7年的仅为17.9%。这充分说明了中国专利中相当部分是低值专利[①]。

第二,专利侵权惩罚过轻,违规成本过低。对2005—2014年1 185项专利侵权赔偿判决书的分析发现,超过97%的判决是使用法定赔偿法核定专利侵权赔偿数额的。而我国法定赔偿核定方法赔偿额度较低,一般专利侵权案件的赔偿金额在30万元左右,远低于发达国家水平,扣除诉讼费后余额很小甚至为负值[②](见表3-5)。根据《国际竞争力年鉴》,2010年我国知识产权保护得分为4.0,在全球142个经济体中排名第47位;2019年得分为4.5,在全球141个经济体中排名第53位。

第三,高校技术转让较少。2017年我国高校技术转让合同数量仅占全国总量的19%,成交额仅占2.7%。近年来我国高校技术转让率一直在3%左右[③]。

总之,中国对知识产权保护与美国、德国、英国等尚有很大差距,对现代产业体系的构建带来了很大的影响。

表3-5　　　　　　　　中国与部分国家产业发展的规制指标比较

2010年知识产权保护			2010年贸易壁垒		
排名	国家	分数	排名	国家	分数
1	芬兰	6.2	1	新西兰	6.4
2	新加坡	6.1	3	新加坡	6.1
7	法国	5.8	4	芬兰	6.1
11	英国	5.7	17	英国	5.5

---

① 乔永忠,文家春.国内外发明专利维持状况比较研究[J].科学学与科学技术管理,2009,30(6):29-32.付晔,蒋兴华,马强.中国传统文化对国内专利产出质量的影响分析[J].科技管理研究,2010,30(16):252-256.

② 李晓桃,袁晓东.揭开专利赔偿低的黑箱:激励创新视角[J].科研管理,2019(2):65-75.袁晓东,蔡学辉,徐艳霞.我国专利侵权赔偿制度实施效果及法定赔偿数额影响因素研究[J].情报杂志,2017(5):192-198.

③ 许倞,张志宏主编.2018年全国技术市场统计年度报告[M].北京:兵器工业出版社,2018.

续表

2010年知识产权保护			2010年贸易壁垒		
排名	国家	分数	排名	国家	分数
13	德国	5.6	59	美国	4.6
22	日本	5.3	63	中国	4.5
28	美国	5.0	100	日本	4.1
46	韩国	4.1	109	巴西	4.0
47	中国	4.0	134	俄罗斯	3.5
142	海地	1.6	142	阿根廷	2.5

资料来源：WEF. Global Competitiveness report 2010—2011[R]. https://reports.weforum.org/global-competitiveness-2010—2011/.

3.2 技术约束下的产业体系成长

高新技术是制约产业体系成长的关键。未来可能影响世界各国的核心科技至少包括物联网技术、机器人与自动化系统技术、智能手机与云端计算技术、智能城市技术、量子计算技术、混合现实技术、数据分析技术、网络安全技术、社交网络技术、先进数码设备技术、先进材料技术、太空科技技术、合成生物技术、增材制造（3D打印）技术、医学技术、能源技术、新型武器技术、食物与淡水技术、对抗全球气候变化技术等。美国在《2016—2045年新兴科技趋势报告》中，将这些技术定义为决定美国未来是否具备全球科技优势的关键领域。显然，这些技术也是未来中国需要竭力发展的，是未来中国现代产业体系发展的重要动力与核心支撑。

近年来中国科技研发事业发展迅速，科技发明专利申请量已经超越美国成为全球第一，但上述核心技术领域仍然短板严重，这对现代产业体系构建形成了巨大的制约。根据科技日报的系列报告，我国在光刻机等技术领域的瓶颈严重，已成为我国产业体系发展的严重障碍（见表3-6）。

表 3-6　　中国当前技术弱势领域及其对现代产业体系发展的约束

	类别	技术水平	对产业发展影响的领域	国家或(和)垄断厂商与地位
1	光刻机①	中国最好的光刻机为几十纳米。国外的光刻机仅为几纳米	芯片制造业	ASML(荷兰)、尼康和佳能(日本),其中顶级光刻机由ASML垄断
2	芯片②	中国先进芯片为十几纳米,而国外的芯片仅为几纳米,相差2代。我国高速光芯片和电芯片需要进口,计算机系统、通用电子系统、通信设备、内存设备和显示及视频系统芯片国际市场占有率较低	计算机、内存设备、视频产业	英特尔加微软(美国),ARM(英国)加安卓(谷歌及开放手机联盟)
3	操作系统③	电脑和手机操作系统安卓的市场占有率为85.9%,苹果IOS 为14%,微软和黑莓接近0.1%	智能手机产业电脑及其他相关产业	美国的谷歌、苹果、微软
4	航空发动机短舱④	尚属空白,大学和研发机构尚没有专门研究	大飞机产业	美国通用电气、罗尔斯·罗伊斯
5	触觉传感器⑤	技术复杂,材料不纯,工艺落后	工业机器人	美国、日本、德国等
6	真空蒸镀机⑥	没有生产蒸镀机企业	蒸镀机及OLED面板	日本Canon Tokki独占高端市场
7	手机射频器件⑦	受材料、工艺和设计经验制约,尚属空白	智能手机产业	高端市场基本被Skyworks、Qorvo和博通3家垄断,高通也占一席之地
8	iCLIP技术⑧	国内实验室极少有成熟经验	创新药	国外研究团队已在此领域展开"技术竞赛"
9	重型燃气轮机⑨	没有自主化能力,主要依赖引进	舰船、火车和大型电站	美国GE、日本三菱、德国西门子、意大利安萨尔多
10	激光雷达⑩	国货几乎没有话语权	自动驾驶行业	美国Velodyne,占世界80%市场

---

① 高博. 这些"细节"让中国难望顶级光刻机项背[N]. 科技日报,2018-04-19.
② 张盖伦,付丽丽. 中兴的"芯"病,中国的心病[N]. 科技日报,2018-04-19.
③ 高博. 丧失先机,没有自研操作系统的大国之痛[N]. 科技日报,2018-04-23.
④ 矫阳. 居者无其屋,国产航空发动机的短舱之困[N]. 科技日报,2018-04-24.
⑤ 张佳星. 传感器疏察,被愚钝的机器人"国产触觉"[N]. 科技日报,2018-04-25.
⑥ 刘艳. 真空蒸镀机匮缺:高端显示屏上的阴影[N]. 科技日报,2018-04-26.
⑦ 高博. 射频器件:仰给于人的手机尴尬[N]. 科技日报,2018-05-07.
⑧ 张佳星. "靶点"难寻,国产创新药很迷惘[N]. 科技日报,2018-05-08.
⑨ 瞿剑. "命门火衰",重型燃气轮机的叶片之殇[N]. 科技日报,2018-05-09.
⑩ 崔爽. 激光雷达昏聩,让自动驾驶很纠结[N]. 科技日报,2018-05-10.

续表

	类别	技术水平	对产业发展影响的领域	国家或(和)垄断厂商与地位
11	适航标准①	国产民用航空发动机型号匮乏,缺乏实际工程实践经验,使我国适航规章缺少相应的技术支撑,被卡在别国空域之外	航空业	FAA和欧洲航空安全局(EASA)的适航审定影响力最大
12	高端电容电阻②	中国在工艺、材料、质量管控上相对薄弱,属于中低端	电子工业	最好的消费级电容和电阻来自日本
13	核心工业软件③	工业软件缺位	智能制造	国外EDA三大巨头公司Cadence、Synopsys及Mentor占据了全球该行业每年总收入的70%
14	ITO靶材④	国内ITO靶材企业没有突破,后端的平板显示制造企业也很弱。烧结大尺寸ITO靶材能力弱,产出效率低下	液晶显示器、平板显示器、等离子显示器、触摸屏、太阳能电池和抗静电镀膜、EMI屏蔽透明传导镀膜等产业	主要掌握在日本三井、东曹、日立、住友、VMC和韩国三星、康宁等大企业手里
15	核心算法⑤	没有掌握核心算法	高端机器人	发那科(日本)、ABB(瑞士)、安川(日本)、库卡(德国)
16	航空钢材⑥	中国与美国、日本差距大,超高强度钢材停留在实验室阶段	特种钢材、飞机制造	美国、欧盟、俄罗斯、日本
17	高端铣刀⑦	国内尚在初级学习阶段	高铁、钢轨	美国、日本等
18	高端轴承钢⑧	制轴工艺接近世界顶尖水平,但高端轴承用钢几乎全部依赖进口	飞机、汽车、高铁、高精密机床、仪器仪表	为美国铁姆肯,瑞典SKF所垄断
19	高压柱塞泵⑨	额定压力35MPa以上高压柱塞泵90%以上依赖进口	装备制造业	高性能的柱塞泵,美德日等国4家龙头企业占据中国市场70%以上份额,在技术方面对中国严密封锁
20	航空设计软件⑩	发展缓慢,主要软件依靠欧美	航空业	欧美国家

---

① 矫阳.适航标准:国产航发又一道难迈的坎儿[N].科技日报,2018-05-11.
② 高博.没有这些诀窍,我们够不着高端电容电阻[N].科技日报,2018-05-14.
③ 俞慧友.核心工业软件:智能制造的中国"无人区"[N].科技日报,2018-05-17.
④ 赵汉斌.烧不出大号靶材,平板显示制造仰人鼻息[N].科技日报,2018-05-18.
⑤ 杨仑.算法不精,国产工业机器人有点"笨"[N].科技日报,2018-05-22.
⑥ 孙玉松.航空钢材不过硬,国产大飞机起落失据[N].科技日报,2018-05-23.
⑦ 华凌.为高铁钢轨"整容",国产铣刀难堪重任[N].科技日报,2018-05-24.
⑧ 王延斌.高端轴承钢,难以补齐的中国制造业短板[N].科技日报,2018-05-25.
⑨ 王海滨.高压柱塞泵,鲠在中国装备制造业咽喉的一根刺[N].科技日报,2018-05-28.
⑩ 张晔.航空软件困窘,国产飞机设计戴上"紧箍咒"[N].科技日报,2018-05-30.

续表

	类别	技术水平	对产业发展影响的领域	国家或(和)垄断厂商与地位
21	光刻胶①	工艺技术难以突破,国内企业受制于人	面板产业	核心技术至今被TOK、JSR、住友化学、信越化学等日本企业垄断
22	高压共轨系统②	国产高压共轨系统在性能、功能、质量及一致性上还存在一定的差距,成本上的优势也不明显	柴油发动机及运输机械制造	德国、美国和日本等企业占据了国际市场的绝大份额
23	透射式电镜③	所用灯丝国内没有生产,全部依赖进口,每根上万美元左右	生命科学研究,透射电镜	世界上生产透射电镜的厂商只有3家,分别是日本电子、日立、FEI
24	掘进机主轴承④	国产掘进机已接近世界最先进水平,但最关键的主轴承全部依赖进口	全断面隧道掘进机	德国的罗特艾德、IMO、FAG和瑞典的SKF占据市场主导地位
25	微球⑤	依赖进口	没有微球,生物制药、芯片生产、食品安全检测、疾病诊断、环境监测等许多行业都会陷入窘境	液晶面板中的关键材料(间隔物微球以及导电金球),全世界只有日本一两家公司可以提供
26	水下连接器⑥	中国水下连接器市场基本被外国垄断。一旦该连接器成为禁运品,整个海底观测网的建设和运行将被迫中断	海洋观测业	美国Teledyne ODI、德国公司的产品在海上油气开采方面拥有较大份额
27	燃料电池关键材料⑦	中国几乎无部件生产商,无车用电堆生产公司。只有极少量商业运行燃料电池车,多项关键材料实验室成果已达到国际水平,但无法产业化。关键材料长期依赖	燃料电池车	高端焊接电源基本上仍被日本丰田等国外公司垄断
28	高端焊接电源⑧	国内仍以模拟控制技术为主,水下机器人焊接技术低下	高端海洋资源开发和海洋维权装备	北欧等焊接电源全数字化控制技术已相对成熟
29	锂电池隔膜⑨	大量依赖进口	新能源车	美国3M公司和阿贡国家实验室、日本昭和电工等垄断

---

① 过国忠.中国半导体产业因光刻胶失色[N].科技日报,2018-05-31.
② 刘昊.高压共轨不中用,国产柴油机很受伤[N].科技日报,2018-06-04.
③ 张佳星.我们的蛋白质3D高清照片仰赖舶来的透射式电镜[N].科技日报,2018-06-06.
④ 矫阳.自家的掘进机却不得不用别人的主轴承[N].科技日报,2018-06-07.
⑤ 高博.微球:民族工业不能承受之轻[N].科技日报,2018-06-12.
⑥ 陈瑜.水下连接缺国产利器,海底观测网傍人篱壁[N].科技日报,2018-06-13.
⑦ 张盖伦.少了三种关键材料,燃料电池商业化难成文章[N].科技日报,2018-06-14.
⑧ 叶青,龙跃梅.国产焊接电源"哑火",机器人水下作业有心无力[N].科技日报,2018-06-20.
⑨ 孙玉松.一层隔膜两重天:国产锂电池尚需拨云见日[N].科技日报,2018-06-21.

续表

	类别	技术水平	对产业发展影响的领域	国家或(和)垄断厂商与地位
30	医学影像设备元器件①	国产医学影像设备的大部分元器件依赖进口	医学影像设备	飞利浦、西门子等公司
31	超精密抛光工艺②	基本空白,难以仿制	现代制造业	美国、日本占全球市场的主动权,其材料构成和制作工艺一直是个谜
32	环氧树脂③	高端碳纤维的生产原料环氧树脂全部进口	先进制造业	日本东丽
33	高强度不锈钢④	航天材料,大多用的是国外20世纪六七十年代的材料	空天产业	美国、俄罗斯等
34	数据库管理系统⑤	国货市场份额小	高端服务业、制造业	甲骨文、IBM、微软和Teradata占了大部分市场份额
35	扫描电镜⑥	严重依赖进口,国产扫描电镜只占约5%～10%	高端的电子光学仪器	美国、日本、德国和捷克等国

表3-6显示,我国芯片技术、光刻机技术、操作系统、手机射频器件等领域的技术创新能力不足,导致芯片制造业、计算机产业、内存设备制造、视频产业、智能手机产业等的发展深受约束;航空发动机、航空设计软件、激光雷达、适航标准、高压柱塞泵、航空钢材、高强度不锈钢等行业领域的技术创新不足限制了空天产业、兵器制造业的发展;医学影像设备元器件、扫描电镜、透射电镜等研发制造技术创新能力的不足限制了医疗设备制造行业发展;锂电池隔膜、燃料电池关键材料等行业领域的技术创新不足限制了新能源汽车业的发展;高端触觉传感器、高端焊接电源、ITO靶材、光刻胶、水下连接器、核心算法等研发创新缓慢限制了高端机器人产业和智能产业的发展;超精密抛光工艺、环氧树脂、铣刀、数据库管理系统等技术创新不足严重影响了高端制造业的发展;iCLIP技术、微球技术创新缓慢,限制了新药研发;高端电容电阻、真空蒸镀机及芯片产业等技术的创新不足限制了面板产业及先进的电子产业发展;核心工业软件、数据库管理系统等技术创新短板严重限制了先进制造和高端生产性服务业的发展。

---

① 张佳星.拙钝的探测器模糊了医学影像[N].科技日报,2018-06-25.
② 张景阳.通往超精密抛光工艺之巅,路阻且长[N].科技日报,2018-06-26.
③ 李禾.环氧树脂韧性不足,国产碳纤维缺股劲儿[N].科技日报,2018-06-27.
④ 付毅飞.去不掉的火箭发动机"锈疾"[N].科技日报,2018-06-28.
⑤ 高博.数据库管理系统:中国还在寻找"正确打开方式"[N].科技日报,2018-07-02.
⑥ 陆成宽.扫描电镜"弱视",工业制造难以明察秋毫[N].科技日报,2018-07-03.

总之,我国产业的技术创新不足,限制了各个行业部门的"增长点",降低了既有产业体系的效率,也大大降低了既有产业体系迅速迈向现代产业体系的步伐。其具体表现为:

①产业结构体系升级受到限制;

②产业规模扩张受到限制,进一步制约了其空间布局和空间结构体系的优化;

③使中国产业无法完全摆脱传统生产导致的环境问题,难以体现现代产业体系的绿色生态特征;

④产业链及其组织体系无法快速优化和更新;

⑤相关规制体系的更新困难。

3.3 贸易摩擦对产业体系发展的影响

3.3.1 关税对福利的影响

比较优势是由机会成本的差异造成的。假设在国际市场上只有两个生产商 X 国的 A 和 Y 国的 B,都分别只生产 C 和 D 两种商品。A 生产 C 时的机会成本低于 B 生产 C 的机会成本,但 A 生产 D 的机会成本高于 B 生产 D 的机会成本。如果让 A 主要生产 C,B 主要生产 D,然后在国际市场上进行贸易,会使 X 和 Y 两个国家的福利都得到增加。

图 3-3 显示,在国际进出口市场上,产品和服务的供给方是出口国,需求方是进口国。在没有贸易关税的情况下,产品和服务的均衡价格为 P_e,产品和服务的供需量为 Q_1。某进口国加征关税 T(假设 $T=t_1+t_2$)后,在世界进出口市场上,出口商得到的价格为 P_e-t_1,消费者得到的进口价格为 P_e+t_2,供需数量缩小为 Q_2。此时,为出口而生产的某些产业部门的增长受到抑制,为消费者提供进口服务的相关产业部门的发展也同样受到抑制,行业部门的正常发展受到阻碍,产业体系的整体创新、空间体系、组织结构、环境管理和规制建设也会受到广泛的影响。从福利变化看,关税导致了进口国的消费者和出口国的生产商及相关进出口服务部门的明显损失(数量上为三角形 bcf 的面积 $S_{\triangle bcf}$)。

第 3 章 中国现代产业体系构建中的问题　89

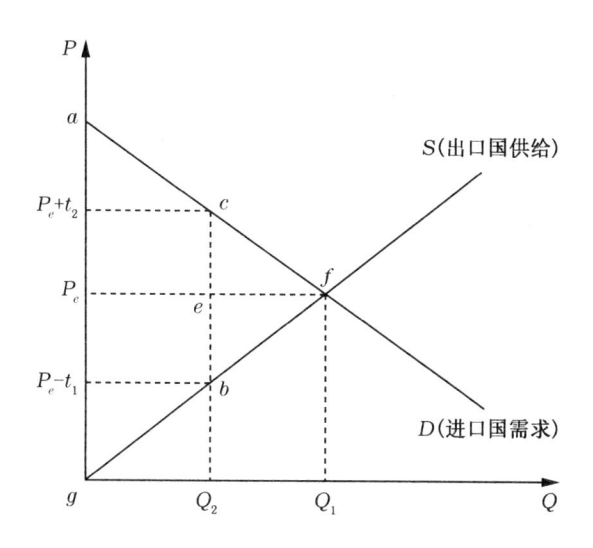

图 3-3　关税对国际市场上进出口及其福利的影响

在没有关税的情况下，社会总福利为 S_{agf}，其中 S_{aP_ef} 和 S_{P_efg} 分别为消费者（进口国）剩余和生产者（出口国）剩余，均衡价格和出口、进口数量分别为 P_e 和 Q_1。当进口国加征关税 $T(t_1+t_2)$ 时，均衡出口和进口量为 Q_2，出口方的福利减少为 $S_{gbP_{e-t_1}}$，较关税加征前减少 $S_{P_efbP_{e-t_1}}$。与此同时，进口国消费者剩余变为 $S_{caP_e+t_2}$，较关税加征前减少 $S_{P_efcP_e+t_2}$。其中，$S_{P_{e-t_1}P_{e+t_2}cb}$ 为进口国关税，S_{cbf} 为无谓损失。在出口国不加征报复性关税的情况下，这对出口国的直接出口产业部门和与出口部门密切联系的间接行业部门的发展形成抑制，导致行业部门的非均衡增长。这对产业结构、空间布局、产业技术创新、产业组织及产业发展环境造成了很大的影响，进而影响了产业体系的发展。

假若出口国实施报复性关税，即对某些进口品加征关税，这必然导致对进口行业部门、依赖进口原料的产业部门和依赖进口消费的部门进一步产生抑制作用。这对该国生产进口类产品的行业将产生积极的支持，但这是保护低效部门的政策。如此一来，出口国产业体系的发展会受到出口产品被进口国加征关税和本国对来自出口国的产品征缴报复性关税的双重影响。

加征关税给出口国和进口国带来的总损失可表述为：

总损失 $= S_{cjkd} + S_{ouyz} - S_{rlmz}$

其中，出口国损失为 S_{cjkd}，进口国消费者损失为 S_{uoqy}，无谓损失为 $S_{oul} + S_{qzm}$，进口国政府税收为 S_{rzml}，进口国总损失为 $S_{uoqy} - S_{rzml}$。显然，当进口国需求弹性很大时，进口国的进口关税主要落在进口国消费者一方，出口国损失较小；反之较大。如果进口国对进口产品的需求弹性较大，关税则主要落在出口国一方，而且高关税明显抑制出口，从而对出口产业发展形成抑制作用，导致出口国产业间的比例关系、空间布局、创新等受到影响，产业体系将因此发生变化。从长远看，这种抑制还会影响需求拉动的技术创新和专利技术的交流合作，影响出口国这类产业的发展和产业体系在这类行业部门的偏向，促使产业体系的变化（见图3-4）。

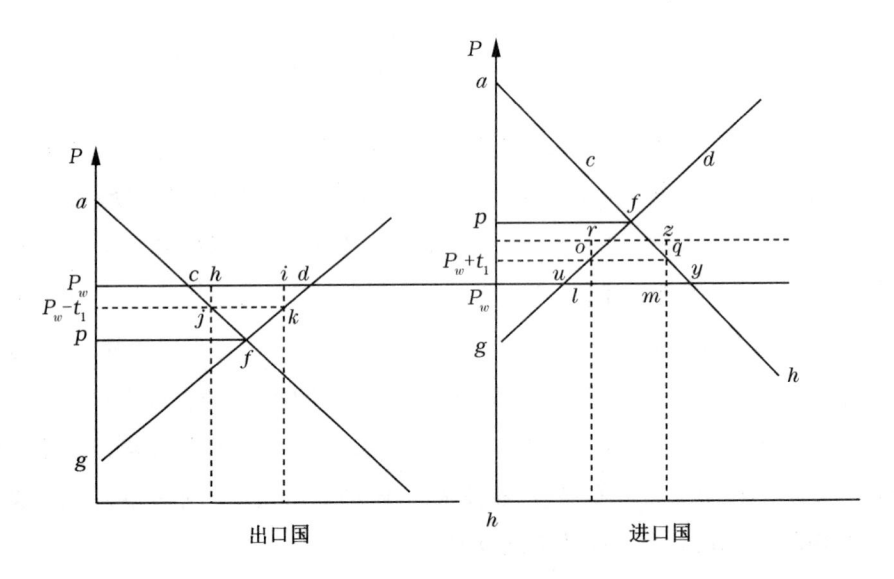

图3-4 关税对贸易福利的影响

总之，贸易摩擦及其关税增加对产业体系发展形成了明显的抑制效应。当前中美贸易摩擦加剧，美国对中国的进口品加征关税（见图3-5），一定意义上主要针对中国加快发展的《战略性新兴产业和工业2025规划》中重点发展的行业部门，力图对中国这些产业部门形成约束和阻碍。我们应高度关注并积极应对这一局面。

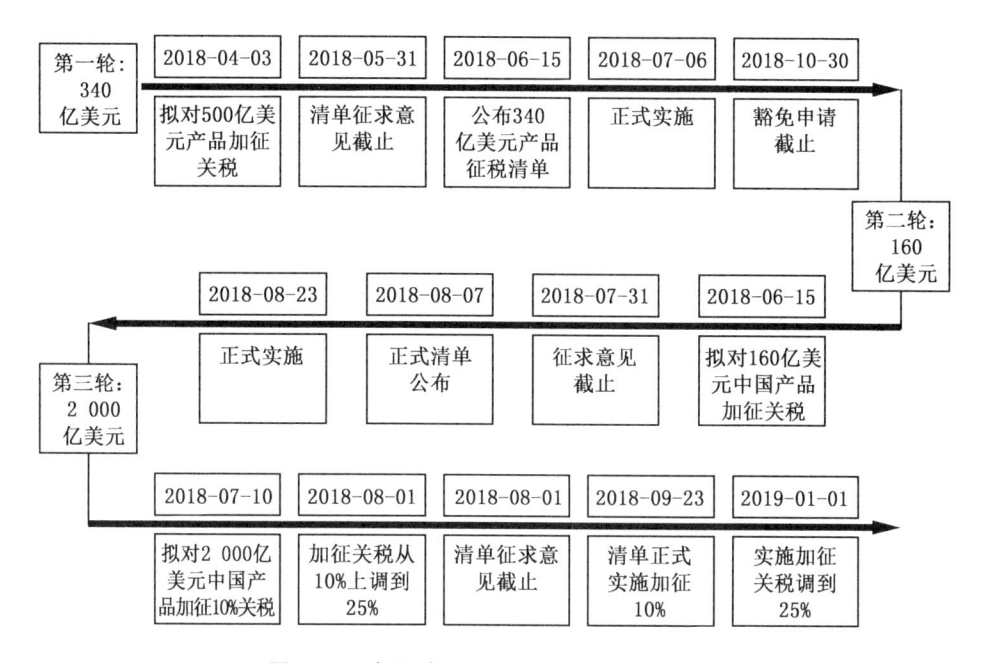

图 3-5 中国对美国加征关税变化时间节点

3.3.2 贸易摩擦对产业体系的影响

2018年11月19日美国商务部工业安全署出台了一份严苛的技术出口管制征询意见稿,计划对生物技术、人工智能(AI)和机器学习技术、定位导航和定时(PNT)技术、微处理器技术、先进计算技术、数据分析技术、量子信息和传感技术、物流技术、增材制造(如3D打印)、机器人、脑机接口、高超音速空气动力学、先进材料、先进监控技术等前沿科技进行出口管制[1]。显然,这些技术大多是中国急于发展的,其中的高性能芯片、增材制造、量子传感等更因核心技术尚未掌握而依赖进口。美国对这些技术的出口管制至少短期内对我国相关产业形成了较大的影响,如对中兴的芯片禁售致使其停产,严重影响该类产业的发展。因此,这些技术的严苛限制出口对我国现代产业体系的发展带来一定的不利影响。

---

[1] The Department of Commerce (DOC), Bureau of Industry and Security (BIS). Review of Controls for Certain Emerging Technologies[EB/OL](2018-11-19). https://www.whitecase.com/publications/a-lert/department-commerce-review-export-controls-emerging-technologies.

第4章 科技创新促进现代产业体系发展的国际经验

4.1 美国科技创新与现代产业体系发展

4.1.1 美国现代产业体系的特征

(1)强大的投资能力和产业研发体系

产业研发体系是产业体系的灵魂与源动力,决定了产业技术的研发、产业化和产业体系生态。美国在产业科技政策支持下构建了强大的研发体系,具体表现在以下几个方面:

①强大的研发投资能力

2011年,美国R&D投入占GDP的比重为2.77%,虽然不及韩国的4.03%、芬兰的3.78%、日本的3.39%、丹麦的3.09%、中国台湾的3.02%和德国的2.88%,但超过了法国的2.25%、新加坡的2.23%和中国的1.84%。2011年美国总的研发投资为4 152亿美元,是全球最大的研发投资国。而同期的中国研发投资为8 687亿元人民币(约为1 390.988亿美元),仅相当于美国研发投资额的33.50%[①]。2020年美国研发投资为7 208.8亿美元,相当于中国研发投资

---

① OECD. Science and Engineering Indicators 2012[EB/OL](2014-08-18). http://stats.oecd.org/.

(24 393 亿元人民币)的 2 倍(按照 1 美元兑换 6.8 元人民币计算)。强大的投资为美国的研发提供了基础和保证。

②多元化的研发资金投入机构群

美国研发资金主要来自企业、政府机构、大学、非营利组织和国外投入等,以此为核心形成了一个庞大的研发资金投入机构群。如 2009 年美国的研发投入为 4 004.58 亿美元,其中以跨国公司为主体的投入占 70.5%,这其中又有 80%用于技术开发研究;美国的政府机构,包括国防部(DOD)、国家卫生研究院(NIH)、NASA、能源部(DOE)和国家科学基金(NSF)等向大学、企业和非营利组织提供的研发资金占总投入的 11.5%,其中投入基础研究、应用研究和技术开发的比重分别为 25%、27%和 8%;美国高校的研发投入占总投入的 13.6%,这些研发投入主要分布在基础研究领域,占其投入的 75%;非营利组织的研发投入占总投入的 4.4%[1]。2020 年美国研发投入中 4 774.74 亿美元来自企业,681.56 亿美元来自政府,811.11 亿美元来自高等教育部门,286.65 亿美元来自私营非营利组织,518.31 亿美元来自其他海外资金,它们分别占总研发投入的 66.23%、9.45%、11.25%、3.98%和 7.19%。

③非均衡的研发投入结构

在政策和市场机制的引导下,美国产业部门研发投入结构呈现非均衡的态势,即研发投入主要偏向医药、电子元器件、电视半导体及有限设备、医疗器械、空天运输设备、基本化学(非医药)、办公设施、专用机械、仪器仪表、动力与助动车辆、计算机软件咨询与研制和其他商务研发等。2009 年,对这些部门的研发投入占总研发投入的份额超过了 3%,其中医药、空天运输设备、软件咨询与研制的研发投入超过了总研发投入的 12%(见图 4-1)。由于次贷危机的影响,美国产业研发投资 2009 年比 2008 年缩水明显,但电视半导体及有限设备、医疗器械、仪器仪表、其他商务等部门的研发投资逆势上扬。2019 年美国产业研发投入中,医药、计算机电子及光学、电子元器件、计算机外设、通用设备、仪器仪表、汽车拖车、其他运输设备、医疗器械、信息通讯、信息服务、科学研究服务分别占 17.44%、17.14%、6.90%、4.15%、2.52%、2.88%、4.84%、4.26%、3.21%、26.29%、6.36%

---

[1] OECD. Science and Engineering Indicators 2012[EB/OL](2014-08-18). http://stats.oecd.org/.

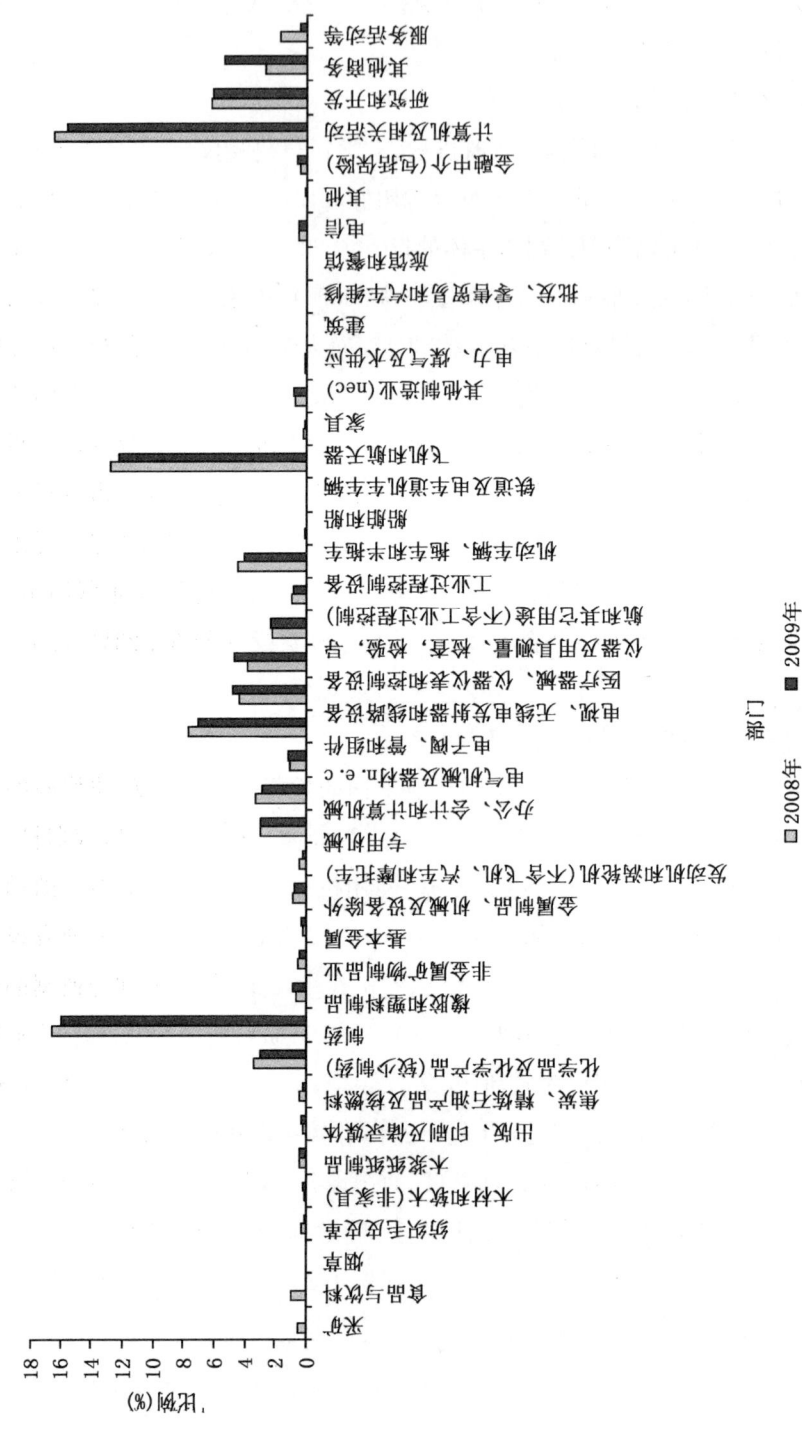

图 4-1 2008—2009年美国各产业部门的研发投资比重

资料来源：http://factfinder2.census.gov/faces/nav/jsf/pages/download_center.xhtml.

和 6.40%。由此可见,高技术产业和生产性服务业是美国产业研发投资的重中之重。

(2)高技术产业和生产性服务业为骨架的产业构成

按照北美 3 位数产业分类法,从 211—813 的各个部门在产业体系中的增值份额看,2012 年美国产业主要是以食品、采矿、石油煤炭加工、基本化工、金融、科学研究等为主干的产业部门体系;从 1997 年到 2012 年的动态变化看,美国产业结构体系在不断变化:采矿业、食品加工、石油煤炭加工、科学服务在增长,多数制造部门和一些服务部门在萎缩,产业的组构体系向着更具活力、更加依赖创新、更加依靠本土文化支撑、谋求全球产业掌控和低成本布局的方向发展(见图 4 - 2)。

基本化工具有巨大的关联性,是诸多产业的基础。美国的基本化工常盛不衰,是托起产业体系的基础要素。食品、饮料具有浓郁的地域文化和地域人群偏好。美国的多元文化特征使得其食品加工、饮料制造不断增强。由于石油和煤炭加工是产业体系的动力支持,具有战略性、日趋稀缺性的特征,是事关产业和国家安全的大产业。随着全球能源市场不稳定的加剧,煤、油市场和贸易的政治关联趋重,美国逐步加强了石油煤炭工业的建设。而金融和科学研究是现代生产性服务业的重要组成部分,对一个国家的产业发展具有重大影响,也成为美国现代产业部门的重要组成部分。采矿业具有严格的原位性。美国为了刺激经济、加强保障产业发展,逐步开放煤炭、石油和多种矿产开发,促进了采矿业在产业体系中的增长。美国制造业部门大多数在萎缩,但生物医药、空天制造业、医疗器械、基本化学、食品、饮料、油料、奶制品、煤炭石油制造、农药化肥、农业化学、农用矿山机械、钢铁制造、有色冶炼、半导体、导航精算、医药数控仪器、铁路运输存储制造、船舶建造、其他运输设备、电子设备元器件等部门的产值占制造业增加值的比重很大,且 2002—2011 年呈现市场份额不断上升的趋势(见图 4 - 3)。正因如此,这些产业部门成为支撑美国和全球产业体系的重要产业骨架。

(3)强大的产业链组织与管控能力

美国通过控制科学家资源和研发设计流程,掌握了大量的专利、商标及品牌,抓住了微笑曲线的两端,有效地组织和管控了诸多核心产业。

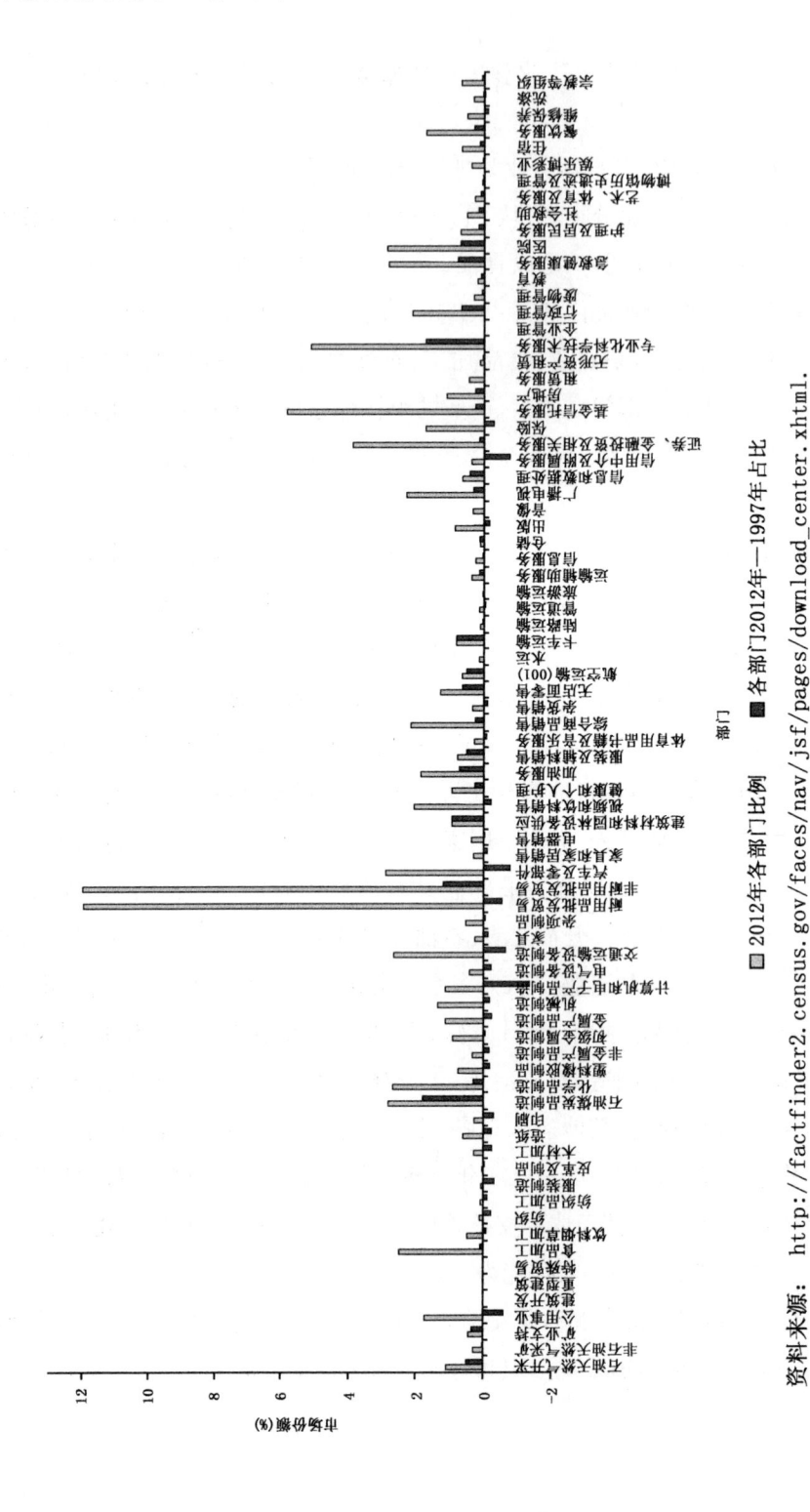

图4-2 不同产业对产业总体增加值的贡献

资料来源：http://factfinder2.census.gov/faces/nav/jsf/pages/download_center.xhtml.

图 4-3 美国四位数 (3111—3399) 制造业结构比例

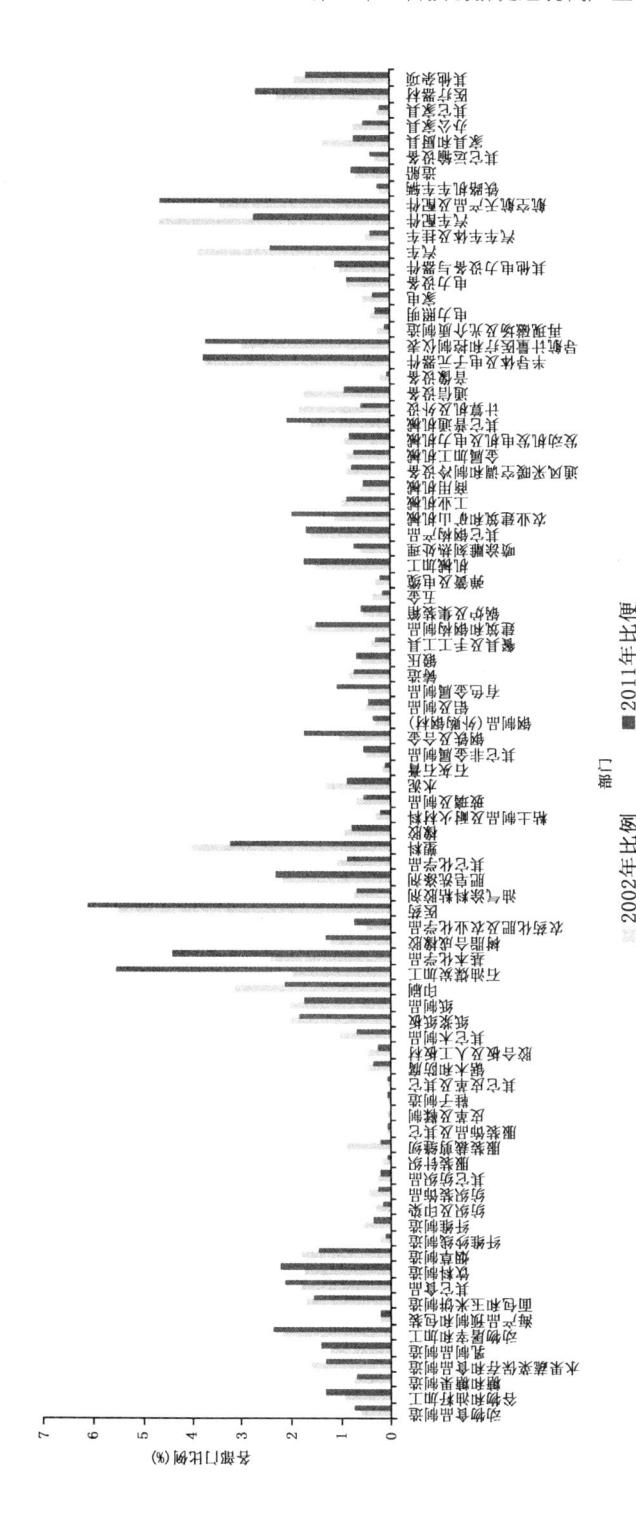

资料来源：http://factfinder2.census.gov/faces/nav/jsf/pages/download_center.xhtml.

1999—2011年美国技术专利占全球的比重超过25%,其中生物技术、医药、医疗技术、纳米技术、温室气体减排技术领域的专利申请量占全球的比重超过30%。除了ICT技术专利外,对减排有潜在或间接贡献的技术、废物一般管理技术、可再生或非化石能源生产技术、提升建筑和照明效率技术、运输减排和燃料技术、具有减排潜力的燃烧技术专利占全球的比例超过10%(见图4-4)。按照发明人所在国家统计,2019年美国公民创造的PCT专利55 708.4项,占全球259 939项的21.43%。其中,生物技术专利6 573.9项,占全球16 127项的40.76%,医疗技术专利7 040.8项,占全球20 573项的34.22%,医药专利1 159项,占全球3 475项的33.35%,环境专利3 184.3项,占全球18 636项的17.08%,纳米技术专利395.8项,占全球1 134项的34.90%,ICT专利17 730.1项,占全球81 375项的21.79%。2017年美国AI技术专利87.9项,占全球269项的32.67%。美国在诸多产业技术领域具有超强的技术控制力,并借此获得了对整个产业的强大控制力。

商标具有指示商品来源、区别不同的生产者和经营者、表示和保证商品质量的功能,并具有广告宣传作用和财产价值。商标也是品牌中的标志和名称部分,是品牌形成的关键内容。在市场经济下,商标也是企业的信誉、竞争力强弱的象征,可以促进生产者、经营者不断提高商品的档次,提升商品的核心竞争力。争创驰名(著名)商标,可占有较大市场,获取较高的利润。商标竞争已成为现代企业竞争的核心内容之一。谁拥有驰名商标,谁就会拥有当前及未来市场。因此,商标申请是控制产业活动在销售和生产服务过程中的重要手段。从商品与服务的商标申请来看,2010—2012年美国在三大商标系统中的商标申请量达26.66万个,远超日本的10.11万个、欧盟28国的7.25万个、中国的0.4万个(见图4-5),展示了美国在生产和消费领域强大的实力。

从世界价值链的布局看,美国是全球最大的半成品出口中心。欧盟15国通过进口原材料加工出口,也成为半成品出口国。东盟各国、中国是最重要的进口—加工—出口国,其出口的产品中很大部分是对来自美国的零部件和半成品的加工制造。随着国际分工的深化,这一趋势在进一步强化。从1995年到2009年,美国将更多的加工制造布局在欧洲、中国和东盟各国(见图4-6)。

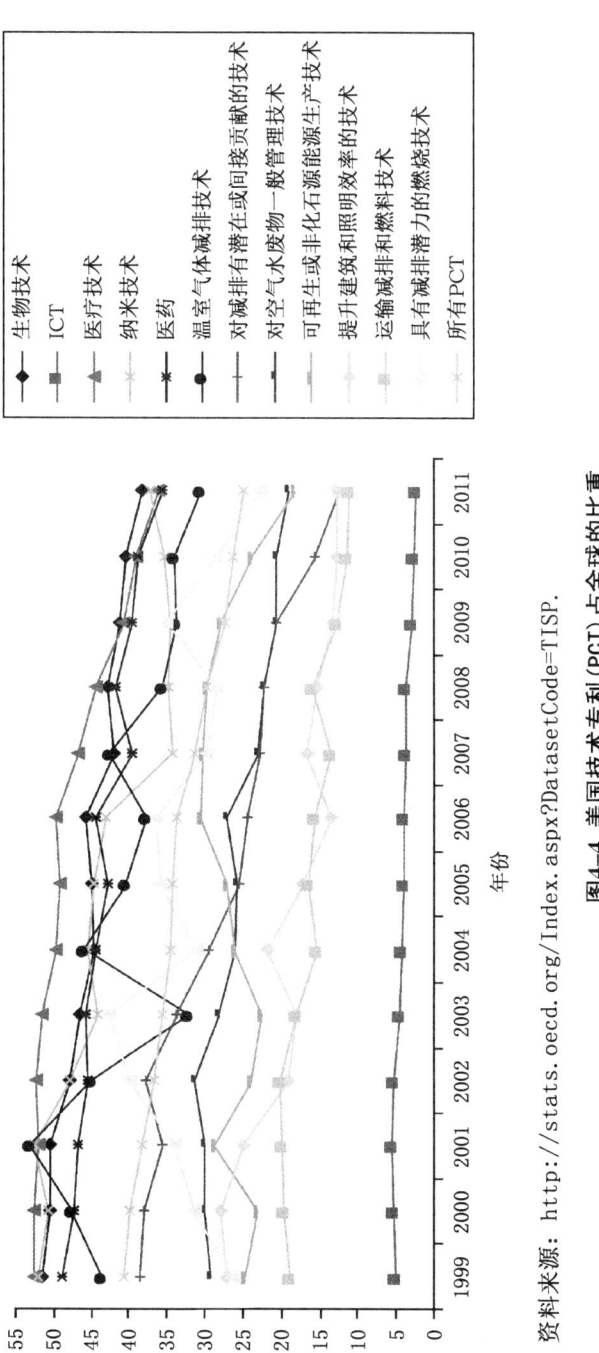

图4-4 美国技术专利(PCT)占全球的比重

资料来源：http://stats.oecd.org/Index.aspx?DatasetCode=TISP.

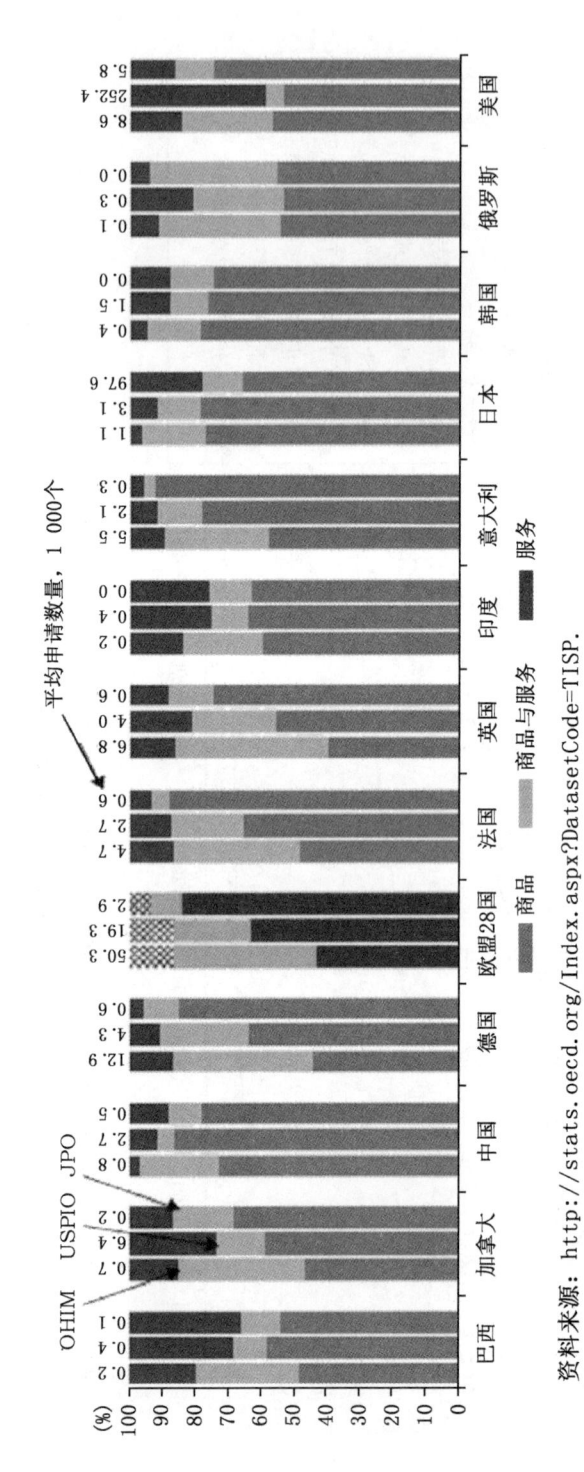

100　科技创新与现代产业体系发展

图4-5　2010—2012年部分国家在USPTO、OHIM和JPO中的商标申请量

资料来源：http://stats.oecd.org/Index.aspx?DatasetCode=TISP.

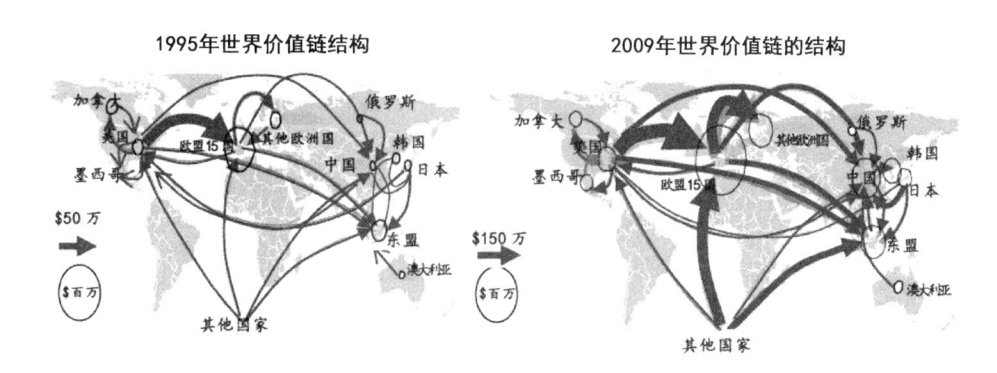

图 4-6 世界产业链结构

从产业部门的增值角度看,2010年美国主要部门占全球该部门增值的比重很大,如农业为6.5%,建筑为16.3%,采矿业为11.9%,公用事业为21.2%,教育为31.6%,健康与社会服务为33.3%,批发零售为24.7%,房地产为31.5%,运输仓储为14.1%,饭店宾馆为27.6%,除农业外,其他(如建筑、矿业、批发零售、饭店宾馆)超过了10%的全球份额。2010年由于次贷危机,美国许多部门的增值受到影响,但教育、健康服务、运输仓储和饭店宾馆仍然处于增加态势(见图4-7)。2019年美国在PCT、USPTO和EPO三大专利系统中的授权专利分别为55 708项、81 062.1项和2 194.9项,分别占三个专利系统授权专利总量的21.43%、52.07%和13.43%。

从产业链的组织和管控看,美国也占据着全球的主导地位。Apple iPad的产业链显示:其研发设计和营销在美国完成,而组装等劳动密集型活动在中国完成,元器件在日本、韩国、中国台湾、欧盟制造。如此,美国通过研发设计和营销,分享了总售价的1/3,也就是劳动成本之外的50%左右(见表4-1)。在这个过程中,苹果公司通过研发设计和营销,牢牢控制了Apple iPad的产业链和价值链,获得了大部分的创造价值,主导了产业链条的发展方向。

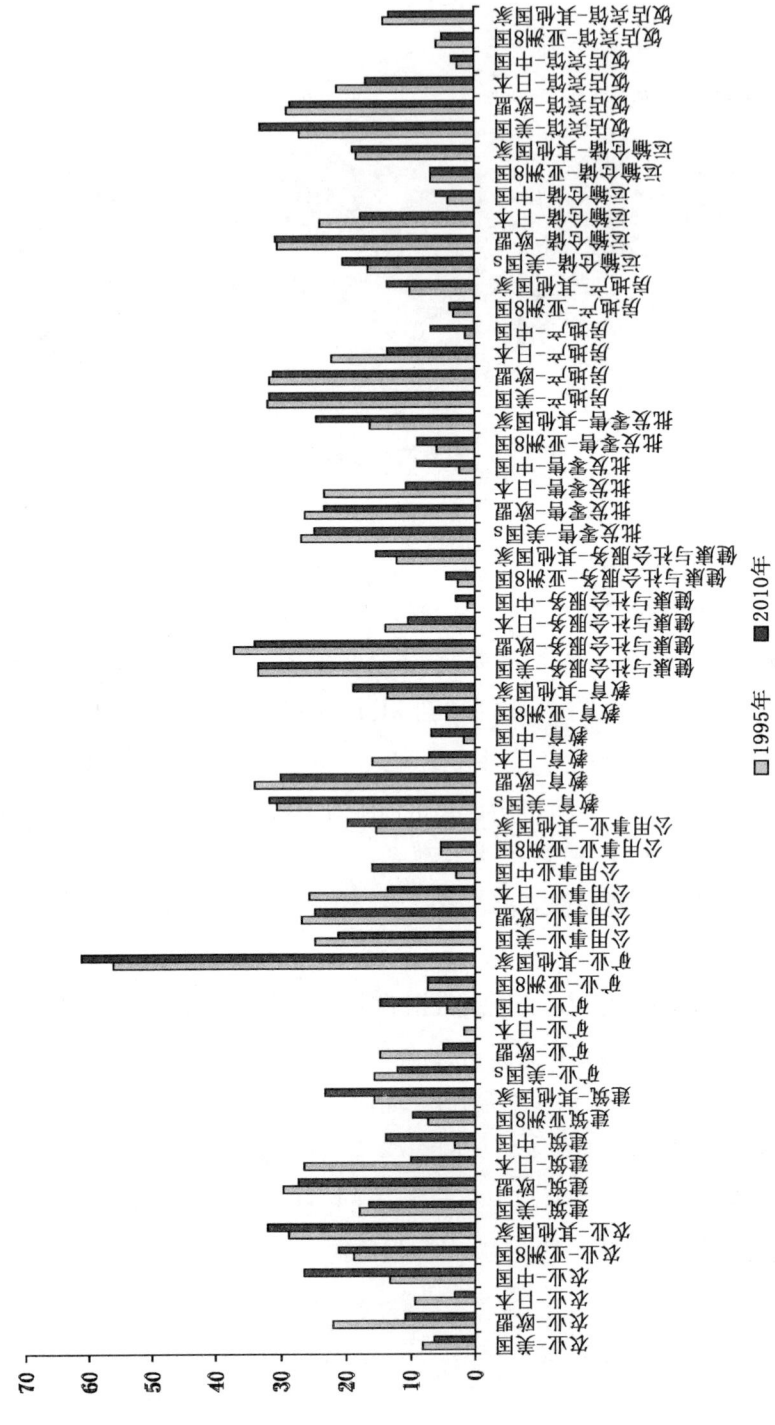

102　科技创新与现代产业体系发展

图4-7　部分产业全球增值中的美国份额

资料来源：http://factfinder2.census.gov/faces/nav/jsf/pages/download_center.xhtml

表 4-1　　　　　2010 年按照区位和产业活动划分的 Ipad 的价值链

产业活动	区位	成本(美元)	零售价格比例(%)
制造商建议的零售价格	全球	499	100.0
分销	全球	75	15.0
批发价格	美国	424	85.0
总溢价		238	47.7
合计	美国	162	32.5
设计/营销	苹果	150	30.1
元器件制造	美国供应商	12	2.4
元器件制造	日本	7	1.4
元器件制造	韩国	34	6.8
元器件制造	台湾	7	1.4
元器件制造	欧盟	1	0.2
元器件制造	不确定	27	5.4
全部直接劳动		33	6.6
元器件制造劳动	不确定	25	5.0
最终装配劳动	中国	8	1.6
非劳力成本	全球	154	30.9

资料来源：National Science Board. Science and Engineering Indicators 2012[EB/OL]. https://files.eric.ed.gov/fulltext/ED528689.pdf.

美国对医药、电子元器件、软件及供应、科学研发服务、飞机和宇宙飞船进行长期的大量投资，支持了生物医药、计算机及信息产业、软件产业、空天产业、健康产业等的发展，使这些高技术产业在全球市场上具有统治地位。从世界高科技产品的出口市场来看，2010 年美国航天产品、医药、科学仪器半导体等产业部门的国际市场份额在 10% 以上，航天部门产品的市场份额甚至超过了 40%（见图 4-8），2019 年美国公民在 PCT 专利系统中授权的医药、医疗技术、生物技术、纳米技术和 AI 技术的专利数量占全球相应领域总专利的比重都超过 30%。表现出超强的国际竞争力和管控力。

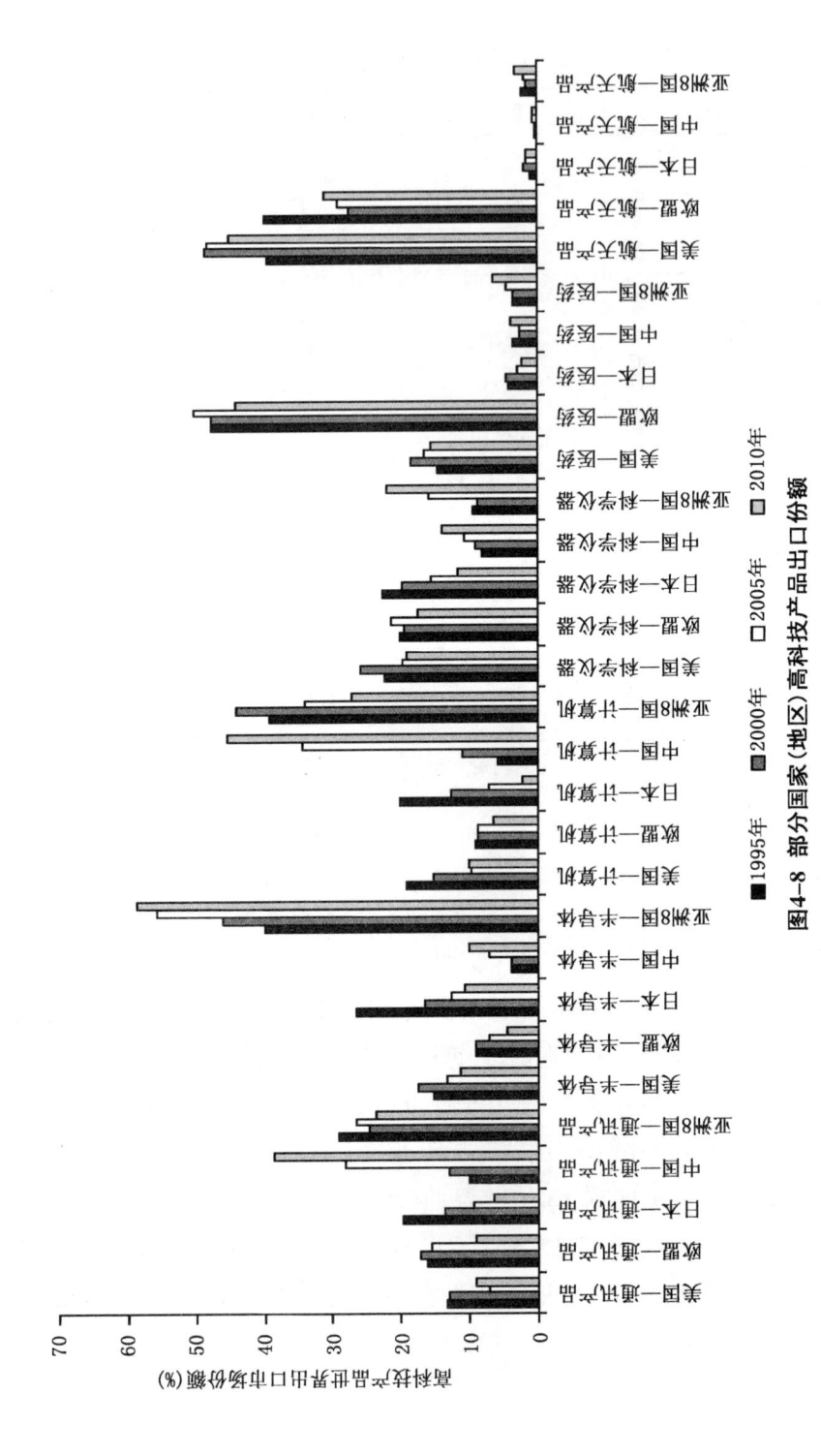

图4-8 部分国家(地区)高科技产品出口份额

可见,通过研发设计专利、商标和品牌,美国牢牢控制着产业链的两端,对计算机产业、航空航天飞机制造、医药、精密仪器等全球性产业形成了强力的产业链组织与管控,在饭店宾馆、运输仓储、教育、批发零售等方面也具有很强的产业链控制力。

(4)突出的专业化与集群化特征

美国具有高度的专业化和集群化的本土产业布局,产业体系中的每一个产业主要依托强劲研发和高度专业化及技术产业集群化在美国本土酝酿、发育、成熟,同时通过研发、生产和营销,依托跨国公司和集群在全球布局,形成多层次的产业空间体系和全球最强大的空间布局网络体系。图4-9显示,1997—2005年美国有35个产业集群的世界出口份额超过5%,其中16个超过10%,3个超过30%。

美国具有高产业份额和国际竞争力的集群有:航空、防御集群和航空发动机集群,它们的世界份额占到30%以上;医疗器械、金融服务、医疗和旅游、重型机械集群,这些集群的出口份额占到世界市场的15%~20%;商业服务、运输、化学品、农产品、生产技术、塑料、分析仪器、森林产品等产业集群的国际出口份额占10%~15%[1];汽车、信息技术、金属冶炼与制造、生物医药、通信设备、发动机驱动产品、珠宝、贵金属及收藏品、通信设备、食品加工、照明和电气设备、娱乐和录制设备、通信服务、建筑装置及设备、预制外壳和结构、能源和能源生产设备、体育、娱乐和儿童用品、建筑服务、捕鱼和捕鱼产品、建筑材料、烟草、煤及煤砖等出口份额在5%以上。其中,美国的航空、防御集群和航空发动机集群具有绝对的领导力,是全球产业体系的龙头,是世界产业王冠上的明珠,决定着飞行器和运输器具等诸多行业的发展;医疗器械、金融服务、医疗和旅游、重型机械集群是管控全球资本运行、健康产业和装备产业的总舵手。

美国的产业集群具有很高的专业化和集群化特征。如美国农业原料和化学品部门主要分布在伊利诺伊、艾奥瓦、佛罗里达、印第安纳等州,制药产业主要分布在加利福尼亚、新泽西、宾夕法尼亚、北卡罗来纳、伊利诺伊、波多黎各和印第安纳等州,医疗设备产业主要分布在加利福尼亚、明尼苏达、马萨诸塞和印第安纳等

---

[1] Battelle/ BIO. State Bioscience Industry Development,2012[EB/OL](2014-12-22). http://www.bio.org/sites/default/files/v3battelle-bio_2012_ industry_ development.pdf.

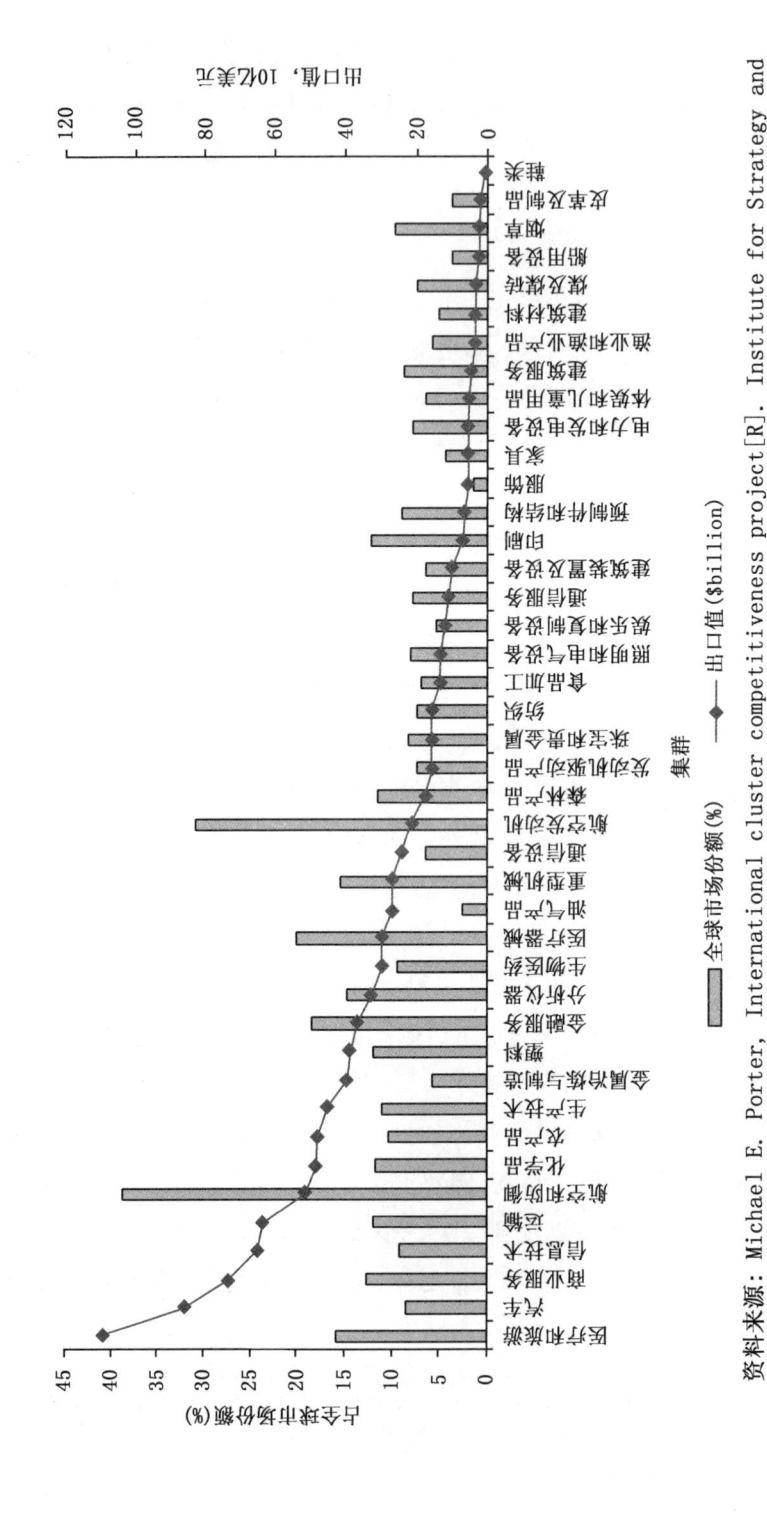

图4-9 美国1997—2005年主要产业集群出口占全球市场份额

资料来源：Michael E. Porter, International cluster competitiveness project[R]. Institute for Strategy and Competitiveness, Harvard Business School, 2007.

州,医疗实验室主要分布在加利福尼亚、马萨诸塞、宾夕法尼亚和新泽西。生物科学相关的研究产业集群主要分布在佛罗里达和伊利诺伊等州。这些专业化集群产业的区位商分布在1.29~9.69,就业比重在5.9%~17.3%[19],呈现典型的集群化生产和布局态势。

美国以这些专业化的产业集群和大型跨国公司为依托,通过海外投资,形成全球化的产业布局。如2012年美国对外存量投资达到44 533.07亿美元(按照流向目的地),其中投向发达国家的为33 872.07亿美元,投向欧洲的为24 447.57亿美元(其中有22 397.30亿美元投向欧盟),投向非洲的为613.66亿美元,投向亚洲的为4 096.11亿美元,投向拉美及加勒比海的为5 647.44亿美元,投向大洋洲的为40.47亿美元,投向北美洲的为3 514.60亿美元。当年美国对外存量投资超过1亿美元的国家地区达到115个,其中有15个国家(地区)超过500亿美元,分别是:法国825.96亿美元、爱尔兰2 037.79亿美元、荷兰6 450.98亿美元、英国5978.13亿美元、加拿大3514.60亿美元、澳大利亚1328.25亿美元、北慕大3045.24亿美元、日本1339.67亿美元、中国513.63亿美元、新加坡1 386.03亿美元、巴西793.94亿美元、墨西哥1 010.30亿美元、英属维尔京群岛2 198.51亿美元、德国1 211.84亿美元、卢森堡3 836.03亿美元,合计35 470.9亿美元,占全部存量投资的79.65%①。2019年美国对外直接投资存量达8.8万亿美元,其中59.9%投向欧洲,16.0%投向亚洲。投向加拿大、拉美、中东和非洲的FDI分别占美国总对外直接投资的6.7%、15.3%、1.3%和0.7%。借助这些投资,美国产业供应链在这些国家逐步建立并完善起来。

(5)以环保产业和环境技术研发保障产业环境安全

随着产业体系的发展,产业活动加剧,在促进经济发展的同时也带来巨大的环境压力,污染开始逐步损害大众的健康和福利。产业体系中的环境关注不断加强。

美国现代产业具有较好的环境保护支持体系,这主要表现在以下几个方面:

①基于强力的研发支持提高资源利用效率,改造工艺流程,减少产业污染与排放;

---

① UNTCAD. Bilateral FDI Statistics 2014[EB/OL](2015-02-19). http://unctad.org/en/Pages/DIAE/FDI%20Statistics/FDI-Statistics-Bilateral.aspx.

②通过产业链和全球分工,将污染物重生产组分转移到发展中国家(地区),净化了自身的产业体系;

③通过淘汰污染产业和清洁产业替代(如清洁能源部分替代化石能源),促使产业体系绿化;

④通过严格的产业政策、环境产权制度、法规,加强对产业环境污染的管理。

长期以来,美国投入大量的资金进行环境污染治理研发,掌握大量的环境专利。1999—2011年美国温室气体减排技术领域的专利(PCT专利)申请量占全球的比重超过30%,减排有潜在或间接贡献的技术、空气水废物一般管理技术、可再生或非化石能源生产技术、提升建筑和照明效率的技术、运输减排和燃料技术、具有减排潜力的燃烧技术等专利占全球比例超过10%,电力和混动车辆、建筑和照明能效、可再生能源等方面专利在全部PCT专利中的比重由1990年的0.13%、0.28%和0.38%变为2010年的0.29%、0.33%和1.23%[1]。

环境污染治理和减排技术的应用,加上污染转移、污染产业的淘汰和环境产业的增生,使美国产业的绿化系统逐步形成,表现出很强的动态抑污效果。2004—2008年美国环境产业市场从2 452亿美元增加到2 995亿美元,分别占世界市场的38.4%和38.28%,出口从11.4%增加到14.6%,实现的环境产品贸易顺差从59亿美元增加到109亿美元。从环境产业的出口产品看,设备和资源类环境产业(如水设施和化工、大气污染控制、废物管理设备、仪表和管理系统、资源修复、清洁能源、公共水利设施等)的出口比例较高,环境服务业较少[2]。

1990年美国每排放1千克CO_2的期望产出1.65美元,2011年上升为每排放1千克CO_2的期望产出2.52美元;绿色专利指数1990年为100,2009年上升为850.35,2010年略有下降,但仍高达527.10;能源生产力从1990年的4.2美元/ktoe上升到2011年的6.04美元/ktoe。2021年美国每排放1kg能源引致的CO_2可产出GDP4.58美元(2015年美元)是1990年2.04美元的2.25倍。

---

[1] ETI. Environmental Technologies Industries FY2010 Industry Assessment[EB/OL](2014-02-23). http://web.ita.doc.gov/ete/eteinfo.nsf/068f3801d047f26e85256883006ffa54/4878b7e2fc08ac6d85256883006c452c? OpenDocument.

[2] ETI. Environmental Technologies Industries FY2010 Industry Assessment[EB/OL](2014-02-23). http://web.ita.doc.gov/ete/eteinfo.nsf/068f3801d047f26e85256883006ffa54/4878b7e2fc08ac6d85256883006c452c? OpenDocument.

(6)健全有效的规制支持体系

美国通过若干政策的实施,形成了健全有效的规则支持体系,促进了现代产业体系的发育。这些政策主要包括:

①制订产业优先发展计划

通过制订产业发展优先计划,对具有战略意义、增长潜力大的新兴产业和高技术产业进行重点支持。美国分别制定了《重振美国制造业框架》(2009年)、《先进制造业国家战略计划》(2012年)、《国家制造业创新网络(NNMI)项目战略计划》(2016年),对美国现代产业体系的升级与发展起到了重要的推动作用[①]。

②税收刺激与支持

通过税收减免,降低了产业发展的成本,使新兴产业不断发展,优化和更新了产业体系。

③政府购买

通过政府购买,扩大了生产规模,分摊了投入成本,降低了进入市场的门槛,减小了发展风险。

④准入、配额、反倾销

为了保护新兴的幼稚产业,美国通过采取单边和多边行动,制定市场准入、配额和反倾销限制,保护国内市场和某些产业免受国外的冲击,推动幼稚产业发展。

⑤公共研发投资

由于共性技术和基础研究的产业化很难,企业缺乏热情从事这方面的工作,需要政府提供。一些产业化技术由于不够成熟或市场发育不足等问题,存在很大的风险,也需要政府的直接研发投资。美国是世界上最大的综合研发投入国,其中政府的公共财政预算直接委托企业研发机构的研发投资均很大,有力地支持了产业研发链的形成和生长。

⑥建立环境污染产权制度

为了形成环境保障体系,美国在20世纪90年代推行环境污染治理的市场化管理,通过排污银行、气泡政策等建立污染权交易市场,激发污染的市场化治理;通过趋紧的收费政策,形成产业环境压力;加大研发投入,产出大量的环境专利和

---

① 隆国强.理性认识当前的中美贸易摩擦[N].人民日报,2018-08-29.

技术,促使环境服务及相关产业获得发展,形成环境产业,丰富了现代产业体系。

⑦政府支持政策制度化

通过政府—国会—参众院的博弈,联邦和地方、公共与私人间联合博弈,促使不同政策得到实施,并注重政府支持政策逐步制度化,支持全球产业的管控能力建设。

⑧其他政策

在国际层面,美国通过制定和参与全球区域合作拓展市场域和产业体系。

首先,美国在 WTO、NAFTA、APEC 和世界银行中占有重要地位,这使得其产业生长空间宽松,很少受到约束,从而有足够的发展张力去增强对全球产业的管控能力。

其次,美国运用霸权支持产业管控力,如:运用金融霸权操纵全球金融市场,管控金融服务业;通过领先企业的卓越研发和技术制定产业标准,垄断相关产业,制定准入制度,提升管控能力;通过产业组织、协会等进行反倾销,维护管控力;借助环境危机,推动环境治理,促进环保技术的输出。

4.1.2　美国现代产业体系的基本科技支持政策

(1)政府通过预算和税收减免支持研发创新

2011 年美国政府对研发创新的直接支持占到 GDP 的 0.26%,大大高于韩国、德国、日本、法国和英国等国家。美国还通过税收减免来支持企业的研发创新,这部分资金支持占到 GDP 的 0.06%,与直接的资金支持合计占到 GDP 的 0.32%。由于美国的 GDP 全球第一,研发投资的绝对数量优势明显。

就研发资金的来源构成看,2011 年美国 R&D 投入 4 004.58 亿美元,占 GDP 的比重为 2.77%,其中来自政府的资金 1 244.31 亿美元,占总研发投资的 31%。2011 年美国自然科学基金的总资金超过 70 亿美元。2020 年美国研发投入达到 7 208.8 亿美元。强大的研发投资保证了美国产业研发体系的强劲运行和竞争力,推动了产业结构体系和全球化布局体系的形成,也保证了其在产业链和价值链高端控制产业体系及其绿化。

美国产业基于公共研发的创新体系一直是产业成功的主要驱动力之一。虽然其他国家积极进入技术竞赛,但美国的科研经费和专利仍居于世界领先地位。政府对产业研发的支持,主要围绕公共资助的研究型大学和国家实验室以及公共机构和部门,如国防部、国立卫生研究院、国家科学基金会(NSF)、国立标准与技术研究院(NIST)、能源部和农业部、国家航空和航天局(福克斯,2010;奥沙利文,2011)。从资金投向的部门来看,20世纪90年代中期以来,国防部的作用日趋重要,目前一半的联邦研发投入投向了这一部门,并通过著名的 ManTech 公司和 DARPA 等组织运行。从资金投向的领域来看,联邦研发主要用于航空航天和仪器研发领域,占到了联邦研发资金的75%(Wessner 和沃尔夫,2012)。政府的研发投资激发了研发机构、大学和企业的研发热情。事实证明,大部分有国际竞争力的产业部门的发展得益于政府的公共研发资助和政府购买行为,尤其是以国防安全的名义(计算机、半导体、航天飞机、国际互联网)和健康的名义(医药和基因工程)所进行的研发创新[1][2][3][4]。

(2)持续支持微观商业环境创新

政府通过相关政策支持大学、研发机构和企业形成产业科技研发体系。在这个体系中,产学研及政府紧密合作,促进了研发成果的涌现。市场会迅速发现研发成果的价值,并通过研发技术产业化支持技术产业集群的形成和发展。微观商业环境逐步得到构造与优化,具体表现为:风险投资能吸聚外来资金、技术和人才,并进一步支持诸多产业部门的发展,促进产业体系形成和动态形变;以技术产业集群的空间分布为核心形成国内产业布局,通过国际契约保障,借助跨国投资贸易、人才流和文化流的变化进行产业的全球布局和全球空间体系的构建,通过产业链和价值链将产业发展的关键环节进行国际布局,形成产业的国际管控能力;基于减少环境压力和修复环境能力,形成环境产业体系的绿化。

美国硅谷的 IT 产业集群、加州及马萨诸塞和新泽西—纽约为核心的医药产业集群、纽约的数字媒体产业集群等,都以政府支持和产学研的结合为特征,发育了良好的微观商业环境,促进了产业的布局、结构、组织与政策规制的完善与发展,进而形成产业体系发育的重要模式。

---

[1] C. A. Medeiros. The Post—War American Technological Development as a Military Enterprise[J]. Contributions to Political Economy,2003,22:41—62.

[2] F. Block. Swimming Against the Current:The Rise of a Hidden Developmental State in the United States[J]. Politics and Society,2008,36(2):169—206.

[3] M. Mazzucato. The Entrepreneurial State[M]. London:Demos,2011.

[4] G. P. Pisano,W. C. Shih. Producing Prosperity:Why America Needs a Manufacturing Renaissance[M]. Boston:Harvard Business Review Press,2012.

美国依靠产学研+集群创造的微观商业环境,反过来激发了大学的学术热点,形成了世界范围内发展迅速、前景良好的创新领域,支持了高技术产业集群的不断增长和升级。2007—2011年世界最有影响的50所大学中美国有34所。从50所大学科学出版物的引用所表达的学术研究热点可以看出,美国大型的学术热点主要集中在农业和生物科学、生物化学和分子生物学、计算机科学、神经科学、物理及天文学、药学和心理学等领域,而它们正是战略性新兴产业技术和战略性产业必需的。在这些领域,美国牢牢占据30%左右的份额(见图4-10)。这是美国产业科技体系牢牢控制关键产业研发的根本和凭借,是控制产业链条上游研发设计的根本原因。这一环节带来新技术数量、结构、更换节律的提升,控制着产业的发展规模、速度和水平。2023年QS世界大学排行榜前20名中,美国占了9所;US News世界大学排行榜前20名中,美国占15所。美国大学的领先优势有力支持着美国高科技产业体系及其演进。

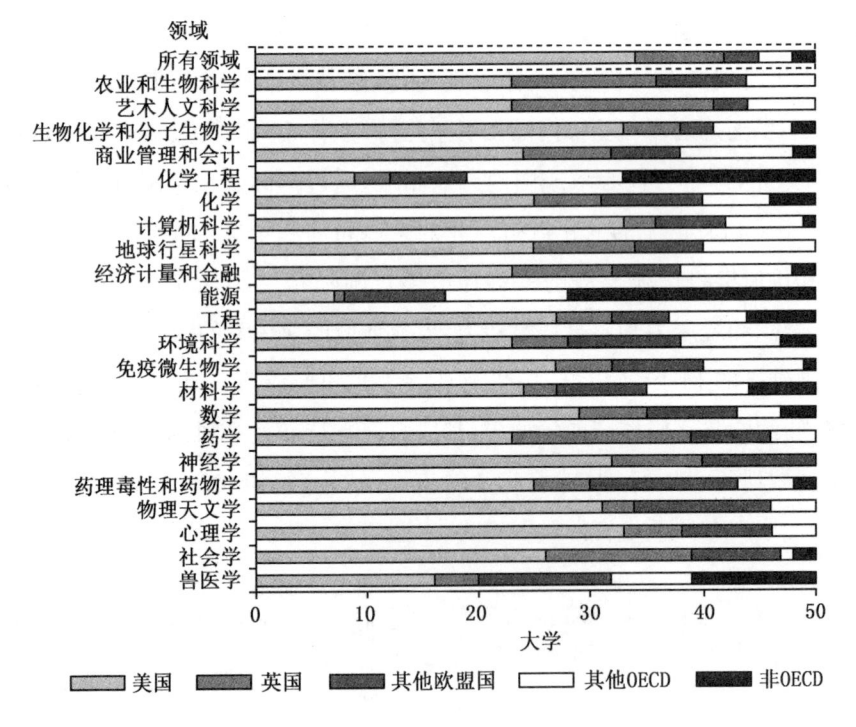

资料来源:Scopus Custom Data.

图4-10 2007—2011年全球50所最有影响力的大学的研究热点及分布

基于良好的微观商业环境发育起来的产业体系还构造了强大的研发合作网络,将美国置于全球研发合作的中心。从研发人员的流动看,美国成为研发人力资源的中枢,是全球最大的网络节点,它不但与德国、英国等发达国家合作强劲,与中国等发展中国家的合作也日趋加强(见图 4-11)。目前,美国已成为网控产业研发人员的全球"极化核心",是管控产业体系的有力保障。这一网络核心地位可以领导和吸引全球优质研发资源,完成更难、更具有新意的技术和理论,了解各国的研发水平和状态,集聚全球先进研发成果,保持一流的研发技术持有和储备,控制技术市场化的时序,找寻到国际分工下低成本产业活动区,支持产业体系竞争力的提升和更新。

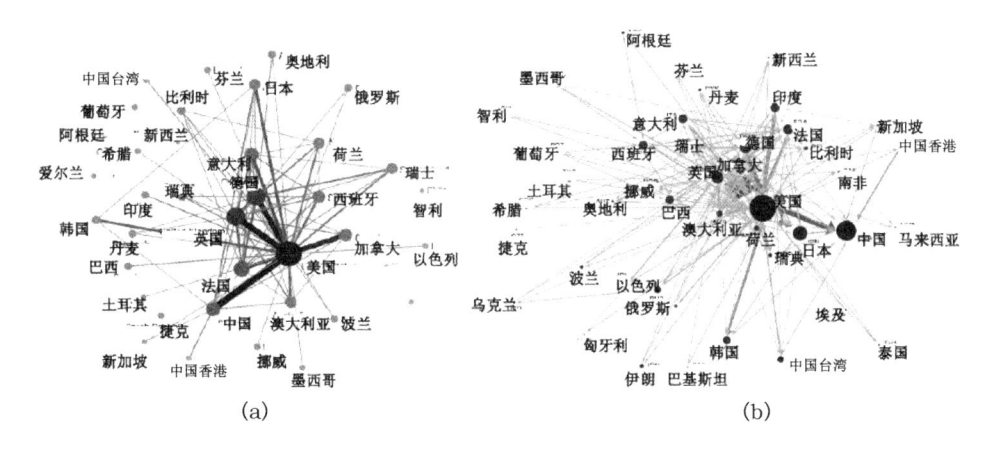

资料来源:OECD 数据库[DB/OL]. http://stats.oecd.org/Index.aspx? DatasetCode=TISP.

图 4-11　2011 年研发合作(a)及 1996—2011 年研发人员的跨国流动网络(b)

从流入的存量 FDI 看,美国依靠良好的微观环境,形成了对外资的巨大吸引力。如美国吸引的 FDI,1980 年为 830.46 亿美元,占全球份额的 11.9%,1999 年为 27 981.93 亿美元,占全球份额的 39.26%,2012 年为 39 319.76 亿美元,占全球份额的 17.24%(见图 4-12)。虽然美国 2012 年占全球的份额较 1999 年有所下降,但就总量来看,依然为全球最大的吸引外资国家[①]。2021 年美国吸引外资达 3 670 亿美元,位居世界各国之首,占全球吸引 FDI 总量的 24.5%。中国吸引外

---

① UNTCAD. Bilateral FDI Statistics 2014[EB/OL](2015-02-19). http://unctad.org/en/Pages/DIAE/FDI%20Statistics/FDI-Statistics-Bilateral.aspx.

资 1 810 亿美元,占全球 FDI 总量的 12.1%,位居世界第二。而且,引入的 FDI 依托美国良好的微观商业环境增值后,形成对外 FDI 的新动力,推动了其在全球的产业布局和强力的增值,形成了吸引外资—对外投资—大幅增值的良性循环机制。

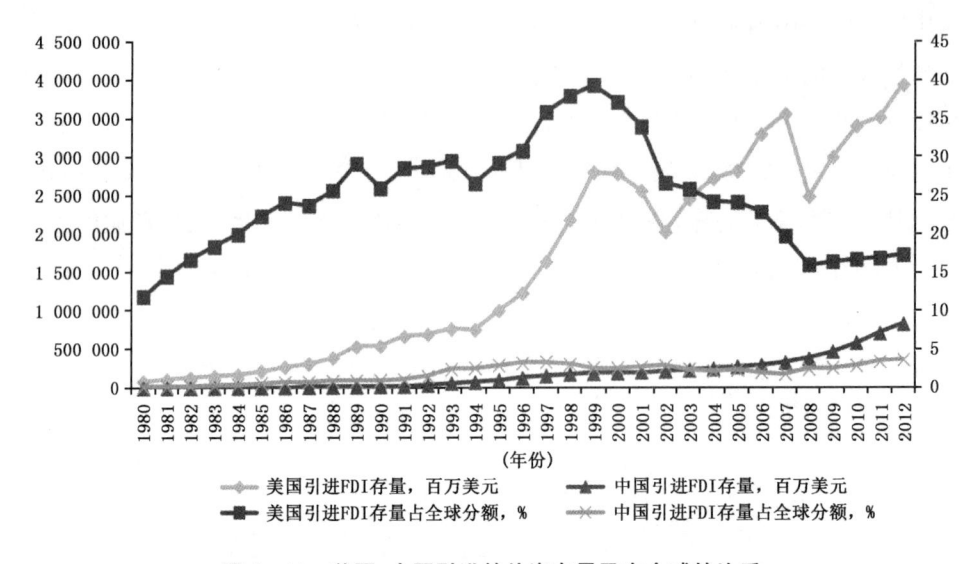

图 4-12 美国、中国引进的外资存量及在全球的比重

从商品流动看,美国是全球最大的半成品出口地之一。美国企业在充分考虑经济规模、地理因素、资源禀赋等因素的基础上,通过外包和半成品出口将部分研发、生产与营销活动转移到中国、东盟、墨西哥、加拿大、欧洲等地,完成了产业部门体系布局、产业研发体系布局和产业链组构,并将一些污染密集型产业外移,绿化了自身产业体系。

(3) 依靠研发创新支持制造业的发展

美国有世界上最大和最复杂的多元化的工业系统,其制造业增加值目前大约占全球的四分之一。2010 年美国的制造业产生了 1.7 万亿美元的增加值,占 GDP 的 11.7%,吸纳就业 1 150 万人,并贡献了 60% 的出口额[总统执行办公室(EOP),2012]。20 世纪下半叶以来,美国制造业越来越专注于基础型、规模型和高科技产业,如化工产品、汽车及运输设备、计算机和电子产品等领域。同时,食品、服装、木制品、印刷等,仍占制造业整体产值显著的份额(NIST,2013)。

次贷危机发生后,美国制定了复苏和再投资法案(ARRA),通过了 7 870 亿美元的刺激计划。它首先救助制造业巨头 Gede 重组,并提供 1 000 亿美元的混合贷款担保,支持可再生能源、电力输电工程以及智能电网,设立电池及关键材料和研究项目,如 ARPA—E(高级研究计划资助机构—能源)。在纽约州、密歇根州和俄亥俄州,美国政府通过促进研发实验室的建设来促进产业结构调整,吸引投资和建立新的先进制造中心,从而支持了先进制造业的发展。此外,奥巴马政府提出投资 10 亿美元建立国家网络制造创新系统(NNMI),旨在加速开发和采用先进制造技术(OMB,2012)。美国政府出资 25 亿美元设立创新研究计划(SBIR),对专门从事具体技术系统和组件制造的小企业公共合同研发提供补助,强化了制造业扩展伙伴关系计划,还投入 50 亿美元为先进能源生产进行税收抵免(美国国会,2011A),增加航运税收减免等,支持制造业发展[①]。

总之,美国政府的产业政策始终围绕着以下几个方面展开:

①确保美国的中小型企业(尤其是涉及医疗保健、税收、能源等领域的中小企业)获得技术和资金,以便降低其成本(美国商务部,2004 年;内政策委员会,2006 年),从而提升制造业竞争力;

②创建"公平竞争"的环境,并通过双边协定或执行世界贸易组织的规定,确保美国企业进入国际市场;

③通过分配科学和技术创新资源,配套专门机构或方案,促进先进制造业的研发[②]。

(4)注重国内规制发展和国际规制的制定或参与

在国内层面,美国政府依托市场,通过若干产业政策,促使产业体系运作效率提高,促进了研发能力的增长、新兴产业的发育和空间布局,控制了产业链和价值链,保障了产业的发展环境。同时进行政策的可行性检验与评估,逐步将有效的政策规制化,提升了政策的法律效能。

在国际层面,美国政府动用其全球军事、政治和经济的霸权地位以及和盟国

---

① Eoin O'Sullivan, Antonio Andreoni, Carlos López-Gómez, Mike Gregory. What Is New in The New Industrial Policy? A Manufacturing Systems Perspective[J]. Oxford Review of Economic Policy, 2013, 29(2):432—462.

② Eoin O'Sullivan, Antonio Andreoni, Carlos López-Gómez, Mike Gregory. What Is New in The New Industrial Policy? A Manufacturing Systems Perspective[J]. Oxford Review of Economic Policy, 2013, 29(2):432—462.

的关系,参与国际投资贸易的双边或多边合作规则的制定,为本国企业在海外竞争场上扫清非企业控制和运作的机制或政治性障碍。

(5)以科技和规制为核心,构筑六位一体的产业支持体系

现代产业体系基于市场机制,以大学研发机构—企业—政府一体化的研发系统为核心,形成高科技产业为支撑的现代产业结构体系、市场化集群为支撑的全球化产业布局体系、研发和销售为支撑的强大产业链组织体系、不断绿化的产业环保体系和相得益彰的国内—国际产业规制体系6位一体的紧密系统,彼此间相互关联与协调,共同构成高效的现代产业系统(见图4-13)。兹分述如下:

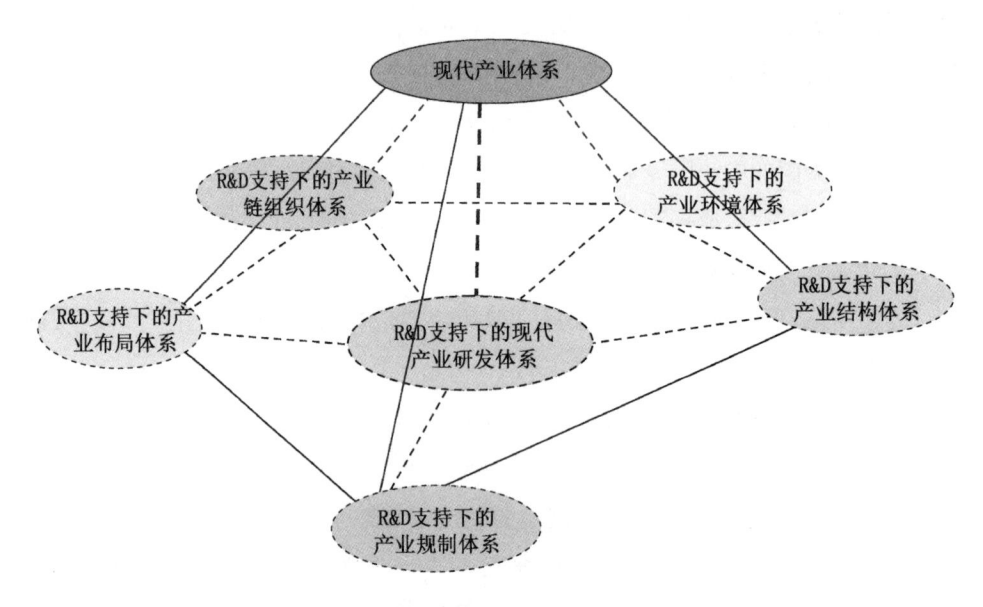

图4-13 研发创新支持下的现代产业体系构成示意图

①以研发为核心与动力源

现代产业的发展是建立在可靠的产业技术基础之上的,缺乏基础或技术落后都难以在国际竞争场上立足并持续发展。产业的研发过程包括基础理论、共性技术和应用技术。对大多数基础理论来讲,由于风险较大,企业投入研发的积极性差。而产业共性技术因其巨大的外部性,也难以刺激企业大量投资于研发。但无论是基础理论还是共性技术,都是产业技术的源泉,是研发链条上不可缺少的内容。

按照国际经验,基础理论和产业共性技术主要由政府投资,而应用技术主要

由企业投资研发。政府依靠财政预算,安排足够的资金进行基础理论和产业共性技术研发,为企业的研发提供基础和准备。而产业基础理论和共性技术一旦研发成熟,会为企业的技术研发提供足够的刺激,并使产业得到巨大的成长。如此,就形成了依附大学、研发机构、重点实验室等的高技术产业群。在市场规律的作用下,通过分工和低成本的驱动,集群的企业主体进一步根据产业细分和前景,确定发展的部门方向,形成部门结构体系。在此基础上,这些企业再根据劳动力资源、自然资源、区位、文化等要求,寻求在最合理的地区进行布局发展,形成空间体系。

②高技术产业为核心的结构协调

现代产业体系的直观表现之一是部门比例。良好的现代产业体系应当具备各部门间动态的、优化的和协调的比例关系:新兴的产业部门不断出现,落后的产业部门逐步外化和缩减;增值能力强的部门发展迅速,优势部门得到发展,弱势部门得到改善或有序退出,均势部门能够有序分异,趋向优势产业或逐步淘汰,从而促使产业资源的投入效率不断提高。

③依靠技术创新和先进技术产业化形成合理的产业空间布局

产业的发展需要地理空间的支持,这种空间是市场区位、交通条件、文化氛围、土地等商务成本综合决定的。合理的产业空间布局是节省成本、扩展营销、增强产品或服务提供能力和研发能力的关键。现代产业体系必须通过投资贸易、商标品牌和技术管理,形成具有国际化或全球化的空间布局结构。

④依靠研发和专利商标,对产业进行全球管控

在分工细密和全球市场快速发展的今天,企业将非核心部门和产业活动进行外包和远距离布局的关键是形成对产业的价值链和产业链的管控,实现产业分工和地域分工的分散带来的利益流回归,以进一步提升企业进行技术扩散和部门—空间经营的收益增加。要做到这一点,就必须化解时空扩张和部门分散产生的控制力的递减和利益流失的风险。为此,企业和集群往往通过研发控制、核心技术控制、商标—品牌控制、专利控制、产量与价格控制等,形成对产业链和价值链的全球管控力。

⑤依靠绿色技术形成绿化保障

从产业发展的环境资源约束来看,面对全球气候变暖和环境污染带来的福利

损失，要想实现产业持续发展就必须加强环境管理和污染控制。为此，需要研发系统提供治污控污技术，淘汰污染重的产业部门，控制空间布局，也需要产业链的和价值链的再组织，以减少污染，提高产业体系的绿化水平。同时，完善国内的排污权交易市场，完善排污收费制度及相关的法律法规。当然，气候污染无国界，环境污染多具有跨界性，需要国际合作和国际法律法规来保证。

⑥科技研发与规制约束

国内的产业活动和利益关系、合作与竞争关系、污染与收益的错位等需要严格、完善的规制系统，以保证产业体系有序、有效运行。产业活动的全球化需要进行跨越主权的合作博弈，国际产业体系运作会受到关税壁垒、技术壁垒、标准、专利、商标、市场准入、多国区域性组织的准入、反倾销等多重阻力，需要参与国际标准的制定，参与国际区域组织的缔造和成员申请与认证，需要具有应对非合理性准入限制、不合理的关税壁垒和反倾销的规制体系。这是全球化的现代产业体系必须发育的功能子系统。产业的规制体系超越了一般意义上的效率、成本、质量、品牌等决定产业发展的要素。

同时，某一子系统的变化必然影响其他子系统的变化，进而影响现代产业体系的综合平衡与功能最大化。某一子系统发育不足或不合理，产业体系发生倾斜，会对其他子系统形成不利影响，进而危及整个产业系统的正常功能性发挥。

总体而言，美国名义上没有产业政策，但实质上产业政策体系很强。美国的产业政策主要是通过总统和国会之间、联邦和地方政府之间、公共与私人之间相互作用形成的，是一种形变较强、注重知识驱动、强调创新和创业的产业政策体系[①]。美国以技术集群和大学、研发型公司、科研机构、政府相结合，并以市场为主导的产业体系构筑动力机制，形成了强大的技术集群体系和专业化布局体系。集群以其对专业研发的集聚和放大，又形成以典型企业为核心的全球研发网络，并以之形成产业"骨架"。同时，通过产业链管控、环境和规制保障，美国拥有了世界上强大的现代产业体系。

---

① H. Christian M. Ketels. Industrial Policy in the United States[J]. Journal of Industry Competition & Trade,2007,7:147—167.

4.2 日本科技创新与现代产业体系发展

4.2.1 日本现代产业体系的特征

(1) 以重型制造为核心的产业结构

第二次世界大战之后,日本采取了贸易立国的产业经济政策,大力支持大企业的发展,引进、吸收欧美的技术专利,形成产品出口能力,崇尚垄断竞争,支持汽车、钢铁、炼油等产业发展。这些政策使日本经济在20世纪80年代末期达到顶峰。

日本一直重视制造业,但由于劳动力成本上升,难以继续发展高质量的劳动密集型产业,遂逐步将该类生产转移到国外[①]。如汽车,1990年日本国内的产量为1 400万辆,2005年下降到1 000万辆,该产业吸纳的就业人数1991年为95.6万人,2002年下降为78.7万人。与之相伴随,日本的整个产业结构开始移向服务业。但由于服务业受到国内规制的束缚,竞争不充分,在国际市场上大大落后于欧美,无法弥补制造业转移带来的损失。特别是随着2000年中国加入WTO,中国的许多产品出口到日本,支持日本强大制造的产业体系逐渐萎缩。在亚洲出口市场,从各经济体对华出口和对日出口所占比重在1995年和2012年的变化看,出口到中国的比重不断上升,表明日本的微观商业环境中商品流入层面在恶化(见表4-2)。

表4-2　　　　　　　部分亚太经济体对华出口和对日出口的变化

出口国(地区)	出口对象国(地区)	1995年占全部出口比重(%)	2012年占全部出口比重(%)
澳大利亚	中国	3.7	31
	日本	23	17
中国香港	中国	5	4.7
	日本	16	0.4
印度	中国	1.2	7
	日本	6.6	2.4
印度尼西亚	中国	3	13
	日本	8.2	15

---

① Risaburo Nezu. Industrial Policy in Japan[J]. Journal of Industry Competition & Trade 2007,7:229-243.

续表

出口国(地区)	出口对象国(地区)	1995年占全部出口比重(%)	2012年占全部出口比重(%)
马来西亚	中国	4.8	10
	日本	23	5.8
新西兰	中国	1.8	14
	日本	7.9	5.6
菲律宾	中国	2	17
	日本	13	3.9
新加坡	中国	1.4	4.3
	日本	11	0.9
韩国	中国	1.9	15
	日本	5.3	3.2
中国台湾	中国	5.6	20
	日本	14	4.4
泰国	中国	7	11
	日本	9.2	5.4

资料来源：IMF. Regional Economic Outlook: Asia Pacific[EB/OL](2018-05-01). https://www.imf.org/en/Publications/REO/APAC/Issues/2018/04/16/areo0509.

从2002年的经济普查资料看，在日本2002年4位数的产业分类的增加值份额中，最大的是汽车，为7.997%；其次是汽车配件，为6.9810%。其余依次是：炼油为3.2710%，印刷为2.4101%，制药为2.2215%，集成电路为2.0070%，电器部件为1.6507%，钢铁冶炼为1.3699%，车体和拖车为1.0458%，塑料制品，为1.0456%，卷烟为1.0050%，食品为0.9483%，纸制品为0.8087%，塑料为0.9756%，办公机械为0.9289%，电控开关等为0.9663%，录像及复制设备为0.8421%，通信设备为1.1103%，个人计算机为0.8162%，钢铁制品为0.7169%，肉制品为0.6767%（见图4-14）。

按照2012年的经济普查资料，日本2002年4位数的产业分类增加值份额最大的是汽车配件，为10.4359%；其次是汽车，为6.7918%。其他依次是：炼油为5.5206%，制药为2.3618%，钢铁冶炼为2.1605%，塑料为1.1474%，集成电路为1.2213%，建筑矿山机械为1.0385%，电控开关等为0.8786%，船舶修造

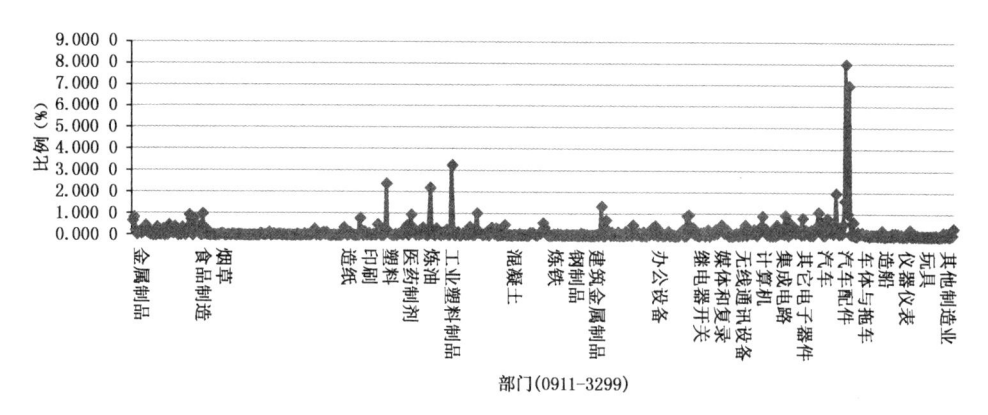

第 4 章 科技创新促进现代产业体系发展的国际经验 121

注：为了清晰展示份额较大的部门，图中仅标出增加值占比大于 0.6% 的产业部门。
资料来源：日本统计局. http://www.meti.go.jp/english/statistics/tyo/kougyo/index.html.

图 4-14 2002 年日本 4 位数制造业部门（0911—3299）在全部制造业部门中的份额

为 0.812 6%，内燃机辅助设备为 0.788 9%，卷烟为 0.748 1%，软饮料和碳酸饮料为 0.79 7%，纸制品为 0.623 5%，基本石油化工为 0.630 1%，塑料制品为 0.646 4%，塑料薄膜为 0.676 7%，钢铁切削锻造为 0.735 6%，电器部件为 0.678 6%（见图 4-15）。

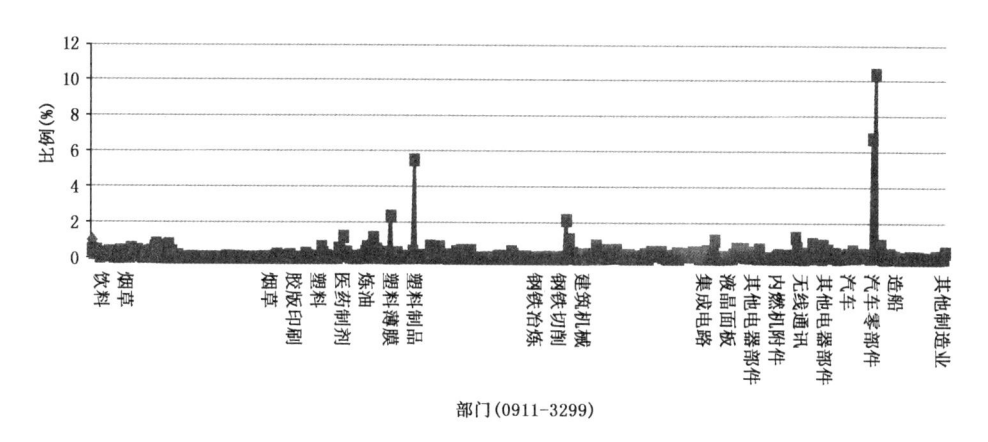

注：为了清晰展示份额较大的部门，图中仅标出增加值占比大于 0.6% 的产业部门。
资料来源：日本统计局. http://www.meti.go.jp/english/statistics/tyo/kougyo/index.html.

图 4-15 2012 年日本 4 位数制造业部门（0911—3299）在全部制造业部门中的份额

由此可见,日本主要工业部门仍局限于传统部门,在该领域其制造技术和竞争力很强,但生物医药、空天产业、先进机械设备、医疗器械、基本化学等部门的比重不高,产业体系的高级化不足。

(2)研发体系和产业集群发育水平不高

20世纪90年代以来,日本产业政策逐渐变化,开始着力研发创新,促进了研发创新体系的完善,专利数量明显增加,但相比美国和德国等来看,研发的质量不高。日本的研发支持主要聚焦于传统制造业,对先进制造业和生产性服务业的研发支持不够,产业链发育不足,主要通过专利技术和品牌对制造业进行控制,缺乏研发服务和营销的强力控制,且主要偏于汽车、零部件、炼油等硬制造部门。在新一轮产业体系调整中,日本正朝着服务或生产的整体出口转变。

日本通过6次国土综合规划,将产业的国内空间布局整合、集聚到东京、中京、阪神和南九州几大都市圈,产业的集聚度高,强势企业很多,但大学和研发机构动力不足,致使产业集群发育不足,水平不高。

(3)环保产业与保障国际化支持不强

日本拥有一定的环保产业技术和专利,日本的人均CO_2排放水平、单位GDP排放的CO_2数量都在下降,绿色专利指数不断上升。但其环保技术、环保产业的比较优势表现在其与发展中国家之间,环保产业发展找不到国际化的支点。尤其是2012年日本退出了《京都议定书》的国际减排计划,其国际支点进一步丧失。

(4)产业规制发展约束较大

在国际市场上,由于过度保护本土市场,日本在参与国际组织和规则制定方面深受限制。受到自身市场狭小、研发专利集中面小等原因,日本产业规制的创立和国际接受度都与其国际经济地位不匹配。根据国际竞争力年鉴,2010年日本贸易壁垒得分为4.1,排名第100位。从非农产品出口免关税份额看,2011年日本前5大出口对象国的综合零关税产品比例为43.43%,低于美国的80.49%、俄罗斯的92.24%、欧盟的61.66%、印度的65.72%、印度尼西亚的84.51%、马来西亚的89.12%、新加坡的87.82%、南非的79.21%、巴西的85.89%,也低于韩国的58.61%和中国的64.56%。日本进口关税也很高,按照国际竞争力年鉴2011—2012,日本的关税得分为4.1,排在第100名。2019年日本的复合关税率得分为4.1,在141个经济体中排第107位。显然,这种过度限制产品、材料和服务跨国流动的贸易政策阻碍了日本产业经济的发展和有效产业体系的进化。

(5)产业体系各层面之间的相互作用不够密切

日本的产业体系各层面之间的相互作用有限,限制了日本国民经济的发展,具体表现为:相对弱化的研发难以有效支持战略性新兴产业发展,对产业集群的激发和孕育能力不足;由于研发专注于较为传统的硬制造,致使其产业链的控制能力有限,而自身对国内市场的过度保护又难以换回其他主要贸易国的大幅度零关税优惠和外资的大规模进入;产业的本土环保化水平高,但国际化环保技术的产业化水平低。基于这些原因,目前日本的全球布局版图正在被迅速挤压。

4.2.2 日本产业体系的基本科技支持政策

(1)微观商业环境以外向化发展为主

日本对 FDI 吸收限制很多,但对外投资较为强劲,这种过渡失衡使其微观商业环境难以通过大量吸聚 FDI 来优化。按照美国和德国的经验,良好的微观商业环境能够吸聚互补的优质 FDI,优化东道国的资本结构,创造更大价值,可以成为"汇值"。在此基础上,进一步形成或扩大国际资本的比较优势,输出 FDI 增值,可以成为"源值"。FDI 的这种增值会彰显微观商业环境的投资价值,是全球化地区产业发展的基本途径。如果汇值和源值平衡发展,自然相辅相成互补提高。如果汇值很高,会逐步形成国际资本剩余难以有效利用、汇流,难以强化和维持的局面。如果仅仅源值发达,也往往导致对外投资逐步枯竭。这两种方式无法单独长期优化微观投资环境,自然无法支持和孕育产业的发展壮大。2000 年日本吸收的 FDI 为 83.23 亿美元,2013 年为 23.04 亿美元,FDI 流入量分别占对外 FDI 的 26.37%和 1.7%。而相同年份新加坡的相应数字分别为 155.15 亿美元和 637.72 亿美元、233.31%和 236.48%。2021 年日本 FDI 流出量为 1 470 亿美元,流入量为 250 亿美元,分别占日本 FDI 总量的 85.5%和 14.5%。也远远低于德国、美国和世界平均水平。

(2)实行水平和垂直相结合的产业政策

长期以来,日本以实行垂直产业政策为主,善于支持具体产业或技术的发展。近年来,日本正在改变这种政策,转向水平和垂直相结合的产业政策,其主要表现为:

第一,以能源生产、转换和分配网络,水务产业,信息通讯,城市开发或产业综合体,铁路,核能,废水处理循环等为核心,支持新兴市场的基础设施建设。

第二,以智能电网、智能社区、智能房屋、燃料电池、下一代运输工具、太阳能和绿色 IT 等为核心,支持下一代能源解决方案。

第三,以健康服务(健康关爱、医疗设备、制药、护理)、儿童养护、生活基础设施服务(购物支持、安全服务)、E—政府和循环产业等为核心,支持社会服务。

第四,以内容、农业和食品、时尚设计、旅游康乐、日常用品(包括传统手工艺产品)、中小企业海外扩张、海外产业布局等为核心,支持文化产业的资本(将文化介绍到新兴市场)拓展。

第五,以空间、航天、稀有金属、机器人、先进 IT(云计算等)、功能化学、纳米和超导等为核心,支持前沿技术研发。

第六,支持产业结构的合理化调整,确定有潜力和前景的产业。2006 年内阁批准的 METI 的新增长战略提出,将燃料电池、信息家电、机器人、健康清洁技术、商业支持服务和内容产业等产业作为未来的重点发展领域[①]。

(3)支持产业集群发展

日本产业政策十分重视集群发展。日本经济、贸易和工业部(METI)制定的产业集群发展规划将产业集群的发展分为 3 个阶段:

第一期(2001—2005 年)产业集群推出期

在此期间,日本政府在推动产业集群项目发展中发挥核心作用。该计划鼓励产业与地方政府协作,推动自主研发产业的集聚,形成网络作为构建产业集群的基础。

第二期(2006—2010 年)产业集群发展期

在此期间,继续促进产业网络的形成,鼓励企业管理和创业公司的改革,要求灵活审查具体项目,并根据需要推出新的项目。

第三期(2011—2020 年)产业集群自主增长期

在此期间,产业集群已逐步发展,并转移到自主增长期。为推动产业集群的进一步发展,2001 财年日本经济产业省出台了推动各区域局和私人促进机构之间密切合作伙伴关系的政策,力图将产业集群的影响扩散至全国,从而在全国范围内获得更多的业务支持[②]

---

① Risaburo Nezu. Industrial Policy in Japan[J]. Journal of Industry Competition & Trade,,2007,7:229—243.
② Ministry of Ecomomy, Trade and Industry. Industrial Cluster Policy[EB/OL](2009-01-01). http://www.meti.go.jp/policy/local_economy/tiikiinnovation/industrial_cluster_en.html.

(4)强化产业规制改革与产业技术

随着人均收入水平的提高,支撑日本腾飞的勤劳、忠于组织、节俭、尊重上级、自律、双边信任等企业精神减弱,员工开始频繁跳槽。日本政府被迫改革产业的法制框架,减除不必要的法规,增加能够促进有效竞争的产业政策。这些政策涉及信息技术、竞争政策、司法系统、金融服务、教育、医疗服务、家政服务、劳动力市场、农业、能源、住房、运输、环境、安全和标准等领域。1990 年到 2006 年 4 月,日本有 1 500 多个政策法规被清除。电信等产业因为这些法规的去除或放松获得了很好的市场效果。

近年来,日本政府不断加强大学的改革和知识产权保护。为了鼓励创新,日本政府想方设法筹集资金,支持私人企业的实验室、政府研究中心和大学的研发获得。针对资助增长、成果稀少的现象,政府出台鼓励大学研究人员在企业做股东、加强人员信息交流、开放实验室加强信息共享、允许自主研发专利归研发者拥有、允许大学建立自身知识产权办公室等一系列政策。为了促进创新、加强知识产权保护(包括专利、版权、品牌),2003 年内阁设立知识产权总部来改善和调节知识产权。这一措施取得了很好的成效,使日本自 2003 年起成为技术的净出口国。

从产业政策变化来看,20 世纪 90 年代以后,随着引进技术专利难度增大及新兴市场国家制造能力的提高,日本开始转向技术立国的产业政策,支持自主研发,支持产学研合作和产业集群的发展,支持市场的有效竞争和微观商业环境的改善,支持服务业的延伸和综合服务业的发展。日本由过去主要针对具体产业和产能及出口,转向主要关注产业发展的基础设施、技术设施和能力,并注重产业市场环境的有效竞争,注重 5 大产业的培育和发展,注重产业链的链段控制和延伸等。

4.3 德国科技创新与现代产业体系发展

4.3.1 德国现代产业体系的特征

德国具有以先进制造业为核心的产业体系。德国产业体系由以制造业、公共服务教育健康、贸易运输宾馆和餐饮、房地产、商务服务为主导的产业部门构成,其制造业包括汽车、机械设备制造、炼焦石油精炼、食品制造、电力设备、基本金属等优势部门(参见表 4-3、表 4-4)。

表 4-3　　2011—2013 年德国各产业部门增加值　　单位:10 亿欧元

	2011 年	2012 年	2013 年	2011 年增加值比重(%)	2012 年增加值比重(%)	2013 年增加值比重(%)
总增加值	2 334.89	2 386.79	2 453.85	100.00	100.00	100.00
农林渔业	18.46	19.98	19.06	0.79	0.84	0.78
工业(不包括建筑)	607.8	616.94	626.46	26.03	25.85	25.53
制造业	529.79	534.36	535.46	22.69	22.39	21.82
建筑	109.18	111.32	114.76	4.68	4.66	4.68
贸易运输宾馆和餐饮	339.09	347.48	355.24	14.52	14.56	14.48
信息通信	94.66	96.02	96.21	4.05	4.02	3.92
金融保险	101.47	94.42	99.68	4.35	3.96	4.06
房地产	283.15	289.29	299.15	12.13	12.12	12.19
商务服务	253.94	264.51	280.12	10.88	11.08	11.42
公共服务教育健康	421.87	438.11	450.55	18.07	18.36	18.36
其他服务	105.27	108.72	112.62	4.51	4.56	4.59

资料来源:OECD 数据库[DB/OL]. http://stats.oecd.org/Index.aspx?DatasetCode＝TISP.

表 4-4　　　　　　　　2013 年德国制造业　　　　　　单位:10 亿欧元,%

	增加值	比重(%)
食品制造	166 788.00	8.52
饮料制造	20 387	1.04
烟草	17 699	0.90
纺织	12 336	0.63
服装	8 977	0.46
皮革	2 900	0.15

续表

	增加值	比重(%)
木制品、草编制品及编织材料物品的制造	24 152	1.23
造纸及纸制品	40 903	2.09
印刷和媒体服务	21 265	1.09
炼焦和炼油	147204.00	7.52
化学品制造	161444.00	8.25
药物和制剂	44 592	2.28
橡胶塑料	79267.00	4.05
其他非金属制品	46 693	2.39
基本金属	110219.00	5.63
电子计算机和电器	68 883	3.52
电力设施	113349.00	5.79
机械设备	244150.00	12.47
汽车	385095.00	19.67
其他运输机械	34 934	1.78
家具	21 265	1.09
其他制造业	32 501	1.66
机械设备安装维修	37 109	1.90
合计	1 957 653	100.00

资料来源：OECD 数据库[DB/OL]. http://stats.oecd.org/Index.aspx?DatasetCode=TISP.

20世纪末以来，德国制造业的出口增长迅速。如20世纪90年代德国和英国的出口额占各自GDP的份额相近；2010年英国出口额占GDP的比例为23%，而德国达46%。2010年德国是世界上第4大制造业产品出口商，出口额占世界制造业总出口额的6%以上。当时德国的机械工具出口更是仅次于日本，是世界上的第二大出口国。

德国的产业体系具有以下特征：

第一，注重以制造业带动服务业。由于制造业本身是生产服务和研发服务、金融保险服务的重要需求者，制造业的发展必然会带来对生产性服务和研发服务等一系列的服务需求创造。

第二,良好的研发体系支持了核心制造业和生产性服务业的发展。2010年德国研发投资占GDP的比重为2.82%,而英国为1.77%[①]。从具体部门的研发投资占德国研发投资总额的比例来看,化学品制造为6.45%,制药为7.97%,计算机电子和光学产品制造为12.85%,仪器仪表为4.64%,电力设备为3.14%,机械设备为9.60%,汽车拖车为31.94%,其他运输设备为5.09%,信息通信设备计算机及相关服务为4.47%,专业的科学与技术服务为6.39%。德国以这些部门为主导,形成了具有自身特色的产业研发体系。这一研发体系基于研发机构和大学发育良好且较为平衡的基础研究—共性技术研究—应用研究,形成了产学研一体化的有效结构,成为推动产业体系发展的原动力。德国加大研发投资,培养研发人员,有效促进了高精尖产品的研发和制造以及生产性服务业的发展。

第三,对一些产业部门的产业链具有很强的控制能力。依靠跨国公司的全球投资和专利技术、品牌等,德国对汽车、机械设备、炼油等产业链具有很强的控制力。如在中国,奔驰汽车利用自身主导地位对下游售后市场的零部件价格以及维护保养价格进行控制,即典型的纵向价格垄断。数据显示,奔驰C级零整比(一辆车所有配件的价格之和与整车售价的比值称为零整比,反映汽车的维修成本)高达1 273%,相当于一辆奔驰车的零部件能购买12辆整车[②]。

第四,具备良好的国际产业规制。从知识产权保护来看,2010年德国排在第13位,得分5.6;从关税壁垒来看,德国得分4.9,居23位;从反垄断法政策来看,德国得分4.7分,占49位;从贸易壁垒来看,德国得分6.2分,占第10位;从基础设施质量来看,德国得分4.9分,占第23位。

总体而言,德国产业体系的六位一体发育较为平衡,支持了德国以先进制造为特色的产业体系。

4.3.2 德国的产业研发支持政策

德国通过一系列产业政策来支持其现代产业体系的发展。

第一,鼓励商业银行对产业研发和技术产业化的长期资金支持。产业研发、

---

① OECD数据库[DB/OL]. http://stats.oecd.org/Index.aspx?DatasetCode=TISP.
② 刘卫琰. 江苏查明奔驰存纵向垄断 零整比高达1 273%[EB/OL](2014-8-18). http://www.nbd.com.cn/articles/2012-06-27/856791.html.

布局和制造能力的形成、市场营销渠道的建立等都需要大量、持续的资金投入,最重要的是能够为特定产业部门提供信贷渠道和长期的信贷资金支持。为此,德国筹建了 18 家公共或半公共的商业银行,以立法的形式使其为公共利益行使特殊职能,为政策支持发展的战略性产业部门提供长期资金的信贷供给,如德国复兴银行(the Bank for Reconstruction)、德意志结算银行(the German Bank for Settlements)和工业信贷银行(the Industrial Credit Bank)。

第二,对研发给予大力支持。20 世纪 60 年代到 20 世纪 70 年代早期,联邦政府通过大型项目强力支持技术开发。20 世纪 70 年代中期以后,政府的研发支持政策开始转变为增强产业的总体创新能力,尤其注重增强小型企业的创新能力[①]。其最主要的政策措施是发展科技基础设施,支持成立囊括 40% 研究机构的弗劳恩霍夫学会(The Fraunhofer Society)及行业或专业协会。弗劳恩霍夫学会主要由公共资金资助,许多是来自产业部门的合同研究,主旨是加强基础研究和应用技术研究之间的共性技术研究;行业协会主要是为了提高行业的整体利益;专业协会主要是为了开发和推广普遍的产业技术,开办专业杂志,组织工程技术人员的培训,提供工程技术人员的认证服务,组织会议和研究小组,对一些技术难题提出可能的解决思路和优先研究领域等。

德国产业的优先研究主要由联邦工业研究协会组织,资助资金一半来自政府,一半来自企业。很多协会、商会和工艺工作室的支出由企业义务提供,这对技术的咨询和转让起很大的作用。据统计,43% 的制造业企业因为技术转让或咨询经常利用商会的服务,17% 的企业利用经济合理委员会,22% 的企业利用综合技术研究所,20% 的企业利用大学解决技术问题[②]。

第三,强力支持绿色产业技术研发,发展清洁能源等环保产业[③]。德国重视清洁能源技术和污染治理技术的开发,促进了产业的绿化和绿色技术的产业化。若

---

① Sigurt Vitols. German Industrial Policy: An Overview[J]. Industry and Innovation, 1997, 4(1): 15—36.

② R. Michael, H. Schmalholz. Technologie Transfer in Deutschland, Stand und Reformbedarf [EB/OL] (1995-01-25). https://www.researchgate.net/publication/46550465_Technologietransfer_in_Deutschland_—_Stand_und_Reformbedarf.

③ Wilfried Lütkenhorst. Germany's Green Industrial Policy: The Costs and Benefits of Promotingsolar PV and Wind Energy[EB/OL](2014-07-08). https://papers.ssrn.com/sol3/papers.cfm?abstract_id=2396803.

以1990年基于生产的CO_2排放和绿色专利指数为100,2011年德国这两项指标分别变为80.972和1 239.969,优于全球平均水平的149.329和1 150.111;1990年德国的能源生产力为5.857 6美元/ktoe,2011年提高到8.330 9美元/ktoe;基于生产的CO_2密度1990年为11.961t/人,2011年下降到9.41t/人;基于人口的能源密度1990年为4.422 5toe/人,2011年下降到4.006toe/人。2021年德国每排放1kg能源引致的CO_2可产出GDP 6.62美元(2015年美元)是1990年2.89美元的2.29倍。这些环境指标明显优于世界平均水平,充分说明了德国产业环境支持政策的有效性(见表4-5)。

第四,支持职业技能培训,适应企业的需求,促进技术产业化。随着制造业的发展,德国不仅能对传统的工艺和维修行业提供培训,而且对白领和制造业工人进行培训。将半熟练的状态转变为熟练水平,是许多产业部门需要的。发达的培训系统为从学校走向工作岗位的学生提供了桥梁,创造了技术知识标准,增加了职业生涯的可预测性,提高了工作绩效,也为尖端制造提供了基础[1]。德国政府还限制劳工的薪酬水平,以保持企业成本的合理变动[2]。

德国力图增强核心产业和产品的国际市场份额,采取了一系列改革措施,主要有:

①增加政府对教育和研发的投资。增加120亿欧元的经费以加强教育和研发,包括2011—2015年每年增加5%的合同研发资助,2011—2017年增加270亿欧元经费用于资助基于大学的卓越计划(75%由政府资助)和国家总体创新战略。

②制定和促进若干任务导向的政策实施,如制定并实施旨在促进产业繁荣和未来德国经济活力的政策等。

③对出口给予优惠,加强双边和多边合作,拓展海外市场。如与越南合作建设越南城市铁路,参与世博会和资助德国国家旅游局等。[3]

---

[1] Sigurt Vitols. German Industrial Policy:An Overview[J]. Industry and Innovation,1997,4(1):15—36.
[2] Sigurt Vitols. German Industrial Policy:An Overview[J]. Industry and Innovation,1997,4(1):15—36.
[3] Eoin O'Sullivan, Antonio Andreoni, Carlos López-Gómez, Mike Gregory. What Is New in The New Industrial Policy? A Manufacturing Systems Perspective[J]. Oxford Review of Economic Policy,2013,29(2):432—462.

表 4-5　德国与全球部分环境指标的比较

	1990 年	2000 年	2005 年	2006 年	2007 年	2008 年	2009 年	2010 年	2011 年	2021 年
			世界							
基于生产的 CO_2 排放（1990=100）	100	113.197	131.03	134.989	139.447	140.446	138.009	145.361	149.329	—
基于生产的 CO_2 生产力，美元/kgCO_2	1.838	2.024	2.081	2.123	2.162	2.201	2.221	2.217	2.238	—
基于生产的 CO_2 密度，t/人	3.816	3.88	4.227	4.303	4.394	4.374	4.249	4.424	4.493	—
能源生产力，美元/ktoe	4.100 5	4.348 9	4.803 4	4.997 6	5.118 6	5.258 8	5.290 6	5.285 7	5.298 7	—
能源密度，toe/人	1.653 2	1.612 8	1.634 7	1.76	1.784 9	1.806 5	1.819 5	1.785 3	1.851 1	—
绿色专利指数（1990=100）	100	206.124 7	406.236 1	678.062 4	865.367 5	1 127.282 9	1 242.427 6	1 471.269 5	1 150.111	—
				德国						
基于生产的 CO_2 排放（1990=100）	100	91.381	86.877	84.262	85.66	82.898	83.633	77.606	80.972	76.57*
基于生产的 CO_2 生产力，美元/kgCO_2	2.166	2.619	3.02	3.202	3.273	3.496	3.493	3.574	3.563	6.62
基于生产的 CO_2 密度，t/人	11.961	10.627	10.042	9.704	9.876	9.571	9.67	8.998	9.41	—
能源生产力，美元/ktoe	5.8576	6.753	7.4027	7.5747	7.813	8.3104	8.3041	8.305	8.3309	—
能源密度，toe/人	4.4225	4.1207	4.0967	4.1018	4.1362	4.026	4.0677	3.8717	4.0063	—
绿色专利指数（1990=100）	100	212.815 8	262.815 8	469.564 4	590.598 5	767.407 4	1 035.111 5	1 149.664	1 239.969	—

资料来源：OECD 数据库[DB/OL]. http://stats.oecd.org/Index.aspx? DatasetCode=TISP.

注："*"2 000=100

执行上述政策后,德国创造了长期稳定的商业环境,通过发挥比较优势,塑造了科技研发系统激发力强、优势产业突出而活力强、国际布局合理、产业链控制强劲、产业绿化发展迅速、规制体系稳健发展的优良产业体系。

4.4 英国科技创新与现代产业体系发展

4.4.1 英国现代产业体系的特征

(1)完备的科技研发系统

英国的研发投资占GDP的比重虽不及美国、韩国、日本、德国、芬兰等国家,但总量仍然可观。2007年英国的总研发投资为156.07亿英镑,2011年为174.08亿英镑。

2011年英国研发投资主要分布在10个产业部门,其中科学研究开发的投资比重为33.57%,计算机及相关服务为8.58%,信息通信为13.45%,批发零售与汽车修理为4.4%,航天飞机及配件为6.44%,汽车为7.44%,其他运输设备为6.96%,机械设备为3.64%,仪器仪表为3.29%,制药为3.04,进而形成了以这些产业部门为主导的产业研发体系。

近年来,英国产业体系的重点逐步转移到服务业,该产业的研发投资占到总研发投资额的60.24%。但随着金融危机的威胁加剧,英国开始大力支持生命健康、能源和空天产业的发展,以抵抗虚拟经济可能带来的泡沫,出现了产业体系向制造业的理性回归。然而,这些领域的研发成果产业化程度不高,只有1%转化为生产力,降低了现代产业体系的功效与活力。

(2)现代服务业为核心的产业部门构成

目前,英国的产业体系以服务业为主。从图4-16可以看出,2010年英国产业的增加值主要来自服务业,尤其是批发零售/金融、房地产、健康服务、教育、科技研发、信息通信、建筑等,而制造业的贡献较小。动态来看,2002—2021年服务部门的增加值增加迅速,整体上产业经济的服务化趋势在不断加强。

(3)发达的产业集群布局

为了支持产学研一体化发展,英国制订了若干刺激计划和相关项目,如大学

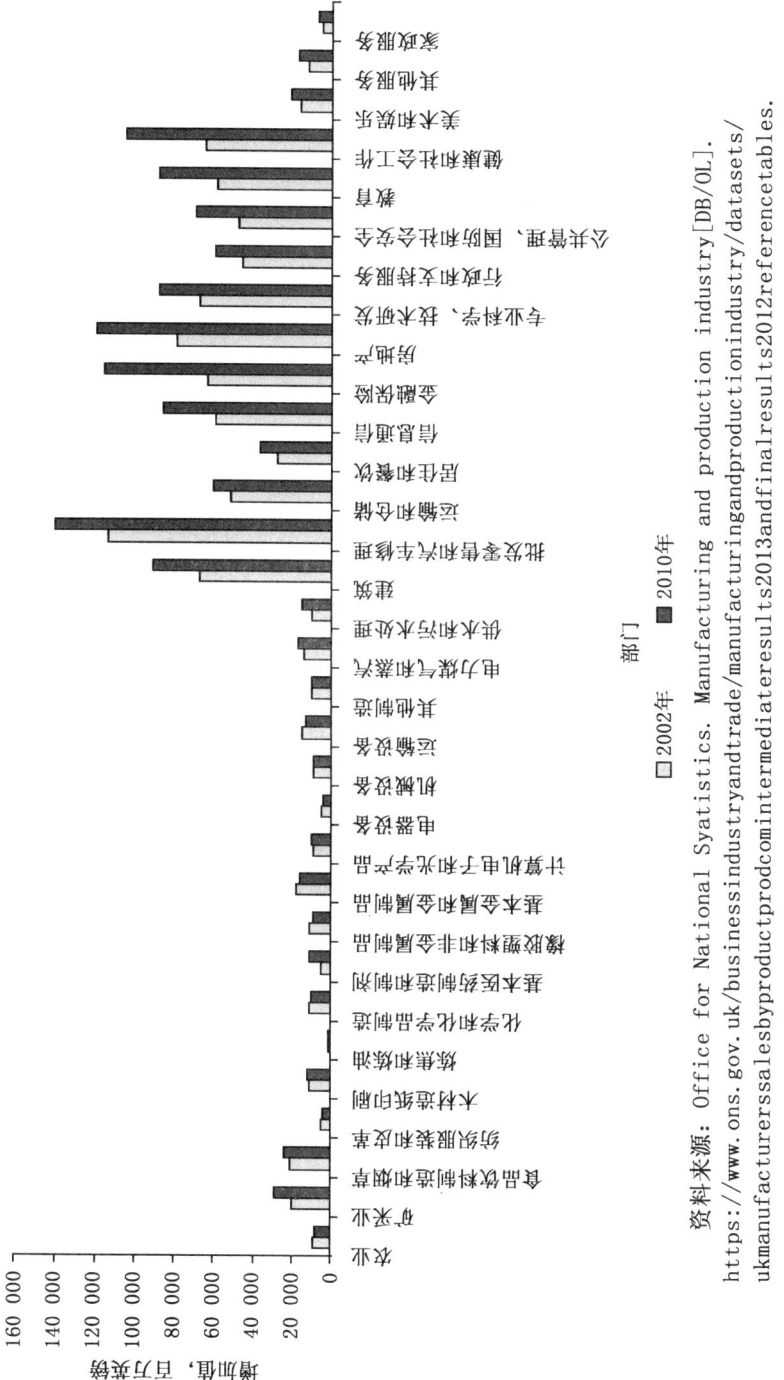

图4-16 2002年与2010年英国各产业部门的增加值分布

资料来源：Office for National Syatistics. Manufacturing and production industry [DB/OL]. https://www.ons.gov.uk/businessindustryandtrade/manufacturingandproductionindustry/datasets/ukmanufacturerssalesbyproductprodcomintermediateresults2013andfinalresults2012referencetables.

挑战计划、科学企业挑战计划、公共部门研究开发基金计划、高等教育创新基金计划、"知识利用资助"项目等。这些政策措施在一些重点部门表现得十分突出,形成了产学研一体化支持产业发展的基本体系。以此为基础,英国实现了发达的产业集群布局。

英国在药品研发及商务应用方面走在世界前列。该部门在英国GDP中占有重要比重,其出口仅次于北海石油,列第二位。根据联合国COMTRADE数据库,英国2003年的药品出口额达到184.6亿美元,是药品第一大出口国,制药工业贸易顺差达54.8亿美元;2013年英国医药产品出口达到319.4亿美元,仅次于美国,居世界第二位,制药工业贸易顺差达43.5亿美元。2021年英国出口药品总额达497.4亿美元。英国的制药工业遍布全国,形成了以下几个重要的医药产业集群:

①柴郡医药产业集群

该群内有阿斯立康研发中心,该中心有4 500人,从事抗癌药物和心脏病药物等的研发。

②肯特医药产业集群

这里有辉瑞设立的生产和研发联合集团,其研发中心是美国之外的最大研发中心,雇员超过6 000人,伟哥等重磅药物就是在此开发而成。辉瑞在肯特的研发投资不断增长,从1990年的0.43亿英镑提升到2002年5.02亿英镑,增加了10.7倍。2021年辉瑞的研发投入达138.3亿美元,在肯特的研发投入也有很大的增长。此外,肯特的贝克汉姆和Tonbridge还设有葛兰素—史克的研发中心。

③剑桥医药产业集群

该群依靠剑桥大学及相关研发机构,迅速发展为生物医药产业集群。距离剑桥不远的斯迪文格(Stevenage)和哈罗(Harlow)设有葛兰素—史克的重要研发中心,阿斯立康的重要子公司Cambridge Antibody Technology(CaT)也在本集群内。

④牛津医药产业集群

该群依托牛津大学及相关研究机构,其中的许多医药企业是牛津大学的孵化企业,且多是生物医药企业。

⑤苏格兰南部医药产业集群

这里聚集了Ardana、Dundee Cyclacel等80多家生物技术企业,已发展为新兴的生物技术研发、制造中心。其中的Dundee Cyclacel致力于新型基因抗癌药物开发。

⑥位于布伦特福德和格林福德的集群

这里密集分布着以葛兰素为主导的研发制造和营销机构。

⑦位于伦敦的集群

这里云集了世界上许多大型医药跨国公司的总部、办事处等机构,并拥有若干大学和研究机构。

⑧苏格兰东北部集群

这里有哈罗、斯蒂文格、哈德逊、诺丁汉等重要的研发中心和药厂。

这些集群无一例外具有产学研密切结合的基本特征,其发展和布局反映了英国医药产业的基本空间结构。更重要的是,集群凭借其密集的网络,形成强大的集聚力和放大的对外投资贸易和管控力,成为支持产业体系的重要支柱。

(4) 对若干产业链具有一定的控制能力

英国对金融保险、医药产业、教育、科学与专业研究等产业链条具较强的管控力。

英国是 OECD 国家中对服务业研发投入最高的国家,2010 年和 2011 年对服务业的研发投资都超过总研发投资的 60%,其中科学研究服务超过 33%,信息通信服务超过 13%,计算机及相关服务的研发投入占总研发投入的 7%以上。2019 年英国对服务业的研发投入达 157.0 亿英镑,占总研发投入的 60.51%。其中,信息通信服务、科学服务、计算机服务分别占总研发投入的 15.5%、9.2%和 33.5%,合计达 58.2%。这种强大的研发支持使英国能不断推出新的产品、服务、技术专利和品牌,建构金融、信息等产业领域的国际规制,进而形成了对金融、信息、健康等产业部门的良好管控力。

大型跨国公司的发展是增强产业链管控的重要手段。2013 年英国有 23 家跨国公司进入世界 500 强,其中 9 家为金融保险业,2 家为制药业,2 家为航空业,3 家为连锁超市,3 家为矿业,1 家为烟草业,1 家为化学公司。2016 年,英国在财富 500 强中有 27 家企业,2021 年有 22 家。这些巨型企业基于强力的研发,借力于产业集群,形成了对研发体系的支持和对世界产业链一定的控制。

(5) 产业具有较好的环境保障体系和良好的国内规制

从产业的环境管理税收来看,英国的环境税占 GDP 的比重大大超过美国、德国、韩国和中国等国家,说明英国对环境管理十分严格。这使英国的产业体系绿化度很高。若基于生产的 CO_2 排放 1990 年为 100,2011 年下降为 87.789;基于生产的 CO_2 生产力 1990 年为 2.377 美元/$kgco_2$,2011 年增长为 4.237 美元/$kgco_2$;绿色专利指数 1990 年为 100,2011 年上升到 293.395;能源生产力 1990 年为 6.403 美元/ktoe,2011 年上升到 9.979 美元/ktoe(见表 4-6 和表 4-7)。2021 年英国每排放 1kg 能源引致的 CO_2 带来 8.61 美元(2015 年美元)是 1990 年 3.11 美元/$kgCO_2$ 的 2.77 倍。

4.4.2 英国产业体系发展的科技支持政策

(1)大力支持研发创新

英国十分重视加强科技投入来动态塑造自身的现代产业体系,保持其先进性,以推动国民经济高质量发展。

首先,英国政府投入巨资建立制造业技术中心,面向未来开发核心技术。

其次,注重加强生产企业和大学及研发机构的联系,强化产学研的密切合作,促进研发成果的高效产业化,以响应企业的急切需求。

最后,着力支持空天产业和生物医药等研发密集型战略性新兴产业。面对世界人口老龄化的巨大医药需求潜力,着力大型医药研发设施建设,打造世界一流医药研发中心;基于既有的航空基础,力求强力的研发投入,保持该领域的世界领先地位。这些政策起到了良好的效果,如 2008—2009 年英国空天产业对 GDP 的贡献超过 70 亿英镑,年均增长 10%。

英国政府每年的科技预算超过 46 亿英镑。未来还将投入 1.3 亿英镑开发核心技术,投入 2.2 亿英镑建设国际一流的医药研发中心,投资 6 900 万英镑支持同步辐射光源等大型科技基础设施。每年投入 3 000 万英镑建设制造业技术中心,投资 2 400 亿英镑升级制造和服务的增值体系,并大力研发空天技术、新药和低碳技术等。[①]

(2)支持制造业的重建与先进制造业的强化

英国政府主要在低碳环保与科技基础设施建设方面支持技术密集型新兴产业的发展,更新和升级现代产业系统,构建新型现代产业体系。

---

① 王涛.英国:调整产业结构推动产业转型[N].经济日报,2011-03-28.王涛.英国推动产业转型治理可持续发展[N].中国高新技术产业导报,2011-04-04.

表 4-6 英国 1990—2021 年部分环境指标

年份	1990	2000	2005	2006	2007	2008	2009	2010	2011	2021
基于生产的 CO_2 排放（1990=100）	100	94.056	95.456	97.03	97.347	95.192	93.351	84.615	87.789	113.1*
基于生产的 CO_2 生产力，美元/kg CO_2	2.377	2.785	3.272	3.724	3.809	4.036	4.076	4.318	4.237	8.61
基于生产的 CO_2 密度，t/人	9.596	8.903	8.903	8.971	8.948	8.694	8.349	7.628	7.86	—
能源生产力，美元/ktoe	6.402 7	6.613 5	7.675 4	8.866 1	9.237 7	9.921 1	9.933	10.044 1	9.979 2	—
能源密度，toe/人	3.597 7	3.727 1	3.785 9	3.743	3.665	3.508 1	3.393 4	3.234 6	3.301 2	—
绿色专利指数（1990=100）	100	103.442 3	208.928 8	261.248	328.188 8	458.003 6	451.017 3	439.966 1	293.395 1	—

资料来源：OECD 数据库[DB/OL]. http://stats.oecd.org/Index.aspx? DatasetCode=TISP.

注："*"表示 2 000=100。

表 4-7 部分国家全部环境税占全部 GDP 专利的比重

单位：%

年份	1990	2000	2005	2006	2007	2008	2009	2010	2011	2020
英国	2.825	2.953	2.446	2.353	2.399	2.376	2.515	2.523	2.469	2.03
美国	1.076	0.964	0.858	0.845	0.814	0.783	0.784	0.786	0.785	0.66
德国	2.354	2.365	2.49	2.417	2.243	2.215	2.337	2.201	2.247	1.71
韩国	2.158	2.788	2.723	2.677	2.865	2.75	2.449	2.78	2.428	—
中国	..	0	0.387	0.823	0.841	0.847	0.817	1.317	1.468	0.84

资料来源：OECD 数据库[DB/OL]. http://stats.oecd.org/Index.aspx? DatasetCode=TISP.

2009年英国政府提出了《低碳工业战略》《英国低碳过渡计划》《可再生能源战略》和《低碳交通计划》等,意在通过政府采购、教育培训、政府资金投入等倾斜政策,促进先进制造和生产服务的绿色化、高端化,促进战略性新兴产业的发展。2010年英国政府又提出《国家基础设施规划》,计划投入2 000亿英镑推动科技基础设施建设及数字通信、高速交通和低碳环保等产业部门的发展,重点支持医药、软件、航空、汽车、电力等产业部门的科技研发、生态环保和"瓶颈"技术破解,促使这些部门优先发展。这些政策重视产学研的结合、共性技术开发及产业化的推进。如政府斥资2.5亿英镑支持混动汽车技术开发及其产业化,斥资7 000万英镑支持大学和科研机构开发新型清洁能源汽车。

(3)注重通过微观商业环境的构造吸引外部资金与技术

英国是世界上主要的FDI流入国之一。2005—2013年英国吸引的外资有6年超过了对外直接投资的数量。2005年英国FDI流入超过流出达978.92亿美元。次贷危机和欧债危机的2013年其FDI流入仍然超过流出176.61亿美元,流入FDI与流出FDI的比率为190.85%,流入总量超过了日本、韩国、德国等国(见表4-8)。从人才方面来看,英国也是全球重要的人才流动极。

表4-8 英国FDI的流入和流出 单位:百万美元

年份	2005	2006	2007	2008	2009	2010	2011	2012	2013	2021
流入	177 901	156 193	200 039	89 026	76 301	49 617	51 137	45 796	37 101	2 634 202
流出	80 009	82 795	325 426	183 153	39 287	39 416	106 673	34 955	19 440	2 166 414
流入—流出	97 892	73 398	−125 387	−94 127	37 014	10 201	−55 536	10 841	17 661	467 788
流入/流出,%	222.35	188.65	61.47	48.61	194.21	125.88	47.94	131.01	190.85	121.59

资料来源:OECD数据库[DB/OL]. http://stats.oecd.org/Index.aspx? DatasetCode=TISP.

(4)良好的制度与政策设计

英国最擅长的是制度设计,在产业体系发展中设计了良好的政策框架,取得了很好的效果。2010年英国知识产权保护在142个国家和地区中排名居11位,清廉指数在175个国家和地区中排名14位,贸易壁垒在142个国家和地区中排在59位,2013年经济自由化指数在179个国家和地区中排名14位。

英国作为最早激发产业革命并完成工业化的国家,也是世界制造业大国,拥有强劲而雄厚的研发体系、产业高级化突出、产业集群发育水平高、国际化布局合理、产业链控制精细、产业发展规制良好、产业绿化先进的现代产业体系。

4.5 韩国科技创新与现代产业体系发展

4.5.1 韩国现代产业体系的特点

(1) 高强度支持关键产业的研发

韩国研发投资占 GDP 的 4% 以上,在 OECD 国家中名列前茅,其研发领域主要集中在汽车、信息产业等本国核心部门。2011 年韩国产业研发投入中电子元器件占 36.93%,汽车占 11.88%,化学品制造占 6.11%,通信机械占 9.09%,机械设备占 5.40%,信息通信占 4.43%,以上部门合计占 73.84%。2020 年韩国研发投入 1 128.68 亿美元,其中基础研究 163.08 亿美元,应用研究 243.46 亿美元,实验开发 722.10 亿美元,分别占总研发投入的 14.45%、21.57% 和 69.98%。2020 年企业研发投入 892.55 亿美元,其中投入通信设备 269.94 亿美元,电子元器件 120.42 亿美元,汽车 103.28 亿美元,机械设备 46.93 亿美元,化学品制造 44.78 亿美元,电器机械 46.93 亿美元,信息通信服务 44.81 亿美元,分别占企业研发投入的 30.24%、13.49%、11.57%、5.26%、5.02%、5.26% 和 5.02%。以这几个大的部门为主导,韩国形成了自己的产业研发体系。

(2) 通过科技支持促进产业结构优化

在过去很长一段时间,韩国主要依靠政府非均衡的产业政策支持产业发展。政府通常选择对具体的产业和核心大企业进行重点扶持,这就增加了非公平竞争,难以激励大部分产业、企业尤其是小企业的发展。20 世纪 90 年代以后,韩国逐步转向支持基础研发和共性技术研发,增强国际规制建设,从培育产业研发创新能力和产业制度的合理性出发,支持产业的发展。

韩国逐步形成了以制造业(2011 年增加值比重 31.61%)、批零及餐饮宾馆(2011 年增加值比重 10.43%)、金融(2011 年增加值比重 7.20%)、房地产(2011 年增加值比重 7.05%)、建筑(2011 年增加值比重 5.88%)、公共管理与安全(2011 年增加值比重 5.79%)、教育(2011 年增加值比重 5.43%)为主导的较为合理的产业结构(见图 4-17)。

韩国的制造业以电子元器件计算机和通信制造、汽车、炼油、化学品制造等部

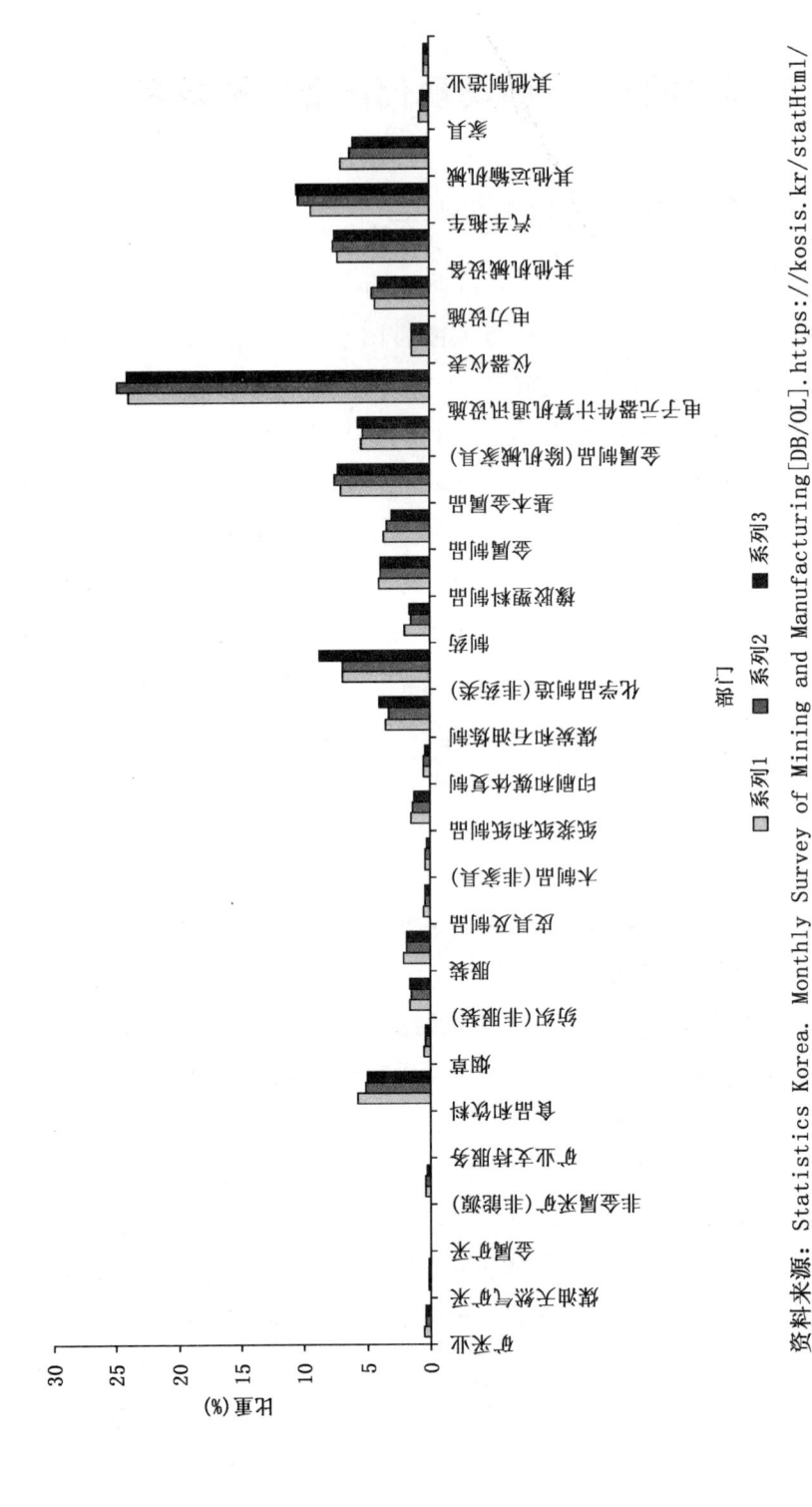

资料来源：Statistics Korea. Monthly Survey of Mining and Manufacturing[DB/OL]. https://kosis.kr/statHtml/statHtml.do?orgId=101&tblId=DT_1F01501&vw_cd=&list_id=&seqNo=&lang_mode=ko&language=en&obj_var_id=&itm_id=&conn_path=.

图4-17 2009—2011年韩国矿业和制造业各部门的增加值结构（由左到右依次是2009—2011年）

门为主。2011年上述部门增加值的比重超过6%,其中电子元器件计算机和通信制造增加值比重超过16%(见图4-18)。

(3)注重科技产业集群培养

韩国构建产业集群的基本方法是构建区域产业管理公司。1964年,该类公司首次成立。到1990年,韩国拥有5家规模较大的这种类型的公司。最初这些公司只是促进和管理出口,之后随着产业体系的变化,开始从一般的生产和知识创造,向着引进企业、加强与大学和研发机构合作的方向发展,推动了产业集群的发育和发展。

(4)促进技术创新的产业规制建设

①建构新型市场经济下的规制体系

20世纪80年代以后,韩国工业化进入新阶段,既往政策体系越来越不符合时下的产业发展需求。20世纪90年代初期,韩国政府大力修改或废除旧有产业制度和政策,力求构建起支持现代产业体系的产业政策和制度体系。1993年金大中政府累计取消了1 900多条过时的产业条规,带之以新的法规体系,激发了产业发展的活力。

②加强廉政建设

社会腐败往往与产业的管理者向企业寻租有关。腐败盛行导致企业遭受不公平竞争,降低产业效率。因此,产业发展需要廉洁的社会环境。20世纪90年代以来,韩国加强了反腐力度和廉政建设。在此期间,金泳三、金大钟、卢武玄等卸任总统及相关官员受到了一定的反腐指控,充分说明了韩国的反腐力度之大。廉政建设的加强对韩国产业体系的直接影响,就是优化了产业发展的环境。

③加强国际合作,增加零关税出口

自20世纪60年代起,韩国就非常注重通过关税保护本国产业发展。与之相对应,韩国也难以大量享受其他国家的零关税待遇。2011年,韩国在非农产品中获得的零关税比例平均为58.61%,低于美国的80.49%、中国的64.56%、印度的65.72%、印度尼西亚的84.51%、俄罗斯的92.24%、马来西亚的89.12%、新加坡的87.82%、南非的79.21%、巴西的85.89%、欧盟的61.66%。近年来,韩国力图改变这种局面,为此采取了一系列措施,如加强国际经贸合作,降低关税水

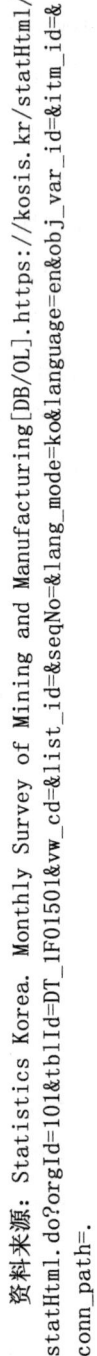

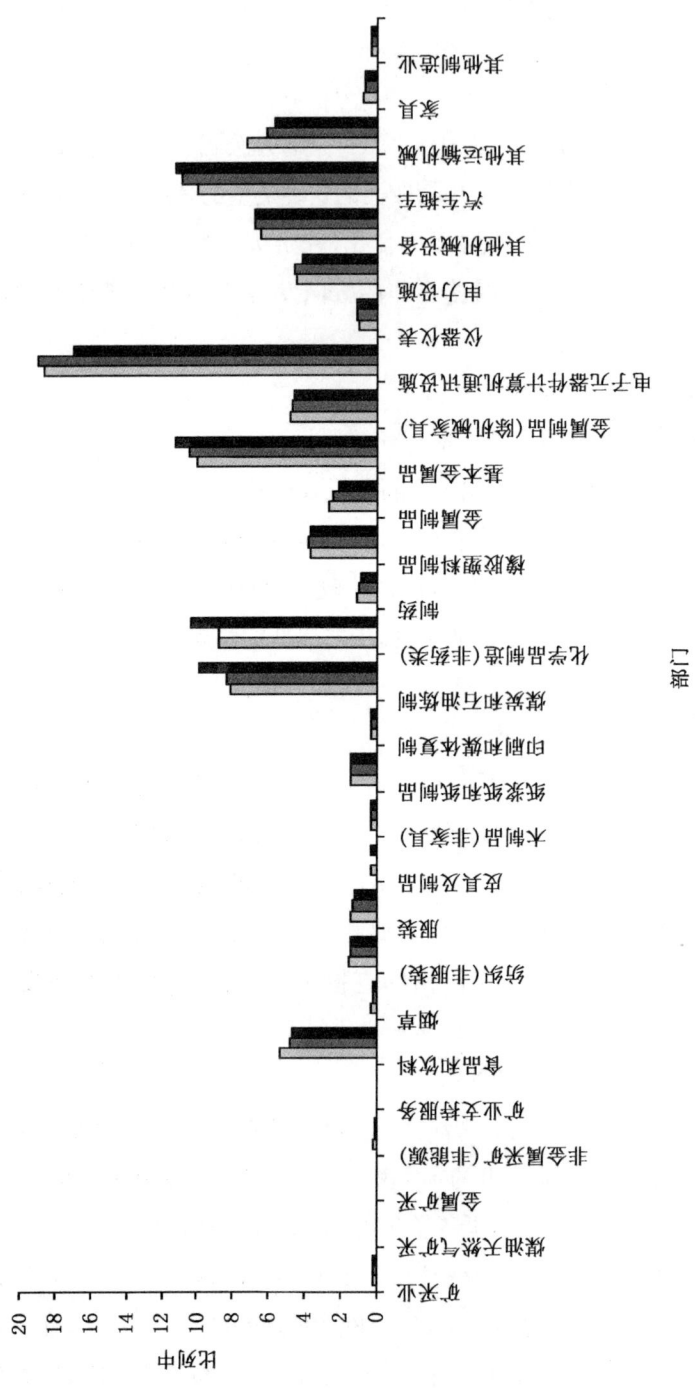

图4-18 2009—2011年韩国矿业和制造业各部门的产值结构（由左到右依次是2009年、2010年、2011年）

资料来源：Statistics Korea. Monthly Survey of Mining and Manufacturing[DB/OL]. https://kosis.kr/statHtml/statHtml.do?orgId=101&tblId=DT_1F01501&vw_cd=&list_id=&seqNo=&lang_mode=ko&language=en&obj_var_id=&itm_id=&conn_path=.

平,增加非农产品的零关税比率,积极参与东盟自由贸易区,推进中韩贸易自由化规制建设,支持了汽车、信息、计算机及电子元器件产业等部门的发展和海外市场的拓展。

4.5.2 现代产业体系发展的科技创新支持政策

(1)支持产业研发能力的提高

韩国产业发展经历了 20 世纪 60 年代的要素驱动阶段、20 世纪七八十年代的投资驱动阶段和 20 世纪 90 年代以来的研发驱动阶段。在不同的发展阶段,韩国政府采取了与之相对应的产业政策,如 20 世纪 60 年代韩国主要奉行的是出口导向政策,20 世纪 70 年代主要是支持重化工业的发展,20 世纪 80 年代则从产业支持向研发支持转换,20 世纪 90 年代主要是提供信息基础设施和研发支持,2000 年以后主要是提供新的动力和更新升级研发支持。在这一过程中,韩国的科学技术政策不断得到强化,20 世纪 60 年代成立科技部(MOST/KIST),通过科技增强法案,在 5 年计划中包含了科技规划;20 世纪 70 年代成立了政府研究所和职业技术学院,出台了研发增强法案,建设了 Daedeok 科学城;20 世纪 80 年代制订了国家研发计划和私人部门研发启动项目;20 世纪 90 年代提出了信息化、电子政府、GRI 重建和 U-I-G Linkages;2000 年以来重视大学的研发先导作用,提高国家创新系统效率,出台了 RIS 和创新集群计划。

(2)注重环境产业和环保规制建设

2000 年以来,韩国不断推进绿色环保的产业战略,促进产业体系的绿色化进程。2008 年 9 月,韩国提出未来 50 年要将低碳/绿色增长作为国家发展指导的愿景;2009 年宣布 2050 年国家绿色增长计划,设立绿色增长总统委员会和秘书,并在 6 个大都市和省设立地方绿色委员会;2011 年 9 月开始举行每月 1 次的由总理主持的环保评估会。2009 年 7 月,韩国发起了绿色增长的 5 年计划(2009—2013),宣布到 2020 年减少 30% 的温室气体排放,并制定了部门和产业减排目标。2010 年 1 月韩国颁布了"低碳、绿色增长框架法案",并于 2011 年 4 月向国会提交了排污市场交易设计清单。所有这些都为产业体系的绿化提供了一定的保障。

(3)以科技创新为核心,进行产业政策改革

韩国以科技创新为核心,从企业入手进行产业政策改革,推动了现代产业体

系的发展。这主要表现在以下几个方面:

①优化产业制度和产业结构

亚洲金融危机后,韩国政府总结经验和教训,对金融部门、企业、劳动力市场和公共部门等进行了大刀阔斧的深度改革,将提高效率、刺激科技创新、增强国际竞争力作为产业政策改革的重中之重,强化对中小企业的政策支持,优化了产业制度和产业结构,促进了现代产业体系的发育。

②增强企业活力

首先,取消财阀企业间的债务担保,控制财阀企业的过多贷款,通过产业交换、建立核心企业以及降低负债比率等手段对产业结构进行重组,激发了产业发展的活力。

其次,依靠产业发展推动技术创新投入,形成新技术研发—产业发展—加大技术研发创新—加速产业发展的良性循环。

③制订高科技产业发展计划

韩国把培育生命科学、半导体、计算机和精细化工等高科技行业部门的快速发展,限制和淘汰落后的产业部门,作为促进和支持整个国民经济稳定增长的主导战略,以重塑富有竞争力的现代产业体系。2003年之后韩国一方面对大企业进行改革,促使这些企业根据自身特点在上述领域快速成长;另一方面成立风险投资基金,增加政府采购中小企业的比重,以对上述领域的中小企业进行支持,促进其发展。

4.6 新加坡科技创新与现代产业体系发展

4.6.1 新加坡产业体系的特点

(1)建造产业集群,优化产业布局

2010年新加坡高级委员会受总理之托,提出了要培育具有全球竞争力的产业部门、这些部门在经济中要保持20%~25%的比重,为此要构造具有长期增长潜力的战略性制造业产业集群,并在2000年建成生物医药制造产业集群,在2010年前吸引15家世界级生物科技企业的战略目标。目前,这一目标已经超额完成。

截至2012年,已吸引30家生物技术公司;2013年又进一步提出发展卫星制造能力,服务于空天产业。

基于紧张的土地资源,新加坡通过优化土地资源配置来引导产业集群的布局和发展。新加坡将7个小岛连起来开垦出22平方公里的陆地建造Jurong岛,打造石化中心;在其他岛屿打造空天工业园(Seletar Aerospace Park)和医药产业园(Tuas Biomedical Park and Biopolis)。就目前来看,这些措施取得了良好的成效。

(2)依靠与跨国公司的战略合作优化产业结构

新加坡对跨国公司实行激励政策,促进了与跨国公司的战略合作,也造就了本国合理的产业结构。新加坡给予跨国公司的激励政策包括先锋激励、发展与扩展激励和研发激励等。这些激励主要是通过税收减免,在一些战略技术领域拨专款资助跨国公司的研发活动,以促进企业快速发展和壮大。政府的慷慨激励吸引了跨国公司的入住,也推动了新加坡现代产业体系的发展。如Seagate就是在这些激励政策的召唤下大量投资新加坡,使其在1986—1996年成为世界上最大的硬盘生产基地,其硬盘产量占世界产量的40%~45%[1]。

(3)对少数重点产业链控制良好

对一个规模较小的经济体,想有效控制世界意义上的产业链是非常困难的。但新加坡通过嵌入全球产业链的片段,将其变成了现实。如20世纪八九十年代新加坡的硬盘生产对计算机产业链的构造起到了很好的控制作用。

(4)规制建设较为完备

新加坡在从进口替代到出口替代、再到技术立国的过程中,逐渐推行自由贸易。这一贸易政策在使其自身进口商品零关税的同时,也迎来了产品出口的零关税。为了引进外资,新加坡推行了与国际接轨的一系列规制,如知识产权保护、自由化的市场经济、廉洁制度等。新加坡的各项规制建设都围绕良好产业体系的构造展开,优化了微观投资环境,在国际竞争力排名中名列前茅。良好的产业规制促进了新加坡自身开放度的提高和资金、技术、商品等的交流,也优化了产业的国际布局。

---

[1] P. K. Wong. Singapore. In D. G. McKendrick, R. F. Doner, & S. Haggard. From Silicon Valley to Singapore:Location and Competitive Advantage in the Hard Disk Drive Industry[M]. Stanford:Stanford University Press,2000:155-183.

总之，良好的产业体系是包含研发体系、产业组构体系、集群及其布局体系、产业链控制体系和规制体系在内的富有活力的、自我调整和自我发展的体系。它表现出很强的产业效率、国际竞争力，是国民经济的骨骼和血脉。

4.6.2 产业体系发展的科技支持政策

为发挥科技创新在现代产业体系发育和发展过程中的作用，新加坡采取了一系列措施。

(1)注重产学研一体化建设

新加坡以良好的微观商业环境制造为特色，具有很强的国际竞争力。一方面，新加坡在国际竞争力评价中名列前茅，具有很强的吸聚 FDI 的能力，也具有良好的对外 FDI 能力，FDI 流入和流出结构较为平衡，且自身开放程度高，具有广泛的市场；另一方面，新加坡努力打造产学研一体化，使产业发展具有良好的基础。

(2)注重研发投入

新加坡注重通过自身的产业研发体系，激发新兴产业。20 世纪 90 年代以来，新加坡不断加大研发投入。1991—1995 年其研发投入占 GDP 的比重为 1.05%，2006—2010 年增长为 2.3%。2019 年提高到 2.93%。2019 年提高到 2.93%。同时，新加坡还加大对大学、研发机构的科技基础设施建设，以适应产业技术研发的需求。通过对科学研发服务的投资，2010 年、2011 年新加坡科学研发服务占总研发投入的比重分别达到 17.44%、15.6%，2021 年、2022 年进一步提高（见表 4-9）。

表 4-9　　　　　　　新加坡及部分国家 R&D 支出占 GDP 的比重　　　　　　单位:%

年份	1991—1995	1996—2000	2001—2005	2006—2010	2010	2021
巴西	0.83	0.87	0.97	1.08	1.132	3.94
中国	0.68	0.71	1.14	1.54	1.76	2.44
芬兰	2.16	2.92	3.41	3.70	3.90	2.99
德国	2.29	2.32	2.51	2.68	2.80	3.13
意大利	1.08	1.02	1.10	1.21	1.26	1.48
日本	2.64	2.91	3.16	3.39	3.26	3.3

续表

年份	1991—1995	1996—2000	2001—2005	2006—2010	2010	2021
韩国	2.06	2.30	2.57	3.38	3.74	4.93
新加坡	1.053	1.64	2.11	2.30	2.09	2.96**
英国	1.98	1.80	1.75	1.79	1.80	2.93*
美国	2.56	2.61	2.62	2.80	2.83	3.46

资料来源：OECD 数据库[DB/OL]. http://stats.oecd.org/Index.aspx? DatasetCode=TISP.

注："*"为 2020 年数据，"**"为 2019 年数据。

（3）注重先进制造业等技术创新驱动型产业部门的发展，优化产业结构

制造业虽然在新加坡经济中的比重远没有服务业大，但战略性先进制造业本身创造一系列的研发服务、金融服务，带来大量就业、税收等，是虚拟经济的基石。不仅如此，先进制造技术还是形成产业化、专利和品牌的关键，是对外直接投资的利器，也是嵌入或形成产业链的重要手段。新加坡从长期的实践中深深体会到战略性制造业对整个产业经济乃至国民经济的重要性，非常重视战略性制造业的发展。由于战略性先进制造决定于研发，20 世纪 90 年代以来新加坡十分注重对计算机及半导体部门、生物医药部门、金融、批发零售、船舶修理和空天产业部门的研发投入，带来了这些先进制造业的发展和产业结构优化（见图 4-19）。

（4）加强战略性高技术产业发展，维持制造基地的地位[①]

制造业具有位置的固定性和产业的实体性特征，需要服务业的支持，又能装备服务业，是产业经济的稳定器。过分强调服务业，容易导致经济的虚拟化和泡沫。因此，新加坡十分重视制造业的发展，力求在某些产业领域保持全球制造中心的地位，取得了良好的成效。表 4-10 显示，新加坡的人均制造业增加值达 8 198 美元，高于日本的 7 994 美元、芬兰的 6 795 美元、美国的 5 522 美元、韩国的 4 783 美元等国；人均制造业出口达 35 709 美元，远高于德国的 13 397 美元和芬兰的 12 001 美元；中高技术制造业增加值占全部制造业增加值的比重达 73.4%，高于日本的 53.7%、德国的 56.8% 和韩国的 53.4%。

---

① H. J. Chang, D. A. Andreoni, M. Kuan. International Industrial Policy Experiences and the Lessons for the UK[EB/OL]. (2017-03-23). https://www.innovation4.cn/library/r14521.

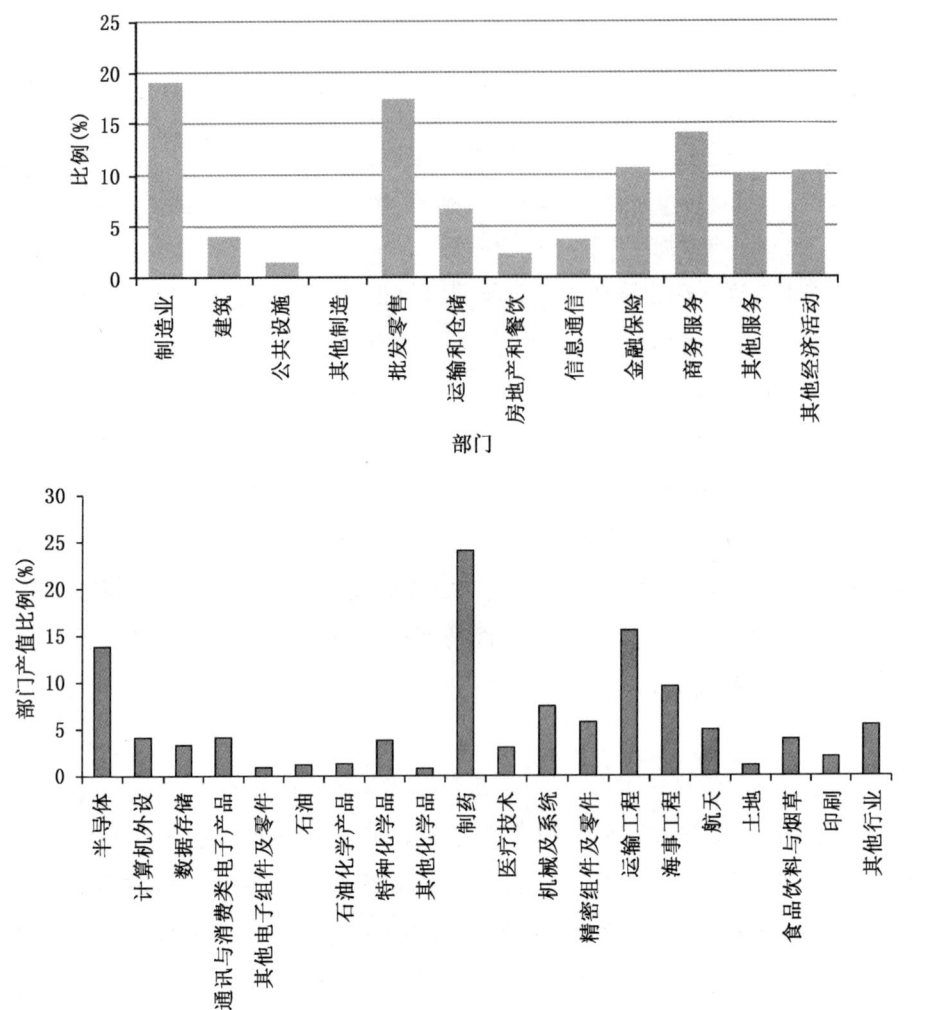

资料来源：Department of statistics Singapore. Economic statistics database[DB/OL]. https://www.singstat.gov.sg/find-data/search-by-theme? type=publications.

图 4-19 新加坡产业部门结构

表 4-10　　　　　　　　　　2010 年部分国家的制造业指标

世界排名	国家	人均制造业增加值（美元）	制造业增加值占GDP比重（%）	中高技术制造业增加值占全部制造业增加值比重（%）	制造业增加值占世界制造业增加值（%）	人均制造业出口（美元）	制造业出口占全部出口比重（%）	中高技术制造业出口值占全部制造业出口值（%）	制造业出口占世界制造业出口值（%）
1	新加坡	8 198	24.5	73.4	0.5	35 709	89.8	69.0	1.5
2	日本	7 994	20.4	53.7	14.1	5 521	91.6	79.8	6.5
4	芬兰	6 795	24.7	45.4	0.5	12 001	91.1	49.0	0.6
8	美国	5 522	14.9	51.5	24.0	2 736	76.8	64.7	8.0
10	韩国	4 783	29.1	53.4	3.2	9 280	96.9	75.8	4.2
11	德国	4 667	18.6	56.8	5.3	13 397	86.8	72.3	10.2
19	英国	3 162	11.4	42.0	2.7	5 248	79.5	63.2	3.0
22	意大利	2 848	14.9	39.3	2.3	6 935	91.6	53.9	3.8
54	中国	820	34.2	40.7	15.3	1 124	96.2	60.5	14.1
57	巴西	622	13.5	35.0	1.7	668	67.3	36.3	1.2

资料来源：OECD 数据库[DB/OL]. http://stats.oecd.org/Index.aspx? DatasetCode=TISP.

4.7 现代产业体系发展的启示

综合上述国家现代产业体系与科技创新的关系，可以发现，不同国家因为特殊的历史、地理、政治、文化及经济发展阶段和模式的不同，呈现不同的发展模式。

美国是世界上经济最发达的国家，具有最发达的现代产业体系，表现为组成产业体系的诸多方面发展较为平衡，水平高，各组分有效协调与互动。

德国和日本是发达国家，均具有以制造业为核心的现代产业体系。德国的制造业基于长期、强大的研发支持而发展，先进制造部门齐全，素质高，高技术集群发育良好，产业链控制能力强，环保产业与环境保障先进，规制健全。日本是世界第三大经济体，其研发基础稍显薄弱，产业部门结构高级化不足，集群发育水平不高，且囿于自身过度保护，国际规制建设与经济发展水平不匹配。

英国是以服务业为核心的现代产业体系，具有高级化的产业结构，具备良好的产业集群生成机制，产业规制体系发育良好，环境产业和环境保障水平较高。但是，这给英国的产业带来了空洞化的弊端，也曾是整个产业发展带来了不稳定性。

韩国和新加坡都是新兴市场国家,同是亚洲"四小龙",也曾是亚洲经济快速发展的典范。韩国形成了以汽车及运输设备、电子、计算机及通信设备和化学品制造为核心的现代产业体系,产业研发支持与产业结构的高级化发展较好,但产业集群发育水平不高,对产业链的控制水平一般,环保产业和环境保障、产业规制建设也一般,产业体系具有强烈的不平衡性。新加坡作为一个小型经济体,通过健全的规制和灵巧有效的产业政策,形成了富有柔性的现代产业体系,注重生物医药、空天产业和电子产品制造,同时发展金融、科学服务和运输服务等部门,基于研发的先进产业集群发展成效显著,具备一定的对计算机产业和运输服务等产业链的局部控制能力。

借鉴以上六国现代产业体系发展过程,中国现代产业体系构建至少应采取以下六位一体的系统政策:

4.7.1　加大科技研发投入

产业核心竞争力源于科技研发。无论发达国家还是发展中国家,其产业体系的形成、完善与发展都需要先进基础理论与技术的根本支持。美国、德国、英国等依靠国家实验室系统、大学系统和研发实力雄厚的企业系统,构成了功能强大的产学研一体化体系。目前,中国在诸多产业领域的基础理论、技术及其储备和增量创新方面,相比欧美发达国家相去甚远,需要以科技创新为核心制定产业政策,通过加大研发投入来促进新兴产业的发展、国际竞争力的提高和现代产业体系的发育。为此,中国应增加政府对包括基础理论和共性技术研发在内的技术设施投资,缩小与欧美的研发投入差距,培育国际一流大学和国家实验室体系,建立研发实力强大的跨国公司群体,加强知识产权保护制度建设,推动创新主体的积极性,促进现代产业研发体系的形成。

4.7.2　制定或参与国际规制建设,构筑矩阵化政策支持体系

目前,中国在产业政策制定方面缺乏覆盖广度,以致政策的执行资源和执行力不够,国际化不强,优良政策的制度化不足。中国今后应当以技术创新和技术升级为产业政策核心,以国家创新系统为基础,重构符合国际规则的国内政策,并

依靠产业技术创新,参与和制定国际产业经济规制,构筑有效的矩阵化政策体系,促进有效产业政策的制度化,强化政策的执行力度和国际化水准。

4.7.3 加强微观商业环境创新

良好的微观商业环境是有效运作产学研一体化的基本保障,是吸聚人才、资本并促使投入增值的"汇",也是技术专利、产品向外扩散增值的"源"。中国通过开发区、高科技园区、综合试验区等力求构造微观商业环境,但大多缺乏产学研一体化的协作,或研发组织、企业弱小,无法形成理想的微观商业环境。因此,强化产学研主体建设、构造长远的商业环境非常必要。

4.7.4 以科技为先导,优化产业结构,注重环境保障

大力支持先进制造业与生产性服务业,将产业研发经费主要投入先进制造业部门,如航天飞机及配件、汽车、制药、电子元器件等,以强力的制造业研发催生服务业,是现代产业体系发育、发展的必由之路。这主要是因为制造业位于主产业链的中部,是服务业的重要需求,也对农业、建筑业和矿业起拉动作用。如果失去了制造业的基础,主要发展服务业,易诱发房地产泡沫、金融泡沫等问题。面对全球日益严重的环境问题,加强环境技术研发,促进零污染或低污染的清洁产业生长,推进污染治理服务的产业化,保障现代产业体系的绿化和效率,已成为世界现代产业体系发育、发展的基本趋势。因此,今后中国应努力以科技为先导,发展先进制造业、生产性服务业和绿色环保产业,以推动自身现代产业体系的发育和发展。

4.7.5 发展高技术产业集群,推进产业构成和空间布局优化

高技术产业集群是现代产业体系的核心。我国应以科技为根本,依托优化的微观商业环境,发展产业市场为主导的高技术产业集群,形成合理的动态产业结构与国内布局,并以产业集群为核心,组织产业网链,注重产能向微笑曲线两端着力发展,促进产业结构升级,并通过优势集群扩散,促使产业构成和空间布局优化。

4.7.6　依靠研发和技术专利、商标，促进全球产业链管控

研发和技术专利是控制产业结构和质量的武器。商标是在市场上识别和保护产品、赢得国际产业竞争力、构造和控制产业链和价值链的重要抓手。因此，中国应基于强力研发，并依靠研发技术、专利和商标，发育和管控产业链和价值链。

总之，就上述6国的产业体系来看，各个国家在发展现代产业体系的过程中所走过的道路各不相同。美国拥有最全面、最先进的产业体系，可以视为全球产业体系最发达、最先进的国家；英国以其发达的服务业成就了产业体系的独特性；日、德等发达国家以其发达的制造业为核心构建了较为发达的产业体系；韩国以少数几个部门的强劲发展立于世界之林。而新加坡等小型发达经济体依靠灵活的转换和对某些国际产业链的深入嵌入，建立了自身的产业体系。今后中国应以科技研发体系为核心和动力源泉，基于市场机制，促进产业布局、产业链管控、产业政策规制和环境保障的发展与互动，形成六位一体的高效产业体系。

第 5 章　中国现代产业体系发展的目标与对策

5.1　日益优化的中国现代产业体系发展环境

近年来,中国日益重视产业体系的完善和高级化。为此,国家提出了一系列战略、规划与政策。具体包括:

①战略性新兴产业及中国制造 2025 战略

2009 年国务院提出发展战略性新兴产业的目标,并将节能环保、新一代信息技术、生物、高端装备制造、新能源、新材料与新能源汽车等作为战略性新兴产业,为新型现代产业体系描绘出了明晰的战略框架。2015 年提出《中国制造 2025 战略》,将智能制造、先进制造、具有国际竞争力的制造作为产业发展导向,强调全产业链的升级和"品质革命",对产业的发展方向、部门结构做出战略规划。目前,这些战略在付诸实施中。

②推进"互联网+"战略与"低碳+"战略

2010 年之后,随着互联网技术的不断发展,国家推出"互联网+"战略,以提高产业信息化和产业创新的能力。与此同时,面对日益严重的环境问题,国家提出了"低碳+"战略,旨在通过各种规划、研发,推广低碳技术与产业和居民消费结合,实施节约、减量或提升化石能源的利用效率,发展低碳农业,降低经济能源密度和排碳强度,推进温室气体减排。目前,这些战略都在稳步实施的过程中,相关的产业政策与制度日趋完善。

③出台新的国家科技规划

在2006年国家科技规划基础上,2016年国务院制定了《"十三五"国家科技创新规划》,对"十三五"期间科技创新的指导思想、总体要求、战略任务和改革措施给予详细的阐述,为科技创新夯实了制度平台和政策支持体系。

④加强生态文明建设

面对日益严重的环境污染,近年来国家不断加强生态文明建设,如通过环境法规形成制度框架,并通过当前的"水十条""大气十条""土壤十条"及"五年计划"等一系列举措不断推进产业的清洁水平;通过国际环境外交和全球气候变化责任的主动担当与国际合作,不断推进产业体系的低碳化和供给的低碳化、清洁化。

⑤提出并推进"大众创业、万众创新"的发展理念

这一发展理念对鼓励科技创新政策的操作和落实,对推动科技创新的发展有重要的意义。

总之,在上述战略、规划与政策的作用下,中国产业发展拥有了良好的环境,初步显现了依靠科技创新推动产业发展、提高产业体系机能与组构水平的格局。

5.2 中国现代产业体系的发展目标与战略

5.2.1 中国经济发展面临的问题

当前,中国的经济发展面临一系列问题,主要表现在以下几个方面:

第一,中国的工业化面临全面升级,智能化水平不高,低碳化任重而道远。

第二,产业链升级进程缓慢,在全球价值链上主要处于低端,国际竞争力低下,并因"路径依赖"效应对我国产业结构产生着持续的影响,甚至生发出妨碍结构升级的"低端锁定效应"。

第三,缺乏服务化的深度支持,信息化有待加速升级。

第四,中国经济增长严重依赖高能源消耗和环境污染,持续性弱。正是由于这些问题的存在,转型升级、科学发展已成为新时期中国产业发展的核心主题。需要及时、有效地完成转型,避免落入"中等收入陷阱"。

中国正面临工业化、市场化、信息化、服务化、城市化和国际化共同推进的现

实,先发国家的经验与教训为我们提供了有益的借鉴,但不断变化的现实环境也需要我们进行创新性的探索。现代产业体系是一个国家或地区参与经济全球化、市场化竞争的重要基础,是经济发展水平和综合实力的重要标志。

在全球化和信息时代的背景下,世界经济出现了新的产业分工格局。首先,由于发达国家通过在全球布局价值链,掌握了价值链的话语权、治理权,发展中国家并非如库兹涅茨的"需求结构适应"和罗斯托的"经济增长阶段论"所预言的那样,可以通过国际分工实现自然的产业升级,其产业升级存在极大的阻力(刘明宇等,2009)。其次,19世纪那种由自然禀赋的比较优势所决定的国际分工一去不复返,知识成为生产力要素中最重要的组成部分,成为驱动发展的决定性因素,知识分工在国际分工中越来越突出。

因此,通过技术创新牢牢把握产业发展的制高点,通过构建现代产业体系有效提升产业发展水平,成为我国改变以低劳动力成本、低附加值、低端产业及高耗能、高污染为特征的产业发展模式,寻求新的产业竞争优势的客观要求,是中国经济社会发展水平进一步提升的必要条件。我们要以当代高新技术为依托,坚持信息化与工业化相融合、服务业与工业相融合,按照产业结构高级化、产业发展集聚化、产业竞争力高端化的要求,科学地实现产业资源高效配置和产业结构优化调整,引领我国经济走内生增长、创新驱动、可持续发展的道路。

5.2.2 中国现代产业体系的发展目标

构建现代产业体系,应在充分发挥一国或一地区产业比较优势的基础上,通过加强产业关联效应,实现技术进步在产业间的高效扩散和合理渗透;通过扶持和引导高新技术产业和新兴战略产业,实现主导产业的合理转换;通过加强传统产业的高新技术改造,实现传统支柱产业技术高度化和组织集成化;通过信息化带动工业化,实现产业的跨越式发展;通过衰退产业的有序退出,实现弱势产业的剥离,提升产业总体素质,提高产业的资源转换效能和效益。具体要实现:

第一,产业间相对地位协调化,即结构具有明显的层次性,三次产业间的产值比重及就业比重要和国家经济发展水平相适应。

第二,产业间关联关系协调化,即产业间在投入产出关系的基础上相互服务、相互促进,某一产业的发展通过产业关联可以促成其他产业的建立和发展。

第三,产业间关联关系协调化,相关联产业的运营效率和效益协调化,并通过产业关联效应产生效率和效益的提升。

第四,产业部门增长速度协调化,使高增长部门、减速增长部门和潜在增长部门的增长速率差距较为合理,这三类部门的数量比例较为合理。

第五,产业阶段交替协调化,随着社会发展和产业技术进步变换主导产业。

第六,产业素质协调化,相关产业之间不存在技术断层和劳动生产率的强烈反差,产业技术的发展要具有连续性和层次性,劳动生产率数值分布相距合理并有层次性。

中国已进入产业转型升级促发展的新阶段。这个新阶段的基本特征主要有以下几点:

一是自主创新、技术升级、赶超一流成为企业追求的目标。

二是提升资源使用效率、提高经济发展的质量和效益是企业追求的中心任务。

三是节约资源,保护环境,走绿色发展之路,既是企业的一种社会责任,也是提高企业竞争力的重要途径。

四是在继续扩大出口的同时,扩大内需已成为企业和国家的长期战略。

五是在工业化中后期,生产要素的成本上升,已难以支撑经济超高速发展,而平衡、稳定、健康的中速发展是保持较快增长的最佳途径。

中国建立现代产业体系的一个主要目的是改变自己在全球价值链中的地位。具体包括:

①改变中国参与国际分工格局的方式,由垂直分工转变为水平分工

在当前国际分工格局下,贸易利益分配更多倾向于发达国家,低水平要素禀赋国家获得的贸易利益较少。在水平分工条件下,国际贸易可以降低生产成本,提升社会福利。这就需要中国由根据外生比较优势进行的产业间分工,转变为规模经济主导下的产业内分工,由垂直分工主导转变为水平分工主导。

②培育新的比较优势,实现国际分工由比较优势到竞争优势的提升

建立中国现代产业体系的过程就是由发展中国家依托外生比较优势(低级的资源禀赋)确定产业国际分工格局、促进经济增长,到逐步培养内生比较优势(如通过干中学、知识的积累等),最终形成竞争优势(如规模经济、绝对成本优势、高级资源禀赋等)的过程。通过知识积累,实现禀赋的升级,形成新的比较优势,是

改变国际分工格局、建立现代产业体系的关键。

③获取主导产业价值链的治理权

在价值链全球布局的情况下,国际分工由产品分工转变为零部件分工或工序分工。中国需要在培育新比较优势的基础上,实现由低附加值环节向高附加值环节的升级,争取主导产业的价值链治理权。要在禀赋升级、价值链升级和产业结构优化三个维度实现协同。这是因为:只有实现禀赋升级,建立新的比较优势,才有可能实现由垂直分工向水平分工的转变;自主创新和品牌建设必须实现主导产业价值链的升级,获得产业价值链的控制权;只有实现产业结构优化,才能为上述升级提供更大的创新跃进空间。[1]

5.2.3 中国现代产业体系的发展战略

党的十八大提出 2020 年要基本实现工业化、全面建成小康社会等战略目标。按照十八大部署,必须着力培育发展战略性新兴产业、改造提升传统产业和发展壮大生产性服务业,促进产业向高端化发展,为构建现代产业体系奠定坚实基础。

党的十九大提出,当前我国社会的主要矛盾已转变为人民对美好生活的需要与发展的不平衡、不充分之间的矛盾。而发展的不平衡和不充分包括环境污染的非均衡性以及生态和低碳发展的不充分,其直接表现为我国的 GDP 总量超过 100 万亿元,而大部分江河湖泊、近海被不同程度污染,生物多样性在减少,食品、大气、水等存在不同程度的安全隐忧,高品质的生态产品稀缺。这充分说明中国的社会经济生活要求对当前产业体系提出了严峻的挑战。

中国必须把握转型发展的战略机遇,加强创新能力的提升,加快构建现代产业发展新体系,要以稳增长、调结构、促转型、扩内需为着力点,强化政府推动、市场导向,完成新兴产业扩张、传统产业提升、现代服务业提速、现代农业提质"四大任务",着力培育新的增长点,推进产业结构高级化、产业布局合理化、产业发展集聚化、产业竞争力高端化。具体应实行以下战略:

首先,加强创新能力建设。正如党的十九大报告所述:"创新是引领发展的第

---

[1] 刘明宇,芮明杰.全球化背景下中国现代产业体系的构建模式研究[J].中国工业经济,2009(5):57—66.

一动力,是建设现代化经济体系的战略支撑。"为此,"要瞄准世界科技前沿,强化基础研究,实现前瞻性基础研究、引领性原创成果重大突破。加强应用基础研究,拓展实施国家重大科技项目,突出关键共性技术、前沿引领技术、现代工程技术、颠覆性技术创新,为建设科技强国、质量强国、航天强国、网络强国、交通强国、数字中国、智慧社会提供有力支撑。加强国家创新体系建设,强化战略科技力量。深化科技体制改革,建立以企业为主体、市场为导向、产学研深度融合的技术创新体系,加强对中小企业创新的支持,促进科技成果转化。倡导创新文化,强化知识产权创造、保护、运用。培养造就一大批具有国际水平的战略科技人才、科技领军人才、青年科技人才和高水平创新团队。"①

其次,以科技创新促进产业体系更新。具体如下:

①培育发展战略性新兴产业

战略性新兴产业体现了一个国家的产业创新能力,必将成为国际社会进行分工合作的重点领域。大力发展节能环保、新一代信息技术、生物、高端装备制造、新能源、新材料、新能源汽车七大领域,是优化产业结构、掌握未来发展主动权的战略举措。具体要做到以下四点:

一是着力突破和掌握关键核心技术。要发展民用航空产业,在航空发动机及关键材料等核心技术领域取得突破;要以抢占科技和产业发展制高点为目标,进一步强化原始创新和集成创新,突破重大技术瓶颈;要组织实施一批重大产业创新发展工程,研制一批急需的技术标准,完善一批重点领域的产业链条,创建一批具有较强国际竞争力的新兴产业基地,支持一批产业技术创新公共服务平台建设,培育一批创新型企业和产业联盟,切实推动战略性新兴产业取得实质性发展。

二是营造有利于战略性新兴产业发展的市场环境。战略性新兴产业的市场潜力要转化为现实需求,还依赖于市场培育和相关配套设施的完善。比如新能源发电需要储能等基础设施,物联网发展也需要智能交通、智慧城市等应用示范工程来带动。要依托重大工程和重大需求,组织协调打通重点产品应用环节,加速形成研发—制造—应用的良性互动,促进新兴产业规模化、商业化发展。

---

① 习近平.决胜全面建成小康社会,夺取新时代中国特色社会主义伟大胜利——在中国共产党第十九次全国代表大会上的报告[R].[EB/OL](2017-10-18). http://www.qstheory.cn/llqikan/2017/12/03/c_1122049424.htm.

三是加强规划引导和政策扶持。针对当前战略性新兴产业发展过程中存在的重复建设、盲目布局等问题,要进一步加强宏观引导,建立健全新兴产业监测体系,引导产业合理布局和健康发展,避免产生系统性风险;要加强部门之间、产业链上下游之间的衔接协调,健全财税金融政策支持体系,设立财政发展专项资金,完善信贷市场和资本市场融资渠道,协助新兴产业解决资本难题。

四是瞄准世界前沿技术及其发展趋势,发挥国家科技重大专项的引领作用,重点对核心技术的研发给予政策上的支持,推动新兴产业形成一定的比较优势,以利于我国在国际新兴产业分工中占据一席之地。

②加快改造提升传统产业

未来一段时期,传统产业仍将是我国经济发展的主体力量,必须强化需求导向,加快产业转型发展步伐。具体要做到以下几点:

一是支持企业进行技术改造。要以技术改造加快企业固定资产折旧,淘汰落后设备和产能,提高产品质量和企业效益。

二是促进产业向绿色、低碳、循环方向发展。树立设计开发生态化、生产过程清洁化、资源利用高效化、环境影响最小化的发展理念,大力发展循环经济和再制造产业,健全激励和约束机制,探索合同能源管理、碳交易、排污权交易等新机制新模式。同时,工业部门要为生态文明建设提供产品、技术装备、综合解决方案等。

三是实施质量和品牌战略,提高产品附加值。以开发品种、提升质量、创建品牌、改善服务、提高效益为重点,着力提升工业产品质量,加强自主品牌培育,不断提升品牌形象和价值,引领和创造市场需求,提高工业产品附加值,逐步提高工业增加值和产业竞争力。

四是深化信息技术应用,提高两化融合水平。要推进信息化与工业化深度融合,深化信息技术的集成应用,实施"智能制造工程",提高研发设计、生产过程、生产装备和经营管理信息化水平,促进制造模式向数字化、网络化、智能化、服务化转变,提高传统产业创新发展能力。

③发展壮大生产性服务业

今后中国必须加快发展生产性服务业,为工业转型升级提供有力支撑。为此,要努力做到以下几点:

一是必须围绕制约产业升级的"瓶颈"制定重点发展战略。综合考虑产业基础、市场需求、发展前景和支撑条件,现阶段要着力培养工业设计及研发服务、现代物流、信息服务及外包、检验检测服务、节能环保和安全生产服务等重点领域,不断提升服务支撑转型升级的能力。

二是要大力推进制造业服务化。要积极引导制造企业立足产品制造,发展故障诊断、远程咨询、专业维修等新业态,提高专业服务以及全生命周期服务在产品价值中的比重。

三是积极推动商业模式创新。要鼓励拓展新型服务领域,不断培育服务业新的增长点。比如,在节能环保领域积极推行合同能源管理,发展商业性的增值服务新业态[①]。

5.3 中国构建现代产业体系的总体思路

现代产业体系是具备较好的制度、技术和劳动力要素,产业结构和消费结构良性互动的产业体系。我国现代产业体系构建的总体思路应该是:以科学发展观为指导,以促进经济转型和升级、提高产业核心竞争力为目标,采取有利于产业组织合理化、产业结构高度化的政策和措施,着力构筑人才高地,突破关键技术,优化产业布局,扩大市场需求,增强经济发展能力。

5.3.1 注重科技创新及平台组织在现代产业体系构建中的支撑作用

从20世纪中后期起,世界范围内出现的新科技革命使科学技术在生产力中的作用和过程发生了质的变化,科技与经济的联系越来越紧密。科技创新引发的不是单纯的技术创新、工艺创新、产品创新,它的突破常常带来新产业革命,科技创新几乎与产业创新同时进行。科技创新也不再是技术层面的单一创新,而是包含更多内容的产业创新、商业创新和制度创新的集合。

现阶段我国产业体系构建的一个重要着力点就是大力推动科技创新并以此

---

① 苏波. 中国工业要着力构建现代产业发展新体系[EB/OL](2012-12-09). http://miit.ccidnet.com/art/32559/20121209/4539753_1.html.

带动整个产业结构的转型升级。具体来说,要努力做到以下两点:

一是依靠科技创新促进产业结构的高度化发展。一方面,要依靠科技创新,促进产业结构不断向产品技术高度化、产品附加值高度化、产业加工高度化以及产业集约高度化的方向发展,进而实现产业竞争优势逐步从劳动密集型向技术密集型转移;另一方面,要依靠主导产业的科技创新带动关联产业的科技创新与升级,进而依靠产业科技创新与升级的诱导机制和产业发展的关联机制的复合作用,促进整个产业结构体系向着高度化的方向发展。

二是依靠科技创新促进产业结构的合理化发展。一方面,要依靠科技创新,并基于经济发展的整体目标,优化第一产业、第二产业及第三产业在整个国民经济结构中的配置及投入产出比例,既要注重各类产业的规模和数量,也要注重各类产业的优化升级,并朝着产业链的高端方向迈进;另一方面,要依靠科技创新,大力增强产业间的相互融合、衍生、辐射和带动效应,进而实现产业结构整体水平的提升。

现代产业体系需要良好的运作平台和新型的组织载体。为此,我们需要建设良好的运作平台,包括完善的基础设施平台、宽松的政府管制平台和全新的融资平台。同时,要加强包括网络组织、战略联盟、企业集团、产业集群、行业协会和商会、研究开发以及管理咨询等中介服务机构、非政府组织等载体建设。

5.3.2 注重战略性新兴产业在现代产业体系构建中的引领作用

我国经济在经历了几十年的高速增长后,包括资本深化、技术引进等在内的诸多经济增长因素逐步进入"效应递减"期,潜在增长率有所下降。

我们要依靠科技创新促进战略性新兴产业发展。为此,应努力做到:

一是要依靠科技创新,通过产业主导技术或辅助技术的升级、产业既有技术的重新整合以及产业技术的全面升级等方式,衍化、催生出一批新兴产业,以不断适应产业结构变化和市场消费需求。

二是要推进新兴产业集聚发展。要加大对国家高新技术产业园区的支持力度,强化高新园区作为自主创新和新兴产业发展的核心载体作用和集聚、辐射、示范、带动作用,打造若干特色鲜明、具有高成长性和较强竞争力的技术创新集群和新兴产业集群。

三是要加强战略性新兴产业创新体系的顶层设计。要制定各产业的技术路线图,实施自主知识产权战略,逐步掌握战略性新兴产业技术标准的制订权和主导权,或关键技术和核心环节的内生模式。

四是要健全和完善财税金融政策支持体系。要加大财政支持力度,在整合现有政策资源和资金渠道的基础上,设立战略性新兴产业发展专项资金;要完善税收激励政策,针对战略性新兴产业的特点,研究完善鼓励创新、引导投资和消费的税收支持政策;要积极发挥多层次资本市场的融资功能,充分运用市场机制,引导和鼓励社会资金投入战略性新兴产业。

5.3.3 注重企业在现代产业体系构建中的主体作用

现代产业体系构建是一项系统工程,需要调动各个方面的积极性。企业是市场经济的主体,能把科技要素、工程要素、资金要素、市场要素有机结合起来,实现产业的最大化和最佳化。在现代产业体系构建的过程中,企业更应该成为技术创新的主体、扩大投入的主体和产业发展的主体。

要积极推进企业发展的战略创新,准确把握全球科技革命和产业革命的发展态势,结合企业自身的特点和基础,科学确立与战略性新兴产业发展相适应的发展目标和路径。要积极推进企业商业模式创新,强化制造业产品的软件化、服务外包化功能,扩大市场辐射能力,实现战略性新兴产业可持续发展。要积极推进企业制度创新,形成对市场信息的更快捕捉能力、对资源要素的更优配置能力、对技术人才和金融资本的更强吸附能力,充分发挥企业在战略性新兴产业发展中的主体作用。但是,不是所有的企业都能实现价值链升级所需要的技术跳跃,发展现代产业体系必须形成"雁阵"格局,即由部分具有升级条件的主导企业和产业发挥产业升级的带动作用,其他企业或产业与之配套(或关联)。在这个过程中,必须充分发挥市场竞争机制的"筛选"作用,由市场来选择"头雁"。

同时,政府应当扮演好"掌舵手""服务员"和"资助者"的角色。中央政府规划是政府微观计划的延续,是一种市场外资源配置方式,其发达的产业体系未必得益于制定规划的政府部门,而是得益于其法律体系对于创新和有形及无形资产的严格保护,是经济组织结构整体对于产业体系发展进程的环境安排。一国政府重视法律保护契约关系的行为,客观上提高了交易效率,为其产业体系的发展提供了高效的外部环境,这是以生产"迂回化"为特征的分工演进的基础。规划产业调整的政策行为效果可在短期得以展现,但在长期的演进中,高效的交易环境是促使其产业体系不断向高级化发展的保证。

政府支持系统包括:提供现代产业体系构建的融资信贷、科技服务、教育培训以及企业支持政策;确保企业间公平竞争的法律、法规(如禁止垄断和限制不正当交易);以保护环境和促进循环经济为目的的政策(如环境保护法、产业生态相关法律法规)。政府要破除体制性、机制性障碍,把激励和促进企业构建现代产业体系的各项政策落到实处;要加大对于创新型经济行为进行整体的支持,如加强专利的获利预期支持、创新免税支持、民间资本融资支持等;要积极探索完善产学研合作创新和产业化的发展模式,为企业技术创新、产业创新打造全方位的发展平台,通过构建产学研联盟,整合包括高校、科研院所、国家重点实验室和国家技术工程中心等在内的创新团队和科研力量,以关键核心技术的研发、推广为重点,促进产业结构转型和经济发展方式的转变。

政府不仅要成为优化分工环境、提高交易效率的主体,还可以借助法律框架支持产业体系中的中观主体——同业协会,利用信息优势拟定行业标准,通过行业标准比产业政策更加持久和透明的规范和引导功能,来优化和提升以注重量化为特征的现代产业体系的不断演进。

5.3.4 注重技术含量和技术创新密集型的生产性服务在现代产业体系构建中的驱动作用

以服务经济为主的经济模式,是工业化发展到一定阶段的产物,是产业要素全球化、信息化、市场化的必然结果。尤其是服务业中的生产性服务,包括金融、风险投资、物流、供应链、分销、售后服务、人力资源培训、研发、设计、设施配套等,已成为驱动现代产业体系构建的重要因素。发达国家的实践经验表明,发展生产性服务能够细化和深化专业化分工,提高企业竞争力,降低社会交易成本,提高资源配置效率,在现代经济发展中具有不可替代的作用。长期以来,我国工业大而不强,在全球价值链分工中处于中低端,附加值较低,很大程度上是国际代工模式,究其原因是制造业、服务业"一手硬、一手软",缺乏生产性服务业的驱动。

要走新型工业化道路,攀升全球价值链的高端,就必须有现代生产性服务业作为坚强后盾。我们要把发展现代服务业作为产业结构调整的重要突破口,大力加强对现代服务业尤其是生产性服务业发展的宏观指导,努力完善组织管理体系和政策环境,积极推进现代服务业的产业化发展。在此基础上,顺应生产性服务业发展趋势,优化传统服务业,加大科技在服务行业中的应用和含量;充分发挥制造业优势,鼓励技术创新、商业创新和产业之间的相互融合;促进各类服务的协同发展,进一步推动经济由生产制造向服务的有效转变。

5.3.5 注重信息技术和工业化融合发展在现代产业体系构建中的推动作用

信息化代表着先进生产力的发展方向,以微电子、光电子、计算机、通信和网络技术为代表的信息技术的广泛应用,使信息成为重要的生产要素和战略资源,有力地推动了传统产业的不断升级,促进了社会劳动生产率的极大提高,并因此产生新的经济模式,催生了一批新兴产业。

坚持信息化带动工业化,工业化促进信息化,要重点围绕改造提升传统产业,着力推动制造业信息技术的集成应用,着力用信息技术促进生产性服务业发展,着力提高信息产业支撑融合发展的能力,加快走新型工业化道路步伐,促进工业结构整体优化升级。应努力做到:

①研发设计的信息化引导

要加快推广应用计算机辅助设计、个性化定制等技术,将电子信息技术嵌入工业产品,促进产品的更新换代。

②生产过程的信息化控制

要在工业行业中推广应用电子信息技术,改进生产方式,提高生产效率,提高产品质量,降低生产成本。

③企业管理的信息化创新

要围绕研发设计、过程控制、企业管理、物流市场、人力资源开发、新兴产业和技术改造等环节,以信息化促进研发设计创新、业务流程优化和商业模式创新,构建产业竞争新优势。

④节能减排的信息化支撑

要把节能减排作为信息化与工业化融合的重要切入点,加快信息技术与环境友好技术、资源综合利用技术和节约技术的融合发展,促进形成低消耗、可循环、低排放、可持续的产业结构和生产方式。

5.3.6 注重科技人才在现代产业体系构建中的基础作用

在所有的经济资源中,人力资源处于核心地位,它支配着物的生产要素,并与物的要素结合创造经济价值。在工业化后期以及知识经济时代,人力资本已成为经济增长的第一要素。在经济发展的策略选择上,选择人力资本战略优先的国家,较之于选择物力资本战略优先的国家,不仅发展速度快,发展可持续性强,基础牢靠,而且经济社会同步协调发展。我们要积极有效地落实国家有关的12项重大人才工程实施方案,通过创新体制机制、优化政策环境、强化保障措施,培养和造就一批具有世界水平的科学家、高水平的领军人才和工程师、优秀创新团队和创业人才,打造一批创新人才培养示范基地。要通过完善公共技术服务平台体系建设、实施知识产权和技术标准战略、加强国际科技交流与合作等举措,进一步提升全社会的科学素养。要树立"勇于创新、宽容失败"的人文科学理念,弘扬和宣传开拓创新、敢为人先、勇于实践的精神,崇尚和倡导不畏艰难险阻、不断修正错误、实现自我完善的风气,努力营造"尊重劳动、尊重知识、尊重人才、尊重创造"的良好社会环境和文化氛围,发挥人才的基础性、引领性、战略性作用。真正使一切有利于社会进步的创造愿望都得到尊重,一切有利于社会进步的创造活动都得到鼓励,一切有利于经济发展的创造成果都得到肯定,为人才的脱颖而出创造条件,为现代产业体系构建奠定坚实的基础[①]。

5.3.7 注重开放在现代产业体系构建中的优化作用

加快相关产业在国家间的转移,推动形成多层次分工的产业体系。要适应国际分工发展趋势,推动我国产业与其他国家形成垂直型分工与水平型分工相结合的混合型分工关系。

一方面,引导相关产业既要"引进来"也要"走出去",发展新的垂直型分工关系。今后我国仍将以"引进来"的方式,承接发达国家的产业转移。但是由于劳动

---

① 王新新.基于产业结构调整的现代产业理论与体系构建[J].商业时代.2012(14):119—122.

力成本的上升和土地等自然资源的约束,我国承接及自身积累的部分产业、工序和工艺流程将逐渐失去比较优势,因此可采取"走出去"的方式,通过对外投资或者委托加工等途径,将这些失去比较优势的产业、工序和工艺流程逐步转移到成本更低的地区,这样就形成了我国与发达国家之间、我国与其他发展中国家之间的双重垂直型分工关系。

另一方面,积极与发达国家开展水平型分工合作。要利用我国在资本、技术等方面逐渐积累的实力,推动具有较强国际竞争力的资本与技术密集型产业"走出去",主动与发达国家进行高层次分工合作。在"走出去"战略下,无论是参与垂直型分工还是水平型分工,关键是要大力培育若干跨国大型企业集团,在全球范围内进行资源的优化配置和产业的重组整合。应适当提高国内产业的集中度,运用财政、税收、金融、土地等政策,合理引导相关企业通过跨地区、跨行业的兼并重组以形成若干实力雄厚的大企业集团,同时促进周边中小企业为大企业集团提供协作配套服务,发挥产业集群效应,增强大企业集团的竞争水平,以利于其走向国际市场。

5.4 中国现代产业体系构建对策

5.4.1 组建新兴产业发展商业银行,对战略性新兴产业提供长期资金支持

美国等发达国家的发展经验表明,培育战略性高技术产业需要长期的过程。

表5-1显示,为了培育高技术产业,美国依靠强大的资金融集能力,进行了长期的研发投资。1988年美国制药投资49.058 6亿美元,占全部产业研发投资的比重为5.17%;2009年增长为449.36亿美元,占全部产业研发投资的比重增长为15.91%。1987年美国电子元器件、汽车、航天飞机及配件研发投资分别为42.86亿美元、342.46亿美元和244.58亿美元,分别占当年产业研发投资比重的4.75%、37.98%、27.13%,2009年上述投资分别增长为199.83亿美元、113.97亿美元和345.54亿美元,占当年产业研发投资的比重变为7.08%、4.04%和12.24%。1998年美国软件服务研发投资为95.90亿美元,占全部产业研发投资的5.67%,2009年该项投资总量和占全部产业研发投资的比重分别增长为

389.54亿美元和13.79%。1993年美国研发服务总投资为25.41亿美元,占当年全部研发投资的2.20%,2009年该项投资总量和占全部产业研发投资的比重分别增长为172.70亿美元和6.12%。此外,奥巴马政府2013年推出了超过10年的研究计划支持先进制造[①]。2022年,拜登政府对美国自然科学基金的预算增加了近19%,对能源部科学办公室预算增加了近9%,对美国国家标准与技术研究院预算增加了375%。"芯片和科学法案"授权NFS等机构为美国国内半导体制造和科学研究分配280亿美元等,都强化了高技术研发和创新。可见,美国在高技术产业领域的强势竞争力是长期大量研发投入"浇灌"的结果。

表5-1　　　　　1987—2009年美国高技术产业研发投资及比重　　　　单位:百万美元

年份	1987	1988	1993	1998	1999	2000	2001	2002
制药		4 905.86	9 146	9 604	12 236	12 854	10 137	14 186
电子元器件	4 286	4 132.7	5 311	9 209	10 827	12 919	14 358	11 919
汽车	34 246	34 775.4	12 202	13 798	18 274	18 406	16 089	15 199
航天飞机及配件	24 458	24 168.05	15 056	16 376	14 425	10 319	7 868	9 654
软件服务			..	9 590	10 964	12 809	13 111	12 927
研发服务			2 541	10 566	11 264	14 018	14 244	13 034
年份	2003	2004	2005	2006	2007	2008	2009	
制药	15 949	31 477	34 839	38 901	..	48 131	44 936	
电子元器件	12 635	17 524	18 724	18 888	18 683	22 324	19 983	
汽车	16 874	15 677	16 025	16 562	16 034	13 172	11 397	
航天飞机及配件	13 205	13 086	15 005	16 367	18 436	36 941	34 554	
软件服务	15 095	16 510	16 926	18 953	19 634	40 368	38 954	
研发服务	12 460	11 355	12 299	14 525	16 849	17 913	17 270	
	占总研发的比例(%)							
年份	1987	1988	1993	1998	1999	2000	2001	2002
制药	--	5.17	7.92	5.68	6.72	6.43	5.02	7.32
电子元器件	4.75	4.36	4.60	5.44	5.95	6.46	7.11	6.15
汽车	37.98	36.65	10.57	8.16	10.04	9.20	7.96	7.84

---

① Eoin O'Sullivan, Antonio Andreoni, Carlos López-Gómez, Mike Gregory. What Is New in the New Industrial Policy? A Manufacturing Systems Perspective[J]. Oxford Review of Economic Policy, 2013, 29 (2):432-462.

续表

航天飞机及配件	27.13	25.47	13.04	9.68	7.92	5.16	3.89	4.98
软件服务	——	——	——	5.67	6.02	6.41	6.49	6.67
研发服务	——	2.20	6.25	6.19	7.01	7.05	6.72	
年份	2003	2004	2005	2006	2007	2008	2009	
制药	7.95	15.11	15.40	15.71	——	16.56	15.91	
电子元器件	6.29	8.41	8.28	7.63	6.94	7.68	7.08	
汽车	8.41	7.53	7.09	6.69	5.95	4.53	4.04	
航天飞机及配件	6.58	6.28	6.63	6.61	6.85	12.71	12.24	
软件服务	7.52	7.93	7.48	7.65	7.29	13.89	13.79	
研发服务	6.21	5.45	5.44	5.86	6.26	6.16	6.12	

资料来源：OECD 数据库[DB/OL]. http://stats.oecd.org/Index.aspx?DatasetCode=TISP.

德国也是如此。为了保障研发资金的长期供给，德国组织 18 家商业银行，以立法的形式为公共利益行使特殊职能，其中大部分银行主要为政策支持的战略性产业部门提供长期信贷。

相比美国、德国等国家，中国的产业研发主要投资于传统产业部门，高技术产业投资不足。因此，中国要组建战略性新兴产业发展银行，以立法形式规定其功能，为产业研发提供支持；要改善研发支持的产业结构，如根据国家发展战略立足长远，支持空天、生物医药、仪器仪表、基本化工、新能源汽车、节能环保产业的发展。

5.4.2 改善研发投入治理结构，升级国家创新系统

在过去的几十年里，中国研发以支持产业出口创汇为主，研发投入总量增长很快，投入主要分布在矿采、机械、食品、炼油、金属冶炼等传统产业领域，研发产出水平不高，研发投入效率和效益在下降。而目前国际中低端产品竞争日趋激烈，盈利日趋低下；高技术产品的竞争较为缓和，潜力很大。因此，中国应加大对高技术产业领域的基础研究和共性技术研究，培育发展高技术产业的能力。应努力做到：

①培育大型研发企业和一流大学

2013 年世界前 100 名大学中，中国没有 1 所进入其中；世界前 50 强研发企业中，中国仅有华为 1 家，排在第 31 位，研发投资仅为 35 亿欧元左右，而排在第一的

VOLKSWAGEN研发投资在95亿美元左右,排在第二的三星的研发投入超过80亿欧元[①]。这种局面不利于中国的科技创新发展,更不利于现代产业体系的构建。因此,大力培育大型研发企业和一流大学,就成为今后中国的重要任务。

②促进产学研一体化

构造产学研一体化的核心激发机制,需要立法的支持。20世纪80年代以来,美国相继颁布了《拜杜法案》(1980)《专利与商标修正案》(1984)《国家竞争力技术转移法》(1986)《美国技术优先法》(1991)《国家技术转移与促进法》(1995)《技术转移商业化法》(2000)等;日本颁布了《研究交流促进法》(1986)《科学技术基本法》(1995)《大学技术转移促进法》(1998)《〈研究交流促进法〉修正案》(1998)《产业活力再生特别措施法》(1999)《产业技术力强化法》(2000)《知识产权基本法》(2003)《国立大学法人化制度》(2004)等(见表5-2)。这些法律法规有力地促进了美国和日本产学研一体化的发展。

表5-2　　　　　　　　　　美国和日本产学研立法情况

美国		日本	
名称	制定年份	名称	制定年份
《拜杜法案》	1980	《民间共同合作研究制》	1983
《专利与商标修正案》	1984	《研究交流促进法》	1986
《国家竞争力技术转移法》	1986	《科学技术基本法》	1995
《美国技术优先法》	1991	《大学技术转移促进法》	1998
《国家技术转移与促进法》	1995	《研究交流促进法》修正案	1998
《技术转移商业化法》	2000	《产业活力再生特别措施法》	1999
		《产业技术力强化法》	2000
		《知识产权基本法》	2003
		《国立大学法人化制度》	2004

资料来源:张薇,董瑜,赵亚娟,朱相丽,袁建霞,邢颖.产学研结合的国际比较[R].[EB/OL](2011-08-29).https://wenku.baidu.com/view/b731556f1eb91a37f1115c73.html.

---

① EU. The 2013 EU Industrial R&D Investment Scoreboard[EB/OL](2014-06-05). http://iri.jrc.ec.europa.eu/scoreboard13.html.

因此,中国应当对产学研立法,创造产学研一体化的规制环境,激发产学研一体化的积极性,为产业结构、产业集群和产业链的构造创造基础,也为环境产业与环境保障奠定基础。这是现代产业体系发展的重要前提。

同时,要设立专门的产学研合作计划和项目。主要发达国家为了促进产学研合作,纷纷推出了各自的产学研合作计划,配给资金,取得了良好的效果。如美国有科技中心计划(集成合作伙伴计划)、先进技术计划、小企业技术转移研究计划、美国新一代汽车合作计划、合作研究中心计划等。英国有大学挑战计划、科学企业挑战计划、公共部门研究开发基金计划、高等教育创新基金计划、知识利用资助项目等;欧盟有嵌入智能及系统的远期研究与技术计划(ARTEMIS)、创新医药计划、嵌入式系统技术计划、纳米电子技术计划、创新药物计划和欧洲航空技术计划、SMART(小型先进技术研究任务)计划、法拉第合作伙伴计划、连接创新计划、技术前瞻计划、JREI(Japan Real Estate Institute)共同研究设备方案等(见表5-3)。

表5-3   主要发达国家(地区)促进产学研合作计划

国家	计划名称
美国	科技中心计划(集成合作伙伴计划)、先进技术计划、小企业技术转移研究计划、美国新一代汽车合作计划、合作研究中心计划
欧盟	嵌入智能及系统的远期研究与技术计划(ARTEMIS)、创新医药计划、嵌入式系统技术计划、纳米电子技术计划、创新药物计划和欧洲航空技术计划、SMART计划、法拉第合作伙伴计划、连接创新计划、技术前瞻计划、JREI共同研究设备方案
英国	大学挑战计划、科学企业挑战计划、公共部门研究开发基金计划、高等教育创新基金计划、知识利用资助项目
加拿大	大学—工业计划、为青年人提供机会计划、工业研究支持计划
法国	科研协作行动计划、竞争点计划、2002年创新计划、产业创新示范计划(PMII)
德国	主体研发计划、创新网络计划
瑞典	能力中心计划、知识交换计划、VINNVAXT(三螺旋合作)计划、产业研发计划和技术研发计划
澳大利亚	合作研究中心计划、联系计划、合作研究基金计划、重点教育与研究中心计划、R&D启动计划、"支持澳大利亚的能力"计划
日本	超大规模集成电路计划、第五代计算机计划、现实世界计算机研究计划
韩国	先导技术计划

资料来源:课题组.宝钢报告[R].2012.

因此,中国应当大力推进产学研合作计划,让它成为促进研发绩效、推动现代产业体系发展的"推进器"。

③加强风险投资的发展

风险投资是研发创新的强心剂,它对先进技术研发的支持不可或缺。中国的风险投资发展比较快,但与发达国家相比仍显薄弱。如 1993 年中国的风险投资仅有 4 个项目,投资总额仅有 5 566.92 美元,2010 年上升到 302 个项目,总投资额达 1 516 311.26 万美元。而 2010 年美国风险资本投资项目和金额分别为 3 277 个和 2 180 亿美元。2010 年中国的风险投资仅为美国的 6.9%[①]。因此,中国应出台若干激励政策和符合国际市场的制度,促进风险投资发展,助推研发能力的提高。

5.4.3 构建长远的微观商业环境创新机制

诚如前面分析,良好的微观商业环境富含产学研的内部动力机制和产业集群的激发机制,具有吸引外部资金、技术、人才、信息的能力,也具有很强的对外投资、贸易的能力,从而具有优化、创造优良经济区位,促进要素增值的能力。它可以通过输出技术、专利和品牌,控制国际产业链、产业集群,成为全球产业网的结点和枢纽。

为此,中国应增强对资金、人才、信息的吸聚和增值能力,促进人才的交流和对外投资技术扩散能力,提高扩散增值能力,从而优化微观商业环境,提高微观环境在地区、国家或全球中的竞争力。应努力做到:

①着力构建公平的市场竞争环境。

②加强有效的知识产权保护。

③建设一流大学或研发机构,形成研发支持,培育产学研一体化的合作机制和具备研发创新能力的企业群。

④构建发达的产品、研发、信息、人才网络。

---

① Y. Hu. Improving Chinese Expenditure Incentive Programs for Venture Capital Investment[D]. University of Toronto faculty of law,2010. Https://tspace.library.utoronto.ca/bitstream/1807/25623/6/Hu_Yihua_201011_LLM_thesis.pdf.

5.4.4 构建新型科技创新政策,依靠新兴技术优化产业结构

在长期注重产能和仿制的产业政策引导下,我国产业结构层次较低。1978年以来,虽然我国的经济增长带动了产业结构的升级,但对经济增长的促进作用依然不足[1]。究其原因,则在于科技创新的不足。今后中国应努力构建新型科技创新政策,改垂直产业政策为水平产业政策,从支持GDP产能和具体技术或产业、企业,转移到产业能力的培育上来,以促进现代产业体系的形成。

随着社会经济的发展,近年来互联网技术、云计算技术、低碳技术等新兴平台技术迅速发展。目前,我国出台了"互联网+""大数据+""低碳+战略",促使传统产业向新兴产业升级,以提高和优化现代产业体系发展的基本面。如蓬勃发展的"互联网+"高速推动了新兴的移动支付、商业批发零售、物流、咨询、医疗等诸多行业部门的发展,改造和淘汰了大量传统支付、物流、商业批发零售等落后的业态组分,提高了效率,推动了现代产业体系的发展。今后中国应继续关注上述领域的发展,注重对制药、空天、环境、能源、机械设备等产业的支持,加速淘汰落后产能(如高排放、低技术、高耗能),加强金融保险、科学服务等生产性服务业的发展。

5.4.5 促进高技术产业集群的形成和集群间的互动发展

从美国、英国、德国等国家的产业体系发展来看,基于产学研一体化的产业集群是现代产业体系发展的综合推力。这种推力主要来自产业集群的互动发展。

产业集群间的互动主要表现为不同集群的核心企业在微笑产业链上的研产销等单层面或多层面间的竞合,其基本推动主体为政府、企业与精英人才、学研机构、行业协会和客户群等(见图5-1)。产业集群间互动发展的基础在于各推动主体间存在利益交聚区,表现为为了利益而主动或被动地参与竞争与合作,形成各主体间的跨群竞合。在此过程中,不同的推动主体所起的作用有很大的不同。

---

[1] 付凌晖.我国产业结构高级化与经济增长关系的实证研究[J].统计研究,2010,27(8):79-81.

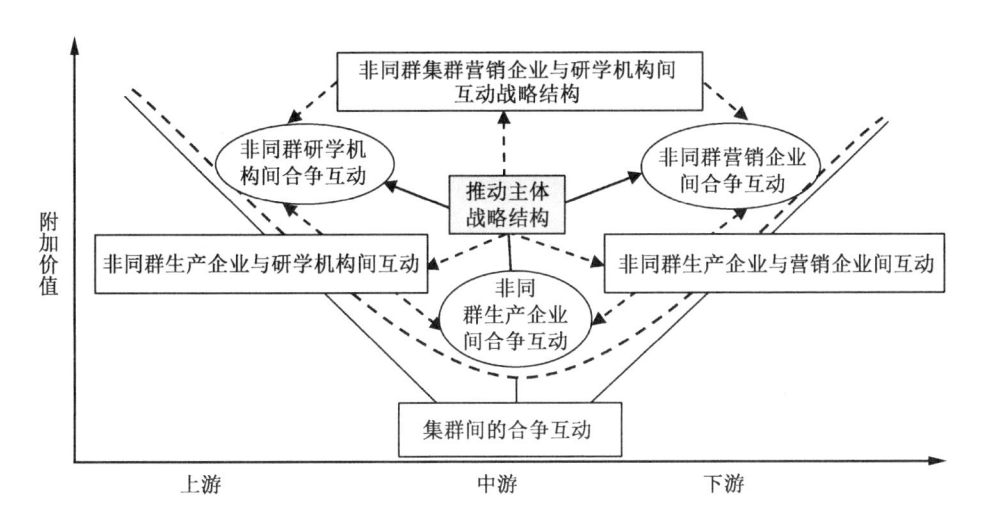

图 5-1 基于微笑曲线的产业集群间互动发展机制

(1) 企业的推动

企业的推动主要表现在以下两个方面：

首先，集群中的许多大型制造企业为了寻求更大的发展空间，往往在不同集群内布局子公司、研发中心或营销机构，并通过加强与非同群研发机构、营销机构和生产组织的合作与竞争，推动集群间的互动。在此过程中，跨国公司通过在不同产业集群间的投资，通过母子公司互动，促使子公司所在集群参与其全球网络，带动了产业集群间的跨国发展。

其次，作为企业的管理者，企业家也是创造产业集群、推动产业集群互动的重要力量。企业家及相关精英人才在动用产业集群内外发展资源拓展企业过程中，有力地促进了产业集群内部与产业集群之间的互动发展。他们在非同群企业、研发机构间的流动中，形成了以人为载体的知识、技能、诀窍和若干无法言传和复制的隐性知识的"潜流"与"流路"，促进了技术扩散渠道系统的形成和集群间研产销的竞合，促进了产业集群的互动发展。

(2) 高校、科研机构的推动

高校、科研院所作为产业集群重要的辅助组分，是集群间的信息交换"站"。它们与集群企业之间的互动是建立在知识、研发、人才、资金等供需基础之上的。

高校与科研机构为企业不断输入技术、人才与思想,激发集群活力,推动其发展。而它们在孵化企业、接受不同集群核心企业的研发咨询、参与企业研究计划的过程中,深化了自身与企业或产业集群的互动,也促进了其服务对象与其所在集群间的互动。

(3)政府的推动

各级政府十分重视集群发展,在鼓励、促进产业集群内部研产销互动的同时,鼓励集群之间的产学研合作与竞争。通过建设各种产业园区、科学园区、开发区、孵化基地、研发基地,提供各种优惠政策,降低商务成本,政府在鼓励企业向园区集中的同时,也创造了产业集群间竞合互动的机会。

(4)行业协会及其他因素的推动

产业协会作为区域产业发展中的重要组织力量可以有效组织同行业的企业积极参与集体行动,加强竞合。它既是促进集群企业和谐互动的推动者,也是集群企业和谐互动的监督者、裁判和重要的守护者。此外,医院、金融机构、非营利组织等其他因素也对集群间互动产生推动作用。不过,它们是直接或间接通过上述主体起相应作用的。

今后中国应以上述主体为核心,采取若干措施,促进市场机制下产业集群的形成和集群间的互动。应努力做到:

①推动大学研发机构和企业密切合作。

②将不同研发技术产业化。

③加大研发投资力度。

④提高技术专利的质量。

⑤加强高校和研发机构、研发型企业等互动主体的研发创新能力和互动的利益激励。

⑥加强行业协会的建设,提高其以市场化手段在组织、促进产业集群和集群互动中的作用。

⑦重新定位政府的作用,促使政府不再缺位或越位,而是更多提供科技基础设施,提供合适的制度支持。

5.4.6 依靠强大的研发创新，构建全球产业链，形成全球管控能力

谋求全球产业链的管控是实现产业国际化布局和发展的关键手段。为此，要以强力研发、高质量的制造和营销，锻造产业链，增加其宽度，并从产业链角度，加强对产业的管控。应努力做到：

第一，通过培育品牌、研发专利等管控若干产业链。

第二，通过营造良好的研发环境，聚集全球研发资源，形成重要的研发"极"，从产业生发的源头上管控产业链。

第三，仿效美国通过微软控制全球的软件业，通过波音对全球航空产业进行管控，韩国通过三星、现代对电子通信设备和汽车等行业进行管控，培育超级跨国公司，以微观的组织控制产业的发展。

第四，通过发挥中国的巨大购买力，产生对市场的巨大影响力，制定新的国际贸易规制，管控某些行业。

第五，通过参与制定全球投资贸易自由化的多边或双边的协议，促进本国对若干产业部门的国际化管控。

第六，加大对外直接投资，以产权的方式管控某些重要行业。

5.4.7 大力促进规制的完善与发展

中国综合税率较高，规制体系尚不完善。如2018年中国全口径下的综合宏观税率为35.2%。大大高于美国的26.2%。市场经济法律法规亟待完善。所有这些均不利于产业的发展和现代产业体系的构建。因此，我国应加强规制建设，以促进产业的快速增长和产业体系的优化。应做到以下几点：

第一，降低税率，改善税制，大幅度减少不必要的手续，降低新办企业的成本，减少政府管理人员的寻租。

第二，废除一些不必要的法规，简化新建企业的审批手续。

第三，加强研发，制定新的行业标准。

第四，加强国际投资贸易自由化谈判，纠正不公平的投资贸易约束，重建合理的国际规制。

第五，加强知识产权保护，形成尊重知识、尊重产权的法律保护机制。

第六，强化市场地位，制定和完善市场经济规制，让产业真正活跃于市场经济的海洋中。

第七，制定产学研一体化促进法和研发投资促进法，激励研发投入和提高研发效率。

第八，严格监管，促进各项规制的有效实施。

5.4.8　提高产业及产业体系的绿化水平

长期以来，我国社会的主要矛盾是人民日益增长的物质和文化需要同落后的生产力之间的矛盾，这一认识一直被坚持着。但随着社会经济发展到今天，我国全面实现小康目标并进入新时代，科技飞速发展，生产能力大幅度提高，人们基本的物质和文化需求早已得到满足。根据马斯洛的需求理论，基本需求满足后人们必然对产品和服务的质量、数量、种类有了新的需求，尤其是对生态环境品的数量和品质有了更高的要求。而在此阶段，生态环境遭到破坏，安全的生态产品、生态服务和生态环境日趋稀缺，是大多数国家发展进程中面临的普遍问题。我国也是如此。其直接表现为我国的 GDP 超过 110 万亿元，而大部分江河湖泊、近海被不同程度污染，生物多样性在减少，人民对食品、大气、水等存在不同程度的安全隐忧，高品质的生态产品非常稀缺。造成这一现象的基本原因是产业体系的落后。

审时度势，中共十九大报告准确判定了当前我国社会主要矛盾已转变为人民对美好生活的需要与发展不平衡、不充分之间的矛盾。而发展的不平衡和不充分包括环境污染的非均衡性和生态及低碳发展的不充分。今后，我们要加强绿色发展，有效保护生态环境，改革生态管理制度，实施严格的环境标准和严厉处罚手段等，形成"绿化"的现代产业体系，适应"新时代"的发展需要。

5.4.9　注重"核心技术十"战略，促进现代产业体系构建

现代产业的体系生存与发展在于核心技术的优势和强化，而核心技术可以分为关键刚性核心技术和柔性原理性核心技术。前者（如航空发动机技术、高性能芯片技术等）的创新具有封闭性，技术的保密与破解难度及技术的延展创新难度大，不易被模仿和大幅度再创新。关键刚性核心技术以其不可或缺性使相关产业

形成了以其为"核心技术＋产业"的发展模式,促进了产业体系的发展。柔性原理性核心技术(如互联网、云计算、低碳技术等)属于平台型技术,技术边界没有前者那样清晰,用户具有较大的可塑性,开放创新可能性强。这类技术主要依靠巨大的市场和大规模的应用来推动创新发展,进而使产业形成依托这类"核心技术融合式＋产业"的发展模式,促进了产业体系的发展。目前,中国在"互联网技术＋""高铁技术＋"方面发展迅速,成为拉动中国产业体系发展的重要动力。

参考文献

[1] A. Charnes, W. W. Cooper, E. Rhodes. Measuring the Efficiency of Decision Making Units, European[J]. Journal of Operational Research, 1978, 2: 429—444.

[2] A. Gerchenkon. Economic Backwardness in Historical Perspective[M]. Cambridge: Harvard University Press, 1979.

[3] A. H. Alice. The Rise of "The Rest": Challenges to the West from Late—Industrializing Economies[M]. Oxford: Oxford University Press, 2001.

[4] B. C. Xie, L. F. Shang, S. B. Yang, B. W. Yi. Dynamic Environmental Efficiency Evaluation of Electric Power Industries: Evidence from OECD(Organization for Economic Cooperation and Development) and BRIC(Brazil, Russia, India and China) Countries[J]. Energy, 2014, 74: 147—157.

[5] B. Mascarenhas. International Industry Evolution Patterns[J]. International Business Review, 1995, 4(2): 233—246.

[6] C. A. Hidalgo, B. Klinger, L. Barabasi, R. Hausmann. The Product Conditions on the Development of Nations[J]. Science, 2007, 317: 482—487.

[7] C. Cramer. Can Africa Industrialize by Processing Primary Commodities? The Case of Mozambican Cashew Nuts [J]. World Development, 1999, 27(7): 1247—1266.

[8] Chalmers A. Johnson. The Industrial Policy Debate[M]. Richmond: ICS Press, 1984.

[9]D. Bank,A. Charnes,W. W. Cooper. Some Models for Estimating Technical and Scale Inefficiencies in Data Envelop Analysis[J]. Management Science,1984,30:1078—1092.

[10]Edward S. Steinfeld. China's Shallow Integration:Networked Production and the New Challenges for Late Industrialization[J]. World Development,2004,32(11):1971—1987.

[11]E. Helpman,Paul Krugman. Market Structure and Foreign Trade[M]. Cambridge:MIT Press,1985.

[12]Elisa Borghi,Chiara Del Bo,Massimo Florio. Industrial Clusters and Regional Innovation:An Evaluation and Implications for Economic Cohesion,Departmental Working Paper[EB/OL](2010-06-18). https://www.researchgate.net/publication/46466426_Industrial_Clusters_and_Innovation_An_Evaluation_and_Implications_For_Economic_Cohesion.

[13]Fernando Henrique Cardoso,Enzo Faletto. Dependency and Development in Latin America [M]. Oakland:University of California Press,1979.

[14]F. Fröbel,J. Heirichs,O. Kreye. The New International Division of Labor:Structural Unemployment in Industrialized Countries and Industrialization in Developing Countries[M]. Cambridge:Cambridge University Press,1980.

[15]G. R. Carroll,M. T. Hannan. Organizations in Industry:Strategy,Structure,and Selection[M]. New York:Oxford University,1995.

[16]H. Christian,M. Ketels. Industrial Policy in the United States[J]. Journal of Industry Competition & Trade,2007,7:147—167.

[17]H. W. Chen,N. B. Chang,J. C. Chen. Environmental Performance Evaluation of Large-Scale Municipal Solid Waste Incinerators Using Data Envelopment Analysis[J]. Waste Management,2010,30(7):1371—1381.

[18]Jennifer F. Reinganum. Innovation and Industry Evolution[J]. The Quarterly Journal of Economics,1985,100(1):81—99.

[19]J. Humphrey,H. Schmitz. Governance and Upgrading:Linking Industrial Cluster and Global Value Chains Research[R]. IDS Working Paper,No. I2,In-

stitute of Development Studies, University of Sussex, 2000.

[20]Jiandong Chen, Malin Song, Long Xu. Evaluation of Environmental Efficiency in China Using Data Envelopment Analysis[J]. Ecological Indicators, 2015, 52: 577—583.

[21]J. Larsson, K. Telle. Consequences of the IPPC's BAT Requirements for Emissions and Abatement Costs: A Dea Analysis on Norwegian Data[J]. Environmental and Resource Economics, 2008, 41: 563—578.

[22]K. Abraham, S. Taylor. Firm's Use of outside Contractors: Theory and Evidence [J]. Journal of Labor Economics, 1996 (14): 394—424.

[23]K. Aiginger, S. Sieber. Towards a Renewed Industrial Policy in Europe, Background Report of the Competitiveness of European Manufacturing[EB/OL] (2005—7—1). https://www.researchgate.net/profile/Alain—Alcouffe—2/publication/265424389_Towards_a_renewed_industrial_policy_in_Europe_with_contributions_of/links/555b3cd408ae6aea081692bb/Towards—a—renewed—industrial—policy—in—Europe—with—contributions—of.pdf.

[24]K. Chapman. Industry Evolution and International Dispersal: The Fertilizer Industry[J]. Geo Forum, 2000, 31: 371—384.

[25]Lynne Pepall, Dan Richards, George Norman. Industrial Organization: Contemporary Theory and Empirical Applications[M]. Malden, MA: Blackwell-Publishing Company, 2008: 32—33.

[26]M. Azad, T. Ancev. Measuring Environmental Efficiency of Agricultural Water Use: A Luenberger Environmental Indicator[J]. Journal of Environmental Management, 2014, 145(12): 314—320.

[27]Malin Song, Yaqin Song, Huayin Yu, Zeya Wang. Calculation of China's Environmental Efficiency and Relevant Hierarchical Cluster Analysis from the Perspective of Regional Differences[J]. Mathematical and Computer Modelling, 2013, 58(5—6): 1084—1094.

[28]M. Hobday, A. Davies, A. Prencipe. Systems Integration: A Core Capability of the Modern Corporation[J]. Industrial and Corporate Change, 2005, 14:

148—154.

[29]M. Hobday, H. Rush, T. Joe. Innovation in Complex Products and System[J]. Research Policy,2000,29:955—972.

[30]Michael E. Porter. The Competitive Advantage of Nations [M]. New York:Free Press,1990.

[31]Mika Goto, Akihiro Otsuka, Toshiyuki Sueyoshi. DEA Assessment of Operational and Environmental Efficiencies on Japanese Regional Industries[J]. Energy,2014,66(3):535—549.

[32]M. L. Song, S. H. Wang. DEA Decomposition of China's Based on Search Algorithm[J]. Applied Mathematics and Computation,2014,247(12):562—572.

[33]P. A. David. Why Are Institutions the 'Carriers of History':Path Dependence and the Evolution of Conventions, Organizations and Institutions[J]. Structural Change and Economic Dynamics,1994,5(2):205—220.

[34]P. Anersen, N. C. Petersen. A Procedure for Ranking Efficient Unit in Data Envelopment Analysis[J]. Management Science,1993,10:1261—1264.

[35]Paul R. Krugman. Increasing Returns, Monopolistic Competition, and International Trade[J]. International Economics,1979,9(4):469—479.

[36]Paul S. Lande. Regional Industrial Structure and Economic Growth and Instability [J]. Journal of Regional Science,1994,34(3):343—360.

[37]P. Nolan, Jin Zhang, Chunhang Liu. The Global Business Revolution, the Cascade Effect, and the Challenge for Firms from Developing Countries[J]. Cambridge Journal of Economics,2008,32:29—47.

[38]P. Pelikan. Bringing Institutions into Evolutionary Economics:Another View with Links To Changes in Physical and Social Technologies[J]. Journal of Evolutionary Economics,2003,13:237—258.

[39]Raul Prebisch. The Economic Development of Latin America and Its Principal Problems[M]. New York:United Nations,1950.

[40]R. Färe, S. Grosskopf, M. Norris, Z. Zhang. Productivity Growth, Tech-

nical Progress, and Efficiency Change in Industrialized Countries[J]. The American Economic Review,1994,84:66— 83.

[41]Ricardo Hausmann,Bailey Klinger. The Structure of the Product Space and the Evolution of Comparative Advantage[EB/OL](2006－6－1). http://citeseerx.ist.psu.edu/viewdoc/download;jsessionid=0836F2429E98329EC56096C33A193549?doi=10.1.1.120.1921&rep=rep1&type=pdf.

[42]R. Nelson. Recent Evolutionary Theorizing about Economic Change[J]. Journal of Economic Literature,1995,33(1):48—90.

[43]S. Folster,G. Trofimov. Industry Evolution and R&D Externalities[J]. Journal of Economic Dynamics and Control,1997,21(10):1727—1746.

[44]S. Klepper,E. Graddy. The evolution of New Industries and the Determinants of Market Structure[J]. Journal of Economics,1990,21(1):27—44.

[45]Timo Kuosmanen,Mika Kortelainen. Measuring Eco efficiency of Production with Data Envelopment Analysis[J]. Journal of Industrial Ecology,2005,9(4):59—72.

[46]T. Kuosmanen,M. Kortelainen. Measuring Eco—Efficiency of Production with Data Envelopment Analysis[J]. Journal of Industrial Ecology,2005,9(4):59—72.

[47]William W. Cooper,Lawrence M. Seiford,Kaoru Tone. Data Envelopment Analysis[M]. New York:Springer Science ＋ Buisiness Media,LLC,2006.

[48]Xingle Long,Xicang Zhao,Faxin Cheng. The comparison Analysis of Total Factor Productivity and Eco Efficiency in China's Cement Manufactures[J]. Energy Policy,2015,81:61—66.

[49]X. L. Long,X. C. Zhao,F. X. Cheng. The Comparison Analysis of Total Factor Productivity and Eco Efficiency in China's Cement Manufactures[J]. Energy Policy,2015,81:61—66.

[50] X. Yang, J. A. Borland. Microeconomic Mechanism for Economic Growth [J]. Journal of Political Economy,1991,99(3):460—482.

[51]Yan Zhou,Dapeng Liang,Xinpeng Xing. Environmental Efficiency of

Industrial Sectors in China: An Improved Weighted SBM Model[J]. Mathematical and Computer Modelling,2013,58:990—999.

[52]Y. W. Bian,S. Yan,H. Xu. Efficiency Evaluation for Regional Urban Water Use and Waste Water Decontamination Systems in China: A DEA Approach[J]. Resources,Conservation and Recycling,2014,83:15—23.

[53]Z. Chen,J. N. Wang,G. X. Ma,et al. . China Tackles The Health Effects of Air Pollution [J]. The Lancet,2013,382(9909):1959 —1960.

[54]Zhu Chen,et al. . China Tackles the Health Effects of Air Pollution[J]. The Lancet,2013, 382(9909):1959— 1960.

[55]陈淮. 日本产业政策研究[M]. 北京:中国人民大学出版社,1991.

[56]陈新学,王万宾,陈海涛,陈晓,李照杰. 污染当量数在区域现状污染源评价中的应用[J]. 环境监测管理与技术,2005,17(3):41—43.

[57]陈继勇,余罡. 发达国家与新兴经济体政府在国家创新体系建设中的实践及启示[J]. 理论月刊,2011(10):142—145.

[58]陈旭升,范德成. 中国工业水污染状况及其治理效率实证研究[J]. 统计与信息论坛,2009,24(3):30—35.

[59]陈艳莹,叶良柱. 产业演进阶段识别方法研究述评[J]. 经济研究导刊,2009(5):44—47.

[60]褚俊英,陈吉宁等. 中国城市污水处理厂资源配置效率比较[J]. 中国环境科学,2004,24(2):242—246.

[61]高传胜,汪德华,李善同. 经济服务化的世界趋势与中国悖论:基于WDI数据的现代实证研究[J]. 财贸经济,2008(3):110—116.

[62]格里高利. 曼昆. 宏观经济学(第九版)[M]. 北京:中国人民大学出版社,2016.

[63]格鲁伯,沃克. 服务业的增长:原因和影响[M]. 上海:上海三联书店,1993.

[64]顾乃华. 工业投入服务化:形成机制、经济效应及其区域差异——基于投入产出数据和HLM模型的实证研究[J]. 产业经济研究,2010(3):23—30.

[65]国家环保总局,国家统计局. 中国绿色国民经济核算研究报告2004[R].

北京:国家环保总局,2006:25—56.

[66]国家环境保护部. 2014中国环境状况公报[EB/OL]. http://www.mep.gov.cn/gkml/hbb/qt/201506/t20150604_302855.htm.

[67]国家环境保护部. 京津冀及周边地区重点行业大气污染限期治理方案(环发[2014]112号)[EB/OL](2014-11-17). https://www.mee.gov.cn/gkml/hbb/bwj/201411/t20141124_291840.htm.

[68]国家环保部. 珠三角及周边地区重点行业大气污染限期治理方案(环发[2014]168号)[EB/OL](2014-11-17). https://www.mee.gov.cn/gkml/hbb/bwj/201411/t20141124_291840.htm.

[69]国家环境保护部. 长三角地区重点行业大气污染限期治理方案(环发[2014]169号)[EB/OL](2014-11-17). https://www.mee.gov.cn/gkml/hbb/bwj/201411/t20141124_291839.htm.

[70]国家发展计划委员会,财政部,国家环境保护总局,国家经济贸易委员会. 中华人民共和国排污费征收标准及计算方法[EB/OL](2003-07-01). https://www.mee.gov.cn/ywgz/fgbz/gz/200302/t20030228_86250.shtml.

[71]郭克莎. 总量问题还是结构问题——产业结构偏差对我国经济增长的制约及调整思路[J]. 经济研究,1999(9):15—21.

[72]国务院. 2014—2015年节能减排低碳发展行动方案(国办发〔2014〕23号)[EB/OL](2014-5-26). http://www.gov.cn/zhengce/content/2014—05/26/content_8824.htm.

[73]国务院. 大气污染防治行动计划(国发〔2013〕37号)[EB/OL](2013-09-13). http://www.gov.cn/zhengce/content/2013—09/13/content_4561.htm.

[74]国务院. 水污染防治行动计划(国发〔2015〕17号)[EB/OL](2015-4-16). http://www.gov.cn/zhengce/content/2015—04/16/content_9613.htm.

[75]韩民青. 中国新工业产业体系及其发展战略[J]. 山东社会科学,2004(1):19—25.

[76]胡伟. 基于DEA模型的太湖流域企业污水治理效率[J]. 环境工程学报,2014,8(4):1417—1422.

[77]简新华. 产业经济学[M]. 武汉:武汉大学出版社,2001.

[78]江飞涛,曹建海.市场失灵还是体制扭曲——重复建设形成机理研究中的争论、缺陷与新进展[J].中国工业经济,2009(1):53-65.

[79]金碚.科学发展观与经济可持续增长方式转变[J].中国工业经济,2006,5:5-14.

[80]金碚.发展现代产业体系 提高产业核心竞争力[N].人民日报,2010-12-13.

[81]李冠霖.第三产业投入产出分析——从投入产出的角度看第三产业的产业关联与产业波及特性[M].北京:中国物价出版社,2002.

[82]李江帆.第三产业经济学[M].广州:广东人民出版社,1990.

[83]李磊,赵培.中国工业废水治理效率评价[J].资源开发与市场,2011,27(12):1093-1095.

[84]李宁等.生态文明建设进程中环境治理效率测算研究[J].河南科学,2014(12):2608-2611.

[85]李寿生.关于21世纪前10年产业政策若干问题的思考[J].管理世界,2004(4):49-58.

[86]蔺雷,吴贵生.我国制造企业服务增强差异化机制的实证研究[J].管理世界,2007(6):103-113.

[87]林毅夫,刘培林.中国的经济发展战略与地区收入差距[J].经济研究,2003(3):19-26.

[88]林毅夫.潮涌现象与发展中国家宏观经济理论的重新构建[J].经济研究,2007(1):126-133.

[89]刘纪山.基于DEA模型的中部六省环境治理效率评价[J].生产力研究,2009(17):93-94.

[90]刘明宇,芮明杰.全球化背景下中国现代产业体系的构建模式研究[J].中国工业经济,2009(5):57-66.

[91]刘钊.现代产业体系的内涵与特征[J].山东社会科学,2011(5):160-162.

[92]陆国庆.论产业演进的系统动力机理[J].江汉论坛,2002(4):4-7.

[93]罗守贵,高汝熹.改革开放以来中国经济发展及居民收入区域差异变动

研究——三种区域基尼系数的实证及对比[J].管理世界,2005(11):45—50.

[94]马克.波拉特.信息经济论[M].长沙:湖南人民出版社,1987.

[95]穆泉,张世秋.2013年1月中国大面积雾霾事件直接社会经济损失评估[J].中国环境科学,2013,33(11):2087—2094.

[96]聂华林,陈绍俭.西部地区工业污染治理效率评价研究[J].开发研究,2010(4):5—8.

[97]彭兴庭.论现代产业体系的构建[J].天府新论,2010(1):46—50.

[98]邱英汉.全球生产体系下后发国家的产业结构知识化跃迁[J].世界经济与政治论坛,2004(2):6—10.

[99]盛垒.国外创新型国家创新体系建设的主要经验及对我国的重要启示[J].世界科技研究与发展,2006(5):89—95.

[100]石风光.中国地区工业水污染治理效率研究[J].华东经济管理,2014,28(8):41—45.

[101]苏东水.产业经济学[M].北京:高等教育出版社,2002.

[102]王鹏,谢丽文.污染治理投资、企业创新与污染治理效率[J].中国人口资源与环境,2014(9):51—58.

[103]王奇.基于DEA方法的我国大气污染治理效率评价[J].中国环境科学,2012,32(5):942—946.

[104]王涛.英国:调整产业结构推动产业转型[N].经济日报,2011-03-28.

[105]王涛.英国推动产业转型治理可持续发展[N].中国高新技术产业导报,2011-04-04.

[106]王新新.基于产业结构调整的现代产业理论与体系构建[J].商业时代,2012(14):119—122.

[107]吴敬琏.思考与回应:中国工业化道路的抉择(上)[J].学术月刊,2005(12):38—45.

[108]向吉英.产业成长及其阶段特征——基于S形曲线的分析[J].学术论坛,2007(5):83—90.

[109]向书坚,吴淑丽.中国工业废气治理技术效率及其影响因素分析[J].数量经济技术经济研究,2012(8):79—91.

[110]下河边淳,管家茂.现代日本经济事典[M].北京:中国社会科学出版社,1982:23—27.

[111]小宫隆太郎,奥野正宽.日本的产业政策[M].北京:中国人民大学出版社,1991.

[112]谢雄标,严良.产业演化研究述评[J].中国地质大学学报(社会科学版),2009,9(6):97—104.

[113]许陈生.我国地方环境污染治理效率研究[J].科技管理研究,2010(5):198—2001.

[114]许箫迪,王子龙.基于生态位的高技术产业演化结构分析[J].技术经济与管理研究,2010(5):34—37.

[115]许箫迪,王子龙,谭清美.高技术产业演化的时空分异测度研究[J].科学学研究,2007,25(6):1095—1103.

[116]严晓星等.我国工业污染治理动态效率研究[J].工业技术经济,2012(5):153—160.

[117]杨东德,滕兴华.美国国家创新体系及创新战略研究[J].北京行政学院学报,2012(6):77—82.

[118]杨功焕等.淮河流域水环境与消化道肿瘤死亡图集[M].北京:中国地图出版社,2013.

[119]杨治.产业经济学导论[M].北京:中国人民大学出版社,1985.

[120]张二震,马野青,方勇等.贸易投资一体化与中国的战略[M].北京:人民出版社,2004.

[121]张家瑞,杨逢乐,曾维华等.滇池流域水污染防治财政投资政策绩效评估[J].环境科学学报,2015,35(2):596—601.

[122]张明哲.现代产业体系的特征与发展趋势研究[J].当代经济管理,2010(1):42—47.

[123]张鹏飞,徐朝阳.干预抑或不干预——围绕政府产业政策有效性的争论[J].社会经济体制比较,2007(4):28—35.

[124]张其仔.比较优势的演化与中国产业升级路径的选择[J].中国工业经济,2008(9):1—13.

[125]张庆民,王海燕,欧阳俊.基于DEA的城市群环境投入产出效率测度研究[J].中国人口·资源与环境,2011,21(2):18—23.

[126]张耀辉.传统产业体系蜕变与现代产业体系形成机制[J].产经评论,2010(1):12—20.

[127]赵建中.创新引领世界——美国创新和竞争力战略[M].上海:华东师范大学出版社,2007.

[128]赵树宽,许超,王嘉嘉.典型国家创新体系的对比分析及启示[J].工业经济技术,2008(3):113—116.

[129]植草益著,卢东斌译.产业组织论[M].北京:中国人民大学出版社,1988.

[130]中华人民共和国环境保护部.中国环境统计公报[M].北京:中国环境出版社,2005.

[131]中华人民共和国环境保护部.中国环境统计公报[M].北京:中国环境出版社,2006.

[132]中华人民共和国环境保护部.中国环境统计公报[M].北京:中国环境出版社,2013.

[133]中华人民共和国环境保护部.中国环境统计公报[M].北京:中国环境出版社,2014.

[134]周生贤.采取有力措施坚决实现二氧化硫总量控制目标[EB/OL](2009-10-23).http://www.mep.gov.cn/gkml/hbb/qt/200910/t20091023_179994.htm.

[135]周叔莲.产业政策问题探索[M].北京:经济管理出版社,1987.

[136]周叔莲.国外产业政策研究[M].北京:经济管理出版社,1988.

[137]周叔莲,王伟光.科技创新与产业结构优化升级[J].管理世界,2001(5):70—78.

[138]周振华.产业融合拓展化的过程及其基本含义[J].社会科学,2004(5):5—12.

[139]周振华.现代经济增长中的结构效应[M].上海:上海人民出版社,1995.

[140]朱瑞博.价值模块整合与产业融合[J].中国工业经济,2003(8):24—31.

[141]卓越,张珉.全球价值链中的收益分配与"悲惨增长"——基于中国纺织服装业的分析[J].中国工业经济,2008(7):131—140.

后 记

本研究是在国家自然科学基金重点课题(No.71333010)、上海市政府重点课题(No.2016-A-77)、上海市科委重点课题(No.066921082)(086921037)(08DZ1206200)及上海市政府咨询课题(No.2016-GR-08)(2009-A-14-B)等支持下完成的。

产业体系是经济发展的基本载体和呈现状态,合理的产业体系表现为强劲的科技创新能力、不断高级化的产业结构、不断优化的空间布局结构、不断生态绿色化的生产和消费过程、良好的产业组织和规制体系,具有很高的科技创新效率、产业经济效率和生态环境效率。科技创新是产业体系动态塑造和演化发展的永恒动力,探讨科技创新与产业体系的互动关系和规律,对加强科技创新促进现代产业体系发展意义重大。

当前中国经济进入新常态,经济增长主要依靠科技创新。依靠科技创新引领,促进我国现代产业体系形成和发展是"新时代"的重大课题,对未来产业经济的国际竞争力和社会经济可持续发展具有深远的影响。中国科技创新发展迅速,产业门类最为齐全,但科技创新能力不足,许多行业发展必需的核心技术缺失从而处于行业发展被"卡脖子"困境,产业体系不合理,产业体系的投入—产出效率不高。因此,如何提高科技创新能力,促进现代产业体系构建是我国新时代的使命和重大任务,也是建设现代化强国不可缺少的核心内容。

本书基于科技创新对产业体系的支持、科技创新与产业体系的互动发展及其演化机理,评价了中国产业体系的效率,分析了中国现代产业体系建设的现状问题,结合典型国家科技创新与现代产业体系互动发展的经验与规律,进一步提出了以科技创新促进现代产业体系发展的对策建议。

  本书得到了上海交通大学安泰经济与管理学院顾海英教授和史清华教授的大力帮助,在此深表谢意！硕士研究生李康隆和王许也为本书查阅和整理了大量的数据。本书能够出版离不开上海财经大学出版社刘光本博士的鼎力支持,在此深表感谢！本书的出版也得益于上海交通大学安泰经济与管理学院出版基金的资助。

  由于水平有限,书中的缺点和错误在所难免,敬请广大读者批评指正。

范纯增
2023 年 5 月